农村节日趣谈

陈丙合　编著

中国农业出版社
农村读物出版社
北　京

作 者 简 介

陈丙合，1937 年出生，作家、高级政工师，中华民俗文化的保护和传承者。1956 年在空军下属某航空修理工厂就业，长期从事政治工作。利用业余时间长期致力于中国民俗文化的研究，并对中国民间节日文化进行了广泛的收集和整理。编著了《节日纪念日词典》《民族节日故事多》《中华传统节日由来》《农历和农事节气》《农历与农村节日》《纪念日汇编》《农村实用谚语及释义》《常用歇后语 5000 句》《农村节日纵览》等多部图书。退休后，仍关注中国传统文化的传承，晚年的生活体现了"老有所养，老有所为"的精神。

前　言

　　中国自古以农立国，又是闻名世界的农业大国。长期以来，农业构成了古代中国国民经济的主体，而农业的产品则一直是中华民族几千年以来赖以生存和繁衍的主要物质基础。在我国农业的历史发展进程中，伴随着广大农村社会生活的实践，逐渐产生了众多的节日。

　　有些节日的起源，最早的可以上溯到三四千年前的远古时代。在生产力和科学水平都十分低下的原始社会，"山中无历日，寒尽不知年"，没有时间概念，是不能产生真正意义上的节日的。但原始社会中先民们的原始崇拜如图腾崇拜、神灵崇拜、自然崇拜、祖宗崇拜等，却为许多节日或节日习俗的形成奠定了基础。科技的进步特别是历法的产生，为节日的最终产生创造了条件。先民们将原始崇拜与历法相结合，逐步形成了诸如由腊祭演变成的正月初一的元旦节，由龙图腾崇拜演变成的二月二日的春龙节，由灶神崇拜演变成的灶王节，由土地神崇拜演变成的社日，由月神崇拜演变成的七夕节、中秋节，由祖宗崇拜演变成的清明节、祭祖节、腊八节等。有的节日源于农事活动。"民以食为天"，人们对赖以生存的土地、耕牛、农具等生产要素十分重视，因此，民间产生了许多与劳动生产有着密切联系的节日。人们通过播种节、插秧节提醒农家按时作业，莫误农时，并祈求风调雨顺、农牧业无灾无害，确保丰收。庄稼丰收在望时，通过丰收节、庆丰收活动，表达辛勤劳动后获得丰硕成果的喜悦。我国南方民族过这类节日时，大多要将节日与为他们农业丰收做出巨大贡献的耕牛联系在一起，像牛王诞辰以及壮族的牛节，土家族、布依族、仡佬族、黎族的牛王节，侗族的洗牛节，傈僳族的浴牛节和贵州黔东南苗族的敬牛节等。人们在过节时，要打扫牛栏的卫生，给牛洗澡，用精良的饲料喂牛，有的还要给牛披红挂彩，以牛为中心开展节日活动。粮食即将收获时，还有尝新节、新米节或祭谷魂之类喜迎丰收的节日，人们在谷物初步成熟时，摘采一些早熟的谷物和新鲜瓜果煮熟，并杀鸡煮肉，祭天祭祖，然后全家围坐饮宴，谓之吃新。这类节日习俗中，有的还要祭祀节日起源传说中曾帮助他们发展农业的先人。

在我国农耕社会的历史演进中，随着社会的发展，许多节日习俗日益完善和丰富，形成了相对稳定的节日活动体系，代代相传，流传至今。而各民族众多的农村节日又形成了非常丰富的节日文化，充分展现了中国不同历史时期农村广大民众绚丽缤纷的社会生活和文化生活，成为中国文化遗产的重要组成部分。农耕社会长期的历史积淀，造就了各民族特有的信仰情趣、伦理道德、文化艺术、审美观念和社会习俗，成为广阔的农村大地上光彩夺目的文化奇观，成为构建中国农耕社会政治、经济、文化、宗教、社交、家庭生活的重要桥梁。众多的农村节日和节日文化，因其特别功能，至今仍然在中华民族发展中发挥着巨大的作用，推动着中国历史不断前进。同时，农村民间广为流传的节日或节日习俗，至今也仍然深受各民族广大民众的喜爱，并将它作为社会生活的重要内容。

为了继承中国古代优秀的文化遗产，保护和弘扬农村的节日文化，使之更好地为当今农业发展和广大民众的文化生活服务，特编写了《农村节日趣谈》。本书着重收集以农村为主体的节日，对节日的起源、传说故事、节日活动的时间、地点、内容以及所在地的风土人情，进行了较为详细的介绍，是广大读者查找节日的资料书，适用于各类图书馆（室）、农家书屋以及家庭收藏。

这里应当指出，农村节日文化在形成和演变的过程中，因受当时历史条件的影响，节日的习俗难免存在着一些封建迷信的色彩和陈规陋习，请读者在阅读中加以鉴别，取其精华，去其糟粕，借以达到古为今用、推陈出新之目的。

关于本书编排中的说明：① 本书正文以节日的过节时间按农历的月份为序进行编排，过节时间有多次的则按第一次排序；按公历或本民族历法过节的节日，仍排在相应的农历时间中；只规定了过节的月份而无具体日期的节日，排在所在月的月末；按农事活动季节过节而没有规定具体日期的节日，排在相应农事的季节中，如春耕节放在一月，播种节、插秧节放在三月，收获节放在八月。②节日名称用农村的习惯称谓，并在节名前冠以所属的民族；节日有多个名称的在正文中标明；没有民族称谓的节日，是汉族或一些少数民族共同的节日。

　　本书在编写中，参阅了许多文献，引用了有关著作中的一些资料，因受体例和篇幅的限制，书中未能一一注明，敬请有关作者和出版者谅解。

　　限于编写者的水平和节日问题的繁杂性，本书的不足之处在所难免，恳请专家和广大读者批评指正。

陈丙合

2019 年 5 月

目　录

目 录

春 节

农历一月一日称春节，是我国历史上最隆重、最热闹和节期最长的传统节日。

农历的一月，又称正月。在我国古代，正月所处的季节在不同的朝代是不同的。古代的皇帝为了显示自己庄重独尊、至高无上，每当改换朝代时，开朝皇帝便要改变月份的顺序和起始时间，称为改正朔。正，是一年的开始；朔，是一月的开始。例如：我国夏朝的历法，以孟春之月（冬至后两月，相当于现在农历的正月）为正，平旦（天明）时为朔；商朝以季冬之月（即冬至后一月，相当于现在农历十二月）为正，鸡鸣为朔；周朝以仲冬之月（冬至所在的月份，相当于现在农历十一月）为正，半夜为朔。汉朝时，史学家司马迁发明了太初历，即今天农村仍使用的阴历（农历）。太初元年（公元前104年），汉武帝根据司马迁的建议，正式使用太初历。阴历与夏朝历法基本相当，故阴历又有夏历之称。

农历一月一日，习惯叫正月初一，又称为元日、正日、元正、正朝、三元（即年之元、月之元、日之元）。一般人又直呼它为新年、年初一、大年初一等。

年是计算时间的单位。年字的含义，古人有许多解释。东汉许慎编的《说文解字》，把年解释为"谷熟也"。《春秋左传》中有"大有年"的句子。古代农作物大多一岁一熟，把获得农业丰收叫有年，"大有年"就是现代语中的"大丰收"。因谷物每岁一熟，故古时称年为岁。《尔雅》对"载"的解释是："夏曰岁，商曰祀，周曰年。"可见，年之称谓是自周朝才开始的。

过年的习俗在我国由来已久，据传已有四千多年的历史。传说四千多年前，当时的天子尧，很受人民的爱戴。他的儿子却没有才能，尧晚年时将天子的权力传给了品德优秀又有才能的舜。舜继天子位后，继承了尧的事业，努力为黎民百姓做好事，也很受人民的拥护。后来，舜把天子的位置传给了治水有功的禹。尧死后，舜为了感激尧对人民的恩德和对自己的信赖，每年都带领部下祭拜天帝和尧帝。后来，人们就将祭拜天帝和尧帝的这一天当作岁首元旦。经过长时间的演变和发展，过年的习俗一直沿袭至今。辛亥革命后，我国采用世界通用的公元纪年，把农历正月初一称为春节。1949年中国人民政治协商会议第一次全体会议，通过使用公元纪年的决议，春节之名进一步确定。

今天，我国汉族和其他许多少数民族仍然把春节视为"一元复始，万象更新"的日子。多年以来，人们总是用传统与现代文明相结合的各种方式欢度春节，进行最热烈、最隆重的庆祝。每当除夕之夜12时新年钟声敲响时，全国城乡便立即鞭炮齐鸣，火花冲天，神州大地一片欢腾。天亮之后，人们吃了别具风味的早餐，便穿着盛装，或喜气洋洋地往来道贺，或到娱乐场所游玩观赏，喜庆气氛一直要延续数日。

旧时，人们是在子时的欢庆声和鞭炮声中开始进入新年的。许多地方新年的第一件事是烧子时香，然后吃半夜餐、睡觉。早上起床，穿着全新的鞋帽衣裤，打扮一新，接下来开门第一件事就是放鞭炮——有"开门大吉"之意，认为越早越好，炮声越响越好。初一早餐，以象征吉祥、幸福的食品为佳。南方人大多喜欢吃汤圆，俗称元宝，以祝福合家团圆；有的则吃挂面，面条下锅不能折断，越长越好，俗称长寿面，以示福寿绵长。北方人多爱吃饺子。饺子原为除夕守岁的半夜餐品，名称的由来大概有迎新辞旧交替于子时的"更岁交子"之意，谐"交子"之音，后来，有的地区把吃饺子的时间改在天亮后的初一早上。

早餐后，人们开始拜年，家中拜毕，再于亲戚中互拜。见面时大多以"恭喜发财""新年快乐"之语祝贺。受拜之家总爱留客人吃汤圆、饺子，或泡茶摆点，热情招待。初二开始，至亲密朋友间轮流走访贺年，主人家则设丰盛酒席招待。此风俗根据亲朋多少为限，少则三四天，多则持续至正月初十。初一或过后几天，民间大多要上坟烧香，于祖宗墓前向已故先人拜年。

过去大年初一，许多地区有说春、送财神的习俗。由乞丐装扮成"春官""财神"依次向各家分送用红纸印制的春牛图或财神像。届时，向主人说些吉祥幸福之类的贺语，然后主人家给打发些喜钱。许多善男信女常于此日到附近寺庙焚香拜佛，抽签占卜，祈求新年一帆风顺，幸福美好。

以前，初一这天的忌讳颇多：倒水、扫地、倒灰渣、动土、用针和剪刀都是所谓有损吉祥的行为，是绝对不能做的；鬼、死、丧、病、哭、旧、破之类的字语是不吉利的象征，大人是说不得的，对小孩也让其尽量避免，大人常于除夕夜反复叮嘱；为避免小孩万一误言而不吉利，则于壁上贴一红纸条，上书"童言无忌"等语。

如今，历史上一度盛行的许多过年习俗中的迷信内容已逐步废止，代之而起的是时代所赋予的崭新内容，使传统的新春佳节大放异彩。

春 耕 节

度过了欢乐的年节之后，随着天气逐渐转暖和大地上万物的复苏，农村纷纷投入了新一年的农事活动。立春节象征着一年的农事活动的即将开始，春耕则是农业战线的劳动者们一年中农事的第一项内容。自古以来，历代朝廷和各民族人民对此都比较重视，许多民族也因此在春耕开始时，以这项活动为内容，形成了自己民族的传统节日。

云南西北部高原上的普米族，每年农历正月初二举行"开犁节"。节日清晨，家家早早起床，忙着准备节日食品。精心喂养家中的牛群，并为参加节日活动的牛披红挂绿。待牛群喝足吃饱，一家人便簇拥着它们先在村头的田里耕一圈地，以预祝五谷丰登，六畜兴旺，而后赶牛到开阔平坦的田野参加祭祀仪式。到达目的地时，人们先摆上佳肴美酒。然后，一位德高望重的长者出来，在每家的饭菜中取一小点，再倒几滴酒，将其供在牛群前的大石板上。其余赶来度节的人们面对牛群烧香磕头，并倾诉对牛的尊敬和感激之情。小伙子还要给牛喂饭，给每一头到场的牛喝一口黄酒。接着驾牛仪式在火炮、鞭炮和人们的欢呼声中开始。此时，先由一位大家推举的老人驾牛绕田犁一圈，以示耕牛为普米人耕地了。这时，场上欢声雷动，歌声此起彼伏。仪式结束，各家就地聚餐，互祝来年风调雨顺，万事如意。时至夕阳西下，人们都已酒足饭饱，便将所剩的佳肴倒入容器内，一边自语道：驾牛节，我们敬供为人类辛劳的耕牛，我们更尊敬在深山老林中奔波的牧牛人，让这些礼品带在他们身边，共享美餐。而后，牧牛人在一堆堆篝火边，一边慢慢品味着节日带回的供物，一边迎接即将到来的山乡黎明。

　　新疆的俄罗斯族在每年农历的二月底或三月初择日举行"春耕节"。每当春季冰雪消融，大地返青时，俄罗斯族农民的春耕生产就将开始。为了迎接春耕节的到来，家家户户都要用黑麦烤制巨型面包。春耕生产的第一天为春耕节。这天人们穿上干净的衣服，带着面包、盐和鸡蛋，自己吃一部分，其余喂牛，然后将鸡蛋埋入土中，以示祭祀大地母亲，祈求她保佑风调雨顺，农业丰收。

　　贵州镇远县等地的侗族，在农历除夕至正月上旬，逢戊日的第二天举行"活路节"。过节前，镇远县报京乡的九个侗寨推选两个成年男子主持农事，称之为"活路头"。因报京寨是公认的传统活动的中心，活路头通常都由报京人担任。每年年节到来时，即除夕日早饭后，活路头便登上报京寨南北两边的山坳，鸣锣通知各家封存农具、纺车、碓窝，停止农事、纺织和春碓活动。周围的侗家听到活路头的宣告，立即在自己的上述用具上贴上火纸封条，表示即日起停止使用直至活路节到来为止。正月上旬逢戊日的第二天早饭后，侗寨的男女老幼穿着节日的盛装，来到报京大寨前的一个田坝上的节日活动场地，参加活路节的仪式。上午，场上发出铁炮三响，活路节仪式开始。首先，由活路头在田里扶犁赶牛犁几铧田，再挥锄挖窝，栽上几棵事前准备好的嫩茅草，以象征茂盛的禾苗已经种好。接着人们围着田坝，在悠扬的芦笙乐曲中翩翩起舞，尽情表示节日的欢乐和预祝今年农业丰收。活路节仪式后，标志着封存的农具、纺车等用具已经解忌，春耕、春纺的工作已经到来。下午，家家撕掉封条，带着农具到菜园地去种几棵嫩茅草，表示动土春耕；晚上，妇女们开始纺线、织布。从第二天起，报京九寨都将热火朝天地投入紧张的春耕生产，用辛勤的劳动去夺取农业的丰收。

新疆伊宁、塔城等地的塔塔尔族，在每年春耕开始时举行"犁头节"，又称"撒班节"。"撒班"为塔塔尔语，为迎接春耕之意。节日这天，人们将打扫房屋，将往年挂在墙上的犁头取下，表示着春耕即将开始，人们穿着盛装，赶往风景优美的地方欢度节日。赛马、摔跤、拔河、跳跑比赛是节日中体育活动的主要项目，其中跳跑赛是最有趣的活动。参加者口内衔着有鸡蛋的小匙跳跑，以鸡蛋不掉，先到终点者为优胜，此外，还将举行文娱活动，男女青年会聚一起，唱歌跳舞，预祝风调雨顺、农业丰收。节日期间，各家筹办具有浓郁民族特色的美酒佳肴，盛情招待赶来贺节的客人。撒班节之后，人们开始投入紧张的春耕生产。

云南怒江一带的白族，每年农历的三月逢猪的日子举行庆祝春耕开始的"三月节"。节日前一天，各家用栗树枝和芦苇于自家屋外搭一架子，并做天心米粑粑。猪日清晨，由家长将两个簸箕放在屋外架子上，内装祭品。然后家长头戴麻布帕，身穿麻布衣，祝祷庄稼茂盛，粮食丰收。祭毕，男女青年尽情欢乐一天。次日，各家开始春耕生产。

贵州苗族麻啄坡踩山节

麻啄坡踩山节是贵州省金沙等县苗族人民的传统节日，每年农历正月初三至初七日，在金沙县石场镇与青木乡相邻的麻啄坡举行。

当地民间传说，古时候，现在叫麻啄坡的这片地方风和日丽，土地肥沃，人们种植的玉米、荞麦等农作物都茎粗粒壮，年年丰收。有一年一只麻雀成精，带领成群的鸟雀飞来这里搭窝栖息，繁殖小鸟，并指使鸟雀糟蹋农民种的庄稼，春天啄食人们撒在地上的种子，秋天啄食快要成熟的粮食，使人们连年有种难收。人们见了虽然忧心忡忡，却又无可奈何。后来寨主决定：如果谁制服了鸟害，就将女儿许以为妻。不久，一个外乡叫咪朗的苗家小伙子路过这里，听说了这里的乡亲们因鸟害带来的严重困苦，决定为他们除害。他施展良策，巧妙地引出雀精，用身上背的弩箭，寻机将它一箭射死。咪朗做了好事却不留姓名，一走了之。苗族乡亲获悉雀精被消灭的消息，个个笑逐颜开，拍手称快。寨主也决定兑现承诺，择定正月初三在称为横行的地方举行立花杆射箭活动，借以吸引寻找除害的能人。可是转眼就是几天，均未见到咪朗的身影。本来，寨主寻贤招婿的举动早已被咪朗知晓，但他考虑自己一身贫寒，一直不敢高攀寨主这样的富贵之家。后经朋友们的多方劝说，他才于初七这天赶往寨主架设的花杆射场。中午时分，咪朗吹着芦笙，边跳边舞，兴高采烈地围着射场中心的花杆转圈。当三圈转完，咪朗停吹芦笙，随手拔弓，一箭射中了花杆上的红布条。众人见了一片哗然，纵情欢呼。这时寨主则喜笑颜开，立刻宣布招咪朗为婿。此后，为了纪念咪朗为民除害的创举，苗家父老乡亲决定将这个地方命名为麻啄坡，每年正月初三至初七来麻啄坡聚会，仿照寨主寻贤招婿的方式庆祝。时间久了，人们又在这个活动中注入许多独具民族特色的文娱活动项目，并将它称为麻啄坡踩山节。届时，金沙、大方、仁怀和四川古蔺等县的苗族及兄弟民族群众也赶来参加。

节日的第一天，由节日活动轮流产生的主持人于辰时主持抬花杆上山，巳时动土挖坑，午时立杆挂彩。初四至初六则是群众活动最集中的时间。每日上午，人们从四面八方向麻啄坡会集。这时临近的各兄弟民族也敲锣打鼓、耍龙舞狮赶来祝贺。节日活动开始后，人们围着场中花杆吹奏芦笙，争相表演，纵情欢舞。与此同时，整个麻啄坡上锣鼓喧天，民乐劲吹，歌声四起，欢声笑语，响彻云霄。节日活动既是人们的一种丰富的文娱生活，又是适龄男女青年谈情说爱的一种方式，他们在交往中一旦彼此看中，便互赠信物，以示日后将继续深交。初七午时三刻举行倒花杆仪式，而后，整个节日活动宣告圆满结束。

接 路 头

接路头是江苏省汉族的民间节日，每年农历正月初五举行，为期一天。传说此日是路头神诞辰日。胡朴安著的《中华全国风物志》说："正月初五为路头神诞辰，金锣爆竹，牲醴毕陈，以争先为利市，必早起迎之，谓之接路头。"蔡云《吴人》云："'五日财源五日求，一年心愿一时酬。提防别处迎神早，隔夜匆匆抢路头。'是日，市估祀神，悬旌返肆，谓之开市。"

所谓路头神就是财神。因为路头神代表着东、西、南、北、中五个方位，故称五路财神。因它寓意着出门都有财，自然老百姓特别是商家都很重视接路头活动。

节日清晨，各家带着果品、糕点、酒水、猪头等供品和香烛纸马到临近路边摆设供品，烧香点烛，鸣放鞭炮，称为烧路头，又称迎路头神仪式。接着大家向路头神行礼祭拜。祭毕，将财神纸马焚烧，然后各家打开大门，燃放鞭炮，向路头神表示欢迎。

这天，新女婿有去岳丈家做客的习俗，称为路头女婿。人们设酒肉祭祀财神，祈求它保佑风调雨顺、五谷丰登、人畜兴旺、发财致富。生意人这天必须开店铺，旨在讨路头财神的吉利。武进地区，各家有吃素面的习俗，谓之素路头。

人 的 生 日

农历正月初七为人的生日或人口的生日，简称人日，又称人节、人庆节、人胜节，是汉族和部分少数民族的传统节日。自古以来，民间一直流传人、畜及谷、棉共生日的说法，即：正月初一为鸡，初二为狗，初三为猪，初四为羊，初五为牛，初六为马，初七为人，初八为谷，初九为豆，初十为棉。

传说盘古开天辟地之后，人类始祖女娲从第一天起，先后用泥土造出了鸡、狗、猪、羊、牛、马。第七天，女娲捏出长着两脚两手的动物，她顺手一放，那小东西就蹦蹦跳跳起来，还发出了哈哈的笑声。这就是传说中最早的人。后来，为了纪念女娲造人的伟大贡献，把正月初七定为人的生日，简称人日。我国民间自古以来对人日都很重视，因此民间一直流传着初一不杀鸡、初二不杀狗、初三不杀猪、初四不杀羊、初五不杀牛、初六不杀马、初七犯人不行刑的习俗。

人日这天，旧时多数地区的人们都有外出踏青和游览名胜古迹的习俗。四川成都附近的人，特别乐于人日游杜甫草堂。据传此举已有一千多年的历史。唐朝诗圣杜甫在成都生活时，曾住在西郊一草堂内。他离开四川后，蜀州（今崇庆县）刺史高适于唐肃宗上元二年（公元761年）人日作《人日寄杜拾遗》诗，抒发心中对老友杜甫的怀念之情。高适死后，杜甫于唐代宗大历五年（公元770年）重读故友这首诗时，突然百感交集，悲痛不已，洒泪写下《追酬故人高蜀州人日见寄》的诗篇。后来，人们为了纪念两位诗人的深厚情谊，年年人日这天去杜甫草堂游览，以至相沿成俗。

广东潮州地区，民间有的人在人日这天，做碗口大的圆子，内放甜馅，外滚细沙面吃。此外，还要吃去年制作的年糕。此糕留下不浸水，任其长霉，于人日取出彻底洗去霉层后，蒸吃或煮汤喝，称为吃"撑腰糕"，传说吃了它可以增进健康。

在陕北地区，人们在人日这天将糠撒于地上，用艾炙之，将此举称为"救人疾"。"疾"与"七"谐音，用以预示一年的健康。

古时，人日比较普遍重视的活动还有登高。这和重阳的消极躲灾不同，人日登高具有积极的祝颂、祈祷的意思，因而常是合家同登，饮宴歌唱，尽情欢乐。东晋的征西参军张望、北齐的吏部尚书阳休之以及杜甫、黄景仁等著名文学家，都有"人日登高"纪实篇章的流传。天气好，也有进行狩猎活动的。苏东坡曾写过《人日猎城南》的诗。

旧时，民间还有以人日的天气阴晴占卜当年吉灾的习俗。日晴为吉，日阴为灾。汉朝时东方朔的占卜书中说，初七日观察天象，如果月色晴朗，夜见星光，预示一年里人民安，君臣和；如果乌云密布，不见星月，预示有灾难降临。

过去我国南方，在这天，人们将七种蔬菜洗净、碎切，做成羹汤，作为节日食品，称为"七宝羹"。羹与更同音，意味着万象更新，传说吃了七宝羹可祛病辟邪。

至今，我国许多地方，仍然很重视人日的活动。人们用彩色的丝绸或金箔剪成小人，贴在房间或挂在树上，表示新年人的形象要改旧态成为新人。节日这天，女人戴着彩色丝绸制成的小人儿，称为"华胜"或"彩胜"（"华"象征草木之花，"胜"象征容貌端正），并穿着节日的盛装，成群结队去郊外游春。一些诗人则借机踏青登高，即兴赋诗。农村许多地方至今仍有吃七宝羹的习俗。

贵州福泉苗族斗牛节

斗牛节是贵州省福泉等地苗族人民的传统节日。每年农历正月初九、十九、二十九举行，为期三天。届时，除福泉外，龙里、贵定、开阳等县的部分苗族群众共约五千人，在福泉西部仙桥乡王卡的斑鸠石欢度节日。在王卡村南面不到三千米的地方，有一块被群山环抱的草坪，当地人称为跳月塘。草坪北方的清水江畔，有三根直径约一米、高一米二的石柱，支撑着一块近四米高的石头，这块石头有一端横跨在清水江上，好像一只站在地上的斑鸠，当地人称为斑鸠石。草坪的南方有一座小山，山顶上有个直径约六米、深约一米六的凹坑，这个凹坑被人们称为斑鸠窝。草坪西北六十米远的地方，是一个宽约五十米，深约六米的凹地，当地称为斑鸠滩，就是斗牛的场地。

斗牛是苗族人民十分喜爱的一项传统活动，每逢喜庆日子，各苗寨都把自己喂的牛牵到斗牛场，举行斗牛比赛。那么，苗族的斗牛活动是怎样兴起的呢？斗牛节又是怎样产生的？各地都有一些传说，关于福泉斗牛节的来由，当地民间流传着这样一个故事。

很久以前，王卡这个地方没有水，人们饮水要到很远的地方去挑，来回要走很长的时间，这就给苗家的生活带来很多不便。有一年的正月初九那天，一对神鸠突然从天而降，落在王卡草坪这座小山包顶上筑窝栖息下来。神鸠看见苗家因为缺水叫苦连天，十分同情，决心帮助他们解决这个困难。神鸠用十天时间开辟了跳月塘和斑鸠滩。正月十九日开始，神鸠白天变成一对青年，在跳月塘教小伙子吹芦笙，教姑娘们跳舞；晚上则飞到清水江边含水吐往斑鸠滩。正月二十九日，青年们学会了吹芦笙、跳芦笙舞，斑鸠滩也积了一泓清水。神鸠在舞会结束时，叫跳舞的青年通知乡亲们：斑鸠滩已蓄满了清水，明日天亮时，即可在那里挑水煮饭。次日黎明，神鸠觉得已完成了任务，正想展翅飞走，突然听到斑鸠滩传来嗡嗡的声音，雌鸠飞到滩边的石柱探望，两头野牛正在滩边喝水，牛头向水面移去，水位却在徐徐下降，使野牛总是喝不到水。后来两头野牛发起毛来，你抵我，我抵你，谁都不肯示弱，最后在互相打斗中双双滚入水滩。神水受到野牛的玷污，斑鸠滩一下就干了。在石柱上的神鸠，失去了飞行的能力，最后死在那里，化作现在的斑鸠石。先飞在空中的雄鸠悲伤地啼鸣盘旋一阵之后，孤独地飞去。从此之后，牛一到斑鸠滩这个地方就要发毛打架。苗家人看到这个奇怪的现象，干脆把斑鸠滩当作斗牛场，将正月初九、十九、二十九三天定为斗牛节，定期开展斗牛和跳芦笙舞的活动。

节日期间，远近百里内外的苗族群众穿着节日的盛装，会集在斑鸠石附近欢度节日。小伙子们手持芦笙边吹边跳，姑娘们跟在后面翩翩起舞，然后开展激烈的斗牛活动。开始前，牛主人将糯米饭夹着大块腊肉和水酒喂牛，然后把牛牵进斗牛场，放绳让其与对手相斗。双方群众高声呐喊，欢呼鼓劲。当一牛斗败，在旁边的十几名身强力壮的小伙子便立即进场将两牛隔开，以免它们再次打斗。胜利者将受到奖励。节日期间也是适龄男女青年聚会、谈情、挑选配偶的日子。

云南新平傣族花街节

花街节是云南新平漠沙、戛洒一带傣族人民的传统节日，每年农历正月十三日举行。

传说古时候，这一带的傣家人本来过着太平的生活，有一天，漠河江的粉牛渡来了一条恶龙，它经常出来兴风作浪，给岸边的傣家人制造麻烦，闹得这一带鸡犬不宁。傣族人无可奈何，派人去请求恶龙停止对傣族人的伤害。恶龙提出苛刻的条件：要傣家人每年正月十三日，宰杀一百头猪和一百头牛送它做食品，并选送一个漂亮的姑娘给它当妻子。否则它将加倍伤害庄稼和人畜。傣家人为了顾全大局，只好同意恶龙提出的条件。为了满足恶龙的要求，几年下去，傣家的猪牛损失不少，耕地的牛也不够用了，而且还将几个活泼可爱的小姑娘送给了恶龙。这时，一个叫岩龙的青年，对恶龙给傣族乡亲造成的灾难痛心疾首，决心斩掉祸根，为民除害。他冥思苦想，苦练杀龙本领，又和族中的老人商议了许多办法。一年正月十三日这天，岩龙大模大样地来到粉牛渡河滩上。恶龙以为岩龙是来给它传递好消息，便迅速地游了过来。待恶龙的头伸到岸边时，岩龙飞快地将藏在腰间的大刀拔出，狠狠地向它的头部砍去，一举杀死了残害乡亲们的恶龙。胜利的好消息传出，傣家人个个欣喜若狂。他们成群结队地从四方八寨涌向岩龙杀死恶龙的粉牛渡河滩上。人们敲锣打鼓，载歌载舞，向英雄岩龙表示祝贺和慰问。这时，姑娘们为杀死恶龙使自己的伙伴不再遭蹂躏之苦而特别高兴，她们穿着漂亮的衣裙，带着自己制作的食品，纷纷走到岩龙身边勇敢地向他求爱，让他挑选最满意的姑娘为妻。后来，为了永远纪念英雄岩龙为民除害的大喜日子，这一带的傣族人决定将这一天定为花街节。

　　节日这天，姑娘们个个穿着节日的盛装，带着糯米饭、干黄鳝、鸭蛋、猪肉等食品，先到村外大树下会合。然后排着长队向花街走去。这时的花街上，提前到来的小伙子早已成群结队，他们满面春风，谈笑风生，热情地等待着姑娘们的到来。当男女青年在花街上会合后，小伙子看到自己喜欢的姑娘便主动地向她表示爱慕之情。这天，是男女青年谈情说爱、寻觅佳偶的好日子。村寨以本村的姑娘得到小伙子求爱最多为荣。男女青年通过接触互相有意时，便双双离开花街，去附近树林或溪边细谈深交，一旦两人情投意合，姑娘便解下挎在腰间的精巧别致的央箩，请自己的心上人吃央箩饭，以示确定双方的恋爱关系。

　　节日期间，村寨还将开展打磨秋、荡秋千、赛陀螺等文娱体育活动。物资交流和各种商务活动也很活跃。

元 宵 节

农历正月十五日是传统的元宵节，古代还称为上元节，它源于道教。据唐朝玄宗时官修的《唐六典》卷四《词部郎中》云："（道士有）三元斋：正月十五日天官为上元，七月十五日地官为中元，十月十五日水官为下元。"上元之夜称为元夕、元夜。因为夜在古语里是宵，所以元夜又叫元宵，把上元这天称为元宵节。由于上元之夜是"一年明月打头圆"，我国人民很重视它。节日活动的内容丰富，十分热闹，它既是年节活动的高潮，又标志着过年活动的结束。

"正月里来是新春，家家户户挂红灯。"元宵的活动，主要是围绕着灯来进行的——张灯、观灯、放灯、玩龙灯等等，故又称为灯节。

人们为什么这样重视灯？相传在古时候，有个猎人射死了从天上飞来的一只神鹅。玉皇大帝对此十分愤怒，传旨派天兵天将于正月十五日下凡放火，烧死民间的人畜为神鹅报仇。天宫中有个善良的仙女知道了这个消息，偷偷下凡通知人们，并嘱咐大家想办法防备。经过反复酝酿，人们找到了对付玉帝的办法。从正月十五日前的晚上起，家家门前悬挂红灯，燃放火花火炮，造成遍地起火的假象。正月十五日晚，天兵天将奉命下凡放火，他们刚迈出南天门，便看见茫茫大地火花缭绕，烟雾弥漫，劈里啪啦的声音响彻云霄。天兵天将以为民间已经起火，就立即回禀玉帝：民间正在燃烧。玉帝听了亲赴南天门察看，果然到处火光闪烁，噼噼啪啪，自信替神鹅报仇的目的已经实现，便吩咐天兵天将不必再下凡去了。从此人民的生命财产免遭劫难。为了纪念和玉帝做斗争的胜利，人们于每年正月十五日前的晚上都要张灯结彩，燃放鞭炮、烟火，世代相传。

上述的神话传说自然不能为凭，但元宵灯节的习俗有它的历史渊源。元宵节始于汉朝。传说汉高祖刘邦死后，吕皇后勾结娘家的兄弟、侄子篡夺了朝廷的权位。吕皇后死后，刘氏皇朝的忠臣周勃、陈平等人诛灭了吕氏的诸恶势力，于正月十五日取得最后的胜利，并拥刘恒为汉文帝。刘恒登基后，下令全国上下在正月十五张灯庆祝，他自己也在这天晚上出宫与老百姓共庆这个胜利的日子。

据古书记载：西汉武帝曾在正月十五日夜张五盏灯祭祀"太乙神"。东汉时佛教传入中国。为了提倡佛教，汉明帝刘庄曾传旨天下：士族庶民一律要在元宵节悬挂灯笼。灯节与宗教仪式相结合后，传至唐朝，便正式成为民间节日。唐玄宗曾下令建造高达五十米的大灯树，借以炫耀豪华。杨贵妃之姐韩国夫人制作"百枝灯树"高近三十米，竖立高山，上元之夜，百里皆见。据说那个时候的长安元宵之夜，五光十色的花灯，一齐在街头点燃，光彩夺目，十里长街，游人如织。到了宋朝，观灯习俗更盛。宋孟元老《东京梦华录 元宵》记载："正月十五元宵，大内前自岁前冬至后，开封府纹缚山棚，立木正对宣德楼。游人已集两廊下，奇术异能，歌舞百戏。"南宋诗人范成大的《灯市行》诗曰："吴台今古繁华池，偏爱元宵影灯戏。春前腊后天好晴，已向街头作灯市。累玉千丝似鬼工，剪罗万眼人力穷。"这些都是对当时灯市盛况的描述。

随着灯具活动的发展，统治者规定的张灯时间也逐渐增长，汉武帝时规定正月十五日张灯一夜；唐玄宗时改为三夜；北宋时延至五夜；南宋时规定为六夜；到了明朝，明太祖朱元璋又规定正月初八晚上灯，十七日晚落灯，连张十夜，是我国古代最长的灯节。

古代的灯架用竹篾或木条制成，外糊各色纸张，加以彩笔点画，形状惟妙惟肖。灯上的绘画有人物、山水、花卉、飞禽走兽，五光十色，惹人喜爱。灯的种类很多，有纸灯、纱灯、绢灯、玻璃灯等；按画面的内容可分为历史人物灯、神话故事灯、动物灯以及八宝灯、丰收灯、长寿灯等。1949年以后，劳动人民有了充分享受文化娱乐的权利和条件，灯具、灯谜、烟火花炮有了空前的发展，喜庆和节日城乡都乐于张灯结彩。元宵节期间，全国各地都普遍举办内容丰富的灯会、灯展、灯舞。用传统的艺术风格与现代科学文化相结合，大放异彩。入夜之后，灯火辉煌，群灯璀璨，游人如潮，成为节日的重要活动内容。

在旧社会，虽然统治者提倡张灯、观灯，真正享受这些欢乐的是那些达官贵人。广大劳动人民在贫困线上挣扎，不仅没有兴致去赏灯，而且常为统治者强迫制灯、张灯而造成的困难发愁。据说，宋朝时福州太守刘瑾，强迫百姓在元宵节每户点灯七盏，引起人民的愤恨与不满。当时有个叫陈烈的人，做了一盏约四米高的大纱灯悬于当地鼓楼上，在灯上题诗曰："富家一盏灯，太仓一粒粟；贫家一盏灯，父子相聚哭。风流太守知不知，惟恨笙歌无妙曲。"借以讽刺统治阶级和表达劳动群众的不满之情。

元宵灯谜，也是一种颇有风趣的文娱活动。"谜语"起源于西汉时代的"隐语"。隐语又叫"隐"或"庾词"，它是不把本意直接说出而借别的词语来暗示的话。东汉时，蔡邕在《曹娥碑》上题的"黄绢、幼妇、外孙、齑臼"八字隐语碑文，是后世公认的第一个"字谜"。汉朝末年的文学家孔融，是我国历史上第一个写成熟谜语的人。北宋诗人王安石写了大量的谜语，被后世公认为我国古代的制谜能手。到了南宋时，一些文人开始把谜语张贴在灯上引人猜射。南宋周密《武林旧事》载："有以绢灯剪写诗词，寓讥笑，戏弄行人。"这里说的就是"灯谜"。因为它立意含蓄委婉，往往难以道出"谜底"，好似老虎难以射中，故又有"灯虎"之称，把猜灯谜叫做"射灯虎"。明清以来，猜灯谜的活动已非常广泛，元宵节前后的灯市，都设有供人猜识的灯谜。时至今天，灯谜活动仍然是我国城乡喜庆节日活动的重要内容。

此外，元宵节"耍社火"，也是群众喜闻乐见的一种文化娱乐活动。社火包括高跷、旱船、竹马、龙灯、狮子舞、秧歌、大头宝宝等项目。活动时常以鼓锣相伴，载歌载舞，观众欢声雷动，流连忘返。

旧时，元宵节有焚香烧纸，祭拜神灵祖先的习俗。

元宵食品，多以吃"元宵"为主，元宵又称汤圆、汤团、圆子、浮子等。作为节令食品，据说元宵始于东晋。唐朝开始盛行用米粉掺蜂蜜制成圆形食品，称为"蜜饵"。到了宋朝，开始用糯米粉掺水揉成圆球，放在水里煮熟加糖吃，时称"元子"。南宋时，将蜜糖用作元子的馅。后来这种食品只在正月十五日上市，所以宋末元初时出现了元宵这个名称。元宵形圆音圆，历来就以它象征团结吉祥之意。旧时人们也喜欢把吃元宵说成吃元宝。

云南大姚彝族赛装节

赛装节是云南省大姚县三台一带彝族的节日，每年农历正月十五举行，有的在三月二十八日过节。

传说古时候有两个青年猎手，一个叫朝里若，一个叫朝拉若，他们俩是一对同胞兄弟。当他们到了结婚成家年龄时，父母便忙着给他们物色对象，要儿子早日完婚。朝里若和朝拉若得知父母的意愿，向父母提出选择配偶的条件：他们要娶能将家乡的山水和花草绣到衣服上的姑娘为妻子。父母无奈，便动员许多姑娘于正月十五日举行刺绣服装竞赛。参赛的姑娘们个个兴致勃勃，心灵手巧，拿着绣花针争先恐后地绣衣服。最后，人们看见两个姑娘的衣服上绣着青山绿水，花团锦簇，姹紫嫣红，春光明媚，真像一副描写家乡的山水画。大家称赞不已。朝里若、朝拉若也满意地分别和这两个姑娘喜结良缘。服装竞赛的习俗代代相传，形成正月十五日的赛装节。

另有地方传说，古时候三台这个地方有一个叫米波龙的聪明美丽的彝族牧羊姑娘。她能歌善舞，勤劳勇敢。当地财主黑罗对她起了坏心，企图把她抢去做小老婆。米波龙坚决反对。她为了消除祸根，于三月二十八日穿着艳丽的衣服，设巧计抱着黑罗跳入洪水潭中，为乡亲们除掉了这个恶霸。彝族妇女为了纪念这位勇敢的姑娘，便在她殉难的日子，身着盛装聚会一起歌舞。时间久了，就演变成妇女们比赛衣裙的节日。届时，妇女们穿上艳丽的服装，邀伙结伴会集一起，在铜号、月琴的伴奏下，围成圆圈，互相拉手歌舞。小伙子也要来观赏助兴，乘机从中挑选自己的心上人。

贵州布依族盘江赶桥会

盘江赶桥会是贵州关岭、晴隆两县布依族群众的娱乐性节日，每年农历正月十五日在北盘江上的铁索桥头举行。节日这天，盘江沿岸约有两万布依族人民赶来过节，他们唱歌跳舞、玩龙舞狮、甩花包，适龄的男女青年们还利用赶桥的机会谈情说爱，寻找自己的情侣。

关于盘江赶桥会的由来，民间流传着一个动人的故事。

传说很早的时候，盘江河南岸有一个叫阿旺的勤劳朴实的小伙子，北岸有一个叫阿花的美丽聪明的姑娘。他们从小在各自的河岸上打柴、放牛，休息的时候，他们互相遥望，有时也谈话说笑。久而久之，互相产生了爱慕之情。但因河中无桥，不能见面，只能用歌声向对方述说自己的肺腑之情。随着年龄增大，两人相互间的感情更加深厚，他们迫切希望盘江河上能有一座桥，哪怕能像牛郎织女那样鹊桥相会也好。为了实现这个愿望，阿旺和阿花立下壮志，决定用歌声唱出一座联结他们爱情的桥梁。于是，他们不怕风吹雨打，不顾寒冷烈日，天天站在河岸上唱歌，希望歌声感动上苍。转眼间就是好几年。有一年的正月十五这天，太阳刚刚出山，阿旺、阿花和往常一样来到河边。他们放开嗓子，纵情歌唱，唱呀唱，一直唱到深更半夜，嘹亮的歌声响彻盘江上空，传遍沿岸的布依村寨。山里的神仙听到歌声，被这对情人的精神深深感动，于是用十三根茅草绳在盘江河上搭起一座索桥。次日拂晓，阿旺、阿花看见横跨盘江两岸的索桥，盼望了多年的愿望实现了，他们高兴得在各自的岸边又唱又跳。可是，当他们想到草绳桥不能长期使用，绳索断了又会把他们阻隔在两岸时，便又大失所望了。于是，他们决心坚持不懈，争取用歌声唱出一座永远不断的桥，让他们天天在一起过幸福生活，也使两岸的乡亲们能自由过河往来。又是一年正月十五，阿旺、阿花站在各自的岸边，从早到晚整整唱了一天的歌，嗓子哑了，人也唱累了，晚上他们都疲倦地睡着了。他们的痴情再次感动了仙人，他用铁索换掉了索桥上的草绳。第二天他俩醒来，看见用十三根铁索搭成的桥出现在江上时，他们欣喜若狂，迎面跑向桥的中间，高兴得紧紧地抱在一起。盘江上架起了沟通两岸的铁索桥，好消息很快传遍四面八方，两岸的布依族群众敲锣打鼓，纷纷赶到桥头，载歌载舞，庆祝两岸乡亲们的聚会，祝贺阿旺、阿花的功绩。当天，乡亲们用布依人最隆重的礼仪，在铁索桥边为他们举行了隆重的婚礼，使这对有情人终成眷属。阿旺、阿花逝世以后，盘江两岸的人民为了世世代代牢记他们的不朽之功，每年正月十五日到铁索桥边聚会，敲锣打鼓，唱歌跳舞，耍龙、抛花包、玩表，纵情欢乐一天，人们将它称为"浪久"。沿袭下来，成为布依族的传统节日。

为了增强两岸各族人民的友好往来，促进物资与文化交流，关岭、晴隆两县政府根据广大人民的意愿，决定将正月十五日定为"民族团结日"，由两县轮流负责组织节日活动。节日内容在传统项目的基础上，增加了文娱体育活动和经济文化等方面的交流。

锡伯族抹黑节

抹黑节是锡伯族的传统节日，每年农历正月十六日举行。

锡伯族民间传说，古时候有以打渔为生的老两口，在一年春天里他们家飞来一只伤了腿的小燕子。老两口可怜燕子，用苇片给燕子的伤腿做夹板，用线绑好放生。小燕子不忘老两口相助，几天后衔来一粒麦种放在老太婆手中。老两口将它种在院坝里，麦粒发芽后长得很快，每节秆上都长了麦穗，秋天竟收了一斗麦。锡伯人从此学会了种麦子。巡天神知道这个情况，派神犬来民间传话：以后人吃面粉，狗吃麦皮，不得换吃。有一次过年，一家主妇用烙糊的面饼喂了狗，引起巡天神不满。第二年种的麦子都得了黑穗病，眼看收获无望，人们明白了中间的秘密，决定给自己脸上抹黑，以人替麦穗受惩，求天神开恩，除掉黑穗病。巡天神见人们个个心地善良，心也软了，决定收回麦子的黑穗病。但临走时抓住麦秆一捋，秆节上的其他麦穗都被捋走了，仅留下尖端上的那一穗。传说每年正月十六日，是巡天神巡视人间的日子，人们为了表明自己的确在替麦穗受惩，便在此日互相抹黑。又传说这天抹了黑，天火不会烧身。久而久之便形成了抹黑节。

民间传说，过节时如有人脸上未被抹黑，他这一年就不吉利。因此，这天清晨，天还不亮，顽皮的孩子们便三五成群地拿着准备的灰黑泥抹布，沿街穿巷，挨家挨户，逢人就往脸上抹，即使没有起床的人，也会被孩子们闯进门来，遭到涂抹。年轻的姑娘、媳妇常常被人围住，满脸被抹得黝黑。一直抹到旭日东升，千家炊烟升起为止。节日早饭后，人们拿着抹黑布互相涂抹。如果要给中、老年人抹黑则先单腿跪下请安，再向其前额上象征性地点一点，以示尊敬。

添 仓 节

添仓节，又称填仓节、天仓节，是流行于山西、山东等省的汉族节日。

以正月二十四日为小添仓，二十五日为大添仓。

节日这天，人们把粮囤、水缸、煤池添满，就叫添仓，然后燃灯祭祀仓、箱、水缸、井臼、天地神。有的地区民间于此日黎明时，在地面上布灰做囤，纳五谷或年糕于其中，以占丰年。过去人们对此节很重视，要办佳肴盛请亲友。节日期间，各家各户一般都喜欢用小麦、玉米、高粱、绿豆、小米等五谷杂粮为原料蒸黄米糕、制作面条和煎蛋等应时食品，以祝来年丰收。谚语曰："天仓、天仓，小米干饭杂面汤"。

关于节日起源民间是这样传说的：古时候，北方连续三年大旱，农民颗粒不收，饥寒交迫。皇家照样横征暴敛，人们哀鸿遍野。皇家看粮的仓官看了惨不忍睹，打开粮仓让老百姓去拿粮食。仓官知道皇帝发觉此事，不但自己要遭杀身之祸，而且老百姓也要遭殃，便于正月二十五日放火烧仓，连同自己一起烧死。人们为了纪念这个好心的仓官，每年此日举行填仓仪式，取填满谷仓救仓官之意。后来，人们又用细灰撒成粮囤，外镶吉祥字样花边，并在囤中撒几粒五谷，上盖以瓦片等物，以表达盼望五谷丰登、粮食满仓的心情。

添仓节正值正月月底，农村过完年节又过添仓节，广大农民经过较长一段时间的农闲和节日休息之后，将着手开始春耕生产的准备，以争取新年的农业丰收。

老 鼠 嫁 女 节

老鼠又称耗子，有一百八十多种，数量远远超过人类。鼠对自然环境和气候变化的适应性很强，城市和乡村、平地和山岭都有它广泛的生活场所。老鼠的门齿长得很快，需要啮物来磨短门齿。衣物、书籍、家具、农作物、建筑物都咬，其破坏性很强。以粮食为主的植物是老鼠的主要食物，每年要吃掉全世界的粮食达三千三百万吨。老鼠还是鼠疫、痢疾、伤寒、霍乱、钩端螺旋体病等传染病的传播媒介，对人体的健康形成很大危害。老鼠是人类的一大公害，古往今来，我国民间兴起了许多赶鼠除害的习俗。鼠日、老鼠嫁女节以及贵州苗族在农历九月举行的灭鼠节、广西瑶族在秋冬之交举行的捕鼠节，就是在这种背景下形成的民俗活动。老鼠嫁女节的节日时间一般在正月二十五日。

老鼠嫁女活动一般都在晚上进行。天黑时全家人聚集堂屋炕头，不点灯，摸黑吃白天用面粉油炸的形如老鼠爪子、蝎子尾巴和炒豆之类的食品，象征性地等待老鼠嫁女现象的到来。人们传说，吃老鼠爪子，会使老鼠爪子发痒，它们就会立即出洞。吃了蝎子尾巴，是为了使蝎子行动不便，以免伤到出洞后的老鼠。吃东西时不能说话，否则老鼠不敢出来办婚事，以后还会遭到老鼠的报复，引起鼠患发生。孩子们听了大人事前的交代都信以为真，静心地等着观看老鼠接亲的场面。待孩子们等得不耐烦开始吵闹时，大人们则逗趣地说：只有嘴里含上驴粪蛋蛋，耳朵里塞上羊粪蛋蛋，眼皮上夹着鸡粪片片，再把身子趴在磨眼里才会看到老鼠嫁女的迎亲队伍。孩子们听了这么多恶心的话，大为扫兴，只好带着倦意上床睡觉了。

浙江南部一些地方以正月二十五为鼠日。这天，人们将黑豆炒熟在屋里抛撒，称为打老鼠眼。屋梁是撒豆的中心。撒豆人站在梁下，将豆从西梁抛撒至东梁落下，口中还念念有词：西梁上，东梁下，打得老鼠光铎铎（意为断种）。浙江金华一带以农历二月初二为老鼠嫁女日。这天，人们炒黄豆拌红糖，称为糖蒂。晚上一边撒豆一边念着：二月二，炒糖蒂，老鼠嫁女宜，天晴嫁进城（指城市），下雨嫁浦城（属福建）。

江南地区过老鼠嫁女节时，人们习惯做芝麻糖或炒米花，天黑时将其摆在老鼠爱出入之处，引诱它们出来美餐一顿。夜静时人们敲击锅盖、铁簸箕、脸盆等可发出声音之物，意为给老鼠嫁女增添热闹气氛，实际上是惊动躲藏在屋里的老鼠，促使它们赶快离家。次日天明后，人们用泥巴、石块将老鼠可能栖身的地方堵住，意为将老鼠嫁入洞中，永世不出。

湖南一些民间在老鼠嫁女节这天晚上，要在房屋内插许多点燃的蜡烛，以便老鼠嫁女的队伍畅通无阻。然后全家静静上床睡觉，严禁有闹声出现。民间传说：你吵老鼠一天，老鼠吵你一年。

陕西民间老鼠嫁女节的时间在正月初七，有谚语"正月初七，老鼠嫁女"之说。当地还流传着一个有趣的故事。传说有一年老鼠嫁女日的晚上，办喜事的老鼠家，吃喜酒的宾客刚散席，老鼠新郎就偷吃去了。它跑到一家粮库边，正用牙齿将仓库木板咬得唏唏作响时，一只雄猫扑来，狠狠一口将老鼠咬死了。老鼠新娘闻讯，一状告到县老爷那里，要求判猫死刑。猫觉得冤枉，在大堂上据理争辩。县老爷得了老鼠的贿赂，只好偏向老鼠说：老鼠虽然有错，也只能在喜期过后处罚，不该在此时咬死它。决定要判猫的罪。正在此时，老鼠新娘本性大发，把县老爷的衣服和桌围咬了几个窟窿。县太爷见了火冒三丈，随即贴出告示：今后猫见到老鼠就可抓，抓到老鼠就可吃。从此，这句告白成了千年古训，一直流传到今天。

棉 花 生 日

棉花生日是辽宁省铁岭地区汉族群众的节日，每年农历正月二十八日举行。

当地民间传说正月二十八日为棉花生日，棉农于此日举行祭祀仪式，占卜棉花的年景。据《铁岭县志》记载："棉花生日，农家扔筐于房，以筐之覆仰验（棉花）丰歉；筐仰丰收，筐覆歉收。"俗谚曰："收花不收花，但看正月二十八。"

春 牛 节

农历二十四节气中的立春，民间称立春节，又称春牛节。一年春、夏、秋、冬四季，经过寒冷的冬天之后，立春时天气逐渐转暖，万物重现生机。农谚说："阳和起蛰，万物皆春。"这时万物苏醒，生气勃勃，地球绕太阳公转进入新的周期，又一个春季从此开始了。

我国是一个农业古国，农事活动是"一年之计在于春"。立春作为二十四节气之首，自古以来，上自皇帝，下至普通百姓对这个节气都比较重视，有"立春如过年"的说法。

旧时，每年农历十二月底至立春前，有头戴乌纱帽，身穿官服，手持春牛、春棒的"春官"走村串寨，挨家挨户投递印有春牛图的皇历。"春官"所到之处，先向主人家说一些预祝来年风调雨顺、五谷丰登、人畜平安、万事如意之类的吉祥话，称为说春，然后送皇历；主人家则给"春官"一些钱物。

立春前一日地方政府要举行"迎春之礼"。届时，由知府、知州、知县等行政长官主持隆重的迎春仪式。参加者从府衙、县衙门前列队出发。走在队伍最前的是仪仗队，接着是手持彩纸裹成的竹制春鞭的衙役骑在马上做前导（也有头戴乌纱帽、身穿朝服、脚蹬朝靴、手持牛鞭的"牧牛太守"牵着春牛为前导），在后的是由四人抬着用竹篾扎成的牛形、外糊彩纸、大如真牛的"春牛"，尾随其后的是手持长鞭的泥塑芒神（芒神即句芒，曾负责观察天象编制岁时节令，后被奉为植物之神），紧接着是祭品，地方各界要员和坐在八抬大桥上的主礼官，最后是狮子、龙灯和戏班等表演队伍。迎春队伍一路敲锣打鼓，有狮子、龙灯和戏班等节目进行表演，沿街铺店和居民燃放鞭炮迎送，一路十分热闹壮观。最后队伍游行至郊外祭祀先农。礼毕，由主礼官手持犁头，在地上转三圈，象征犁地，表示春耕已经开始。

耕地的主要耕力是牛，立春作为春耕开始的象征，自然就和牛联系起来，因此，立春日有春牛节之说，并形成许多与牛有关的风俗。开始的风俗是在立春这天，各城镇选一个广场，摆放一个泥塑牛和一个象征芒神的泥塑人，由芒神执鞭赶牛：一是表示送别寒冷的冬天，迎接春天的到来；二是表示新一年的农事即将开始。

春牛和芒神的泥塑像立放位置是有一定要求的，可以从中看出农时的早晚。具体的立放位置要根据立春日在农历的时间来确定。

若立春日在年前的腊月十五日前，芒神站在春牛前；若立春日在当年正月十五日之后，芒神就站在春牛后；若立春日在腊月十五日至正月十五日之间，则芒神与春牛并排站立。皇历第一页上的春牛图像，也是按这样的方法印制的。因此，农民可以根据春牛图上春牛和芒神的站立位置来安排农事活动。

春牛芒神图的画法和颜色也有统一的要求。逢纪年天干为阳的年份，画的春牛要张开口，牛尾绕在牛身左边；若逢纪年天干为阴的年份，则牛口闭着，牛尾绕在牛身右边。牛的颜色是这样规定的：若逢纪年地支是亥、子年时为黑色；逢寅、卯年为青色；逢巳、午年为红色；逢申、酉年为白色；逢辰、戌、丑、未为黄色。芒神的衣服和腰带按立春这天纪日地支来确定：是亥、子日为黄衣青腰带；寅、卯日为白衣红腰带；巳、午日为黑衣黄腰带；申、酉日为红衣黑腰带；辰、戌、丑、未日为青衣白腰带。芒神的年龄模样也有规定：逢纪年地支是寅、申、巳、亥时，扮成老年模样；逢子、午、卯、酉时为中年模样；逢戌、辰、丑、未为儿童模样。春牛高度为四尺，象征一年四季；牛身长八尺，表示立春、春分、立夏、夏至、立秋、秋分、立冬、冬至八个节气；牛尾长一尺二寸，表示一年十二个月；芒神的身高为三尺六寸五分，表示一年的天数，牛鞭长度为二尺四寸，表示一年的二十四个节气。

许多朝代都比较重视立春这天的活动。相传周朝时，天子于此日亲率三公九卿、诸侯大夫到东郊迎春，祭帝祖和青帝芒神，以求五谷丰登。到汉朝时，皇帝到东郊祭祀芒神时，要坐青色车、穿青色衣，唱《青阳》歌。后世各朝代的皇帝大多要在立春日这天去东郊举行迎春的祭祀之礼，返回后皇帝要赏赐众臣，后来这种活动逐步演变成城乡群众的迎春活动。

立春日这天，地方官府要主持打春礼。打春又叫鞭春（也有迎春、打春合并在立春日举行的）。届时，将纸扎的春牛和泥塑的芒神置于衙门前，由百官和各界人士祭祀春牛、芒神。当皇历上规定的立春时刻一到，"春官"就持鞭抽打春牛，边打边唱着："一打春牛头，国泰民安；二打春牛腰，风调雨顺；三打春牛尾，五谷丰登。"春牛打破后，围观的群众一拥而上，抢夺春牛肚内掉下的象征一年二十四个节气的泥塑小春牛。有的在春牛肚中放着核桃、枣子、柿饼等干果食品，在春牛被打破落地时，围观者争着拾起带回家，当作五谷丰登、六畜兴旺的好兆头。有的地区在立春日，还流行演戏，或携带农具跳秧歌舞等活动，称为演春；做春盘、春饼，吃萝卜等易消化的食品，称为咬春。有的还张贴"春牛图"于中堂，用红纸书写"宜春"等吉祥字样贴于大门上。有的艺人用泥土塑成猫儿大小的牛儿立在木板上，涂上颜色，旁边配以柳枝、花鸟在立春日期间到市场上出售，人们将它买回家当摆设或作礼物送人。立春日，人们的穿着也有讲究：青年妇女头戴形如燕、蝶、蛾的彩花，称为春花；儿童们戴的帽子和穿的衣服上要绣彩色的春鸡和春娃。这些都是新年幸福吉祥的象征。

　　辛亥革命后，迎春祭礼习俗已废止。但民间的许多地方在这天仍有吃春饼的习惯，人们用麦粉制成薄饼，裹以绿豆芽、萝卜、韭黄、姜、葱等辛味鲜菜和粉丝、鸡蛋等炒成的合菜，成为应时的食品。民间传说，吃春饼既有迎春之意，又有防病、促进身体健康的作用。

　　立春象征一年的农事从此开始。这时我国大部分地区开始解冻，大地回春。农谚说"立春雨水到、早起晚睡觉""万事开端从岁起，一年之计看春头"。它提醒人们要充分利用气温回升的大好时机，抓紧制订一年的农业生产计划，搞好田间管理，做好选种、肥料与农药储备、农机修理等生产准备，以争取新一年的农业丰收。

四川石柱土家族打春节

　　打春节又称鞭春节、三坛节，是四川省石柱土家族自治县土家族的传统节日，每年农历立春日举行。

　　相传该节日起源于清朝乾隆年间。当时石柱县衙规定春秋两季分别举行打春活动，农历二月五日一次，称为农民节；十一月十六日一次，称为报功者。后来两次合并举行，统称为打春节。节日这天，县城举行隆重的打春仪式，祈求风调雨顺，五谷丰登。当三声炮响，锣鼓喧天，鞭炮齐鸣之时，打春彩队开始沿街游行。队前由三匹披红挂绿的彩马开路，后是手持二十八兽模型的队伍跟随，接着是彩纸扎糊的春牛，人扮的"春官"、五谷仓和打板凳龙、龙灯、狮灯、蚌壳花灯的行列。再次是抬神龙的八抬大彩轿，轿前有捧天印的童男童女和两名相对演唱道白的歌手。轿后有十一名扮作春花的姑娘与歌手合唱。歌词内容多涉及农事谚语和规劝农家辛勤劳动，争取日后丰收之类。仪仗队游完主要街道，便来到郊外的平地，先在彩亭前燃点香烛跪拜，人们给春牛套上犁，由大人扶着小孩佯装犁田，谓之扮耕。接着，人们急忙撒下五谷种子。然后，"春官"持鞭高唱："一打春牛头，寨泰民安；二打春牛腰，风调雨顺；三打春牛尾，五谷丰登。"随即打坏春牛，让人们抢撕春牛残骸，以求一年吉祥如意。打春节预示着春耕大忙即将开始，提醒人们早做备耕工作。

节日期间，县城将有土戏、土地戏灯、川戏、道琴等项演出，给节日助兴。

白 族 植 树 节

白族人民大多有植树节习俗。由于山区和坝区季节气候有明显的差异，故植树各地在不同的时间进行。

白族坝区于农历每年立春前的蛇日植树。届时，白族村寨老幼一齐出动，会集临近的河边溪畔，先将事前准备的柳枝沿岸堆放，然后每人拿着两根柳枝排成长队，一旦鼓声响起，人们便踩着鼓点沿河前进，直到步行十二步时，即将柳枝插到岸边。接着顺手在身边的柳枝堆中拾起两枝，继续踩鼓前进，直至栽完为止。

山区的植树活动于每年惊蛰后的第一个蛇日和芒种日进行。节日前一天，白族村寨各家各户派人上山采挖各种经济林木的树苗，并在自己的房前屋后取一些花草苗种，送至本主庙中。然后由全村年龄最大的老妇组织将花卉树苗按户分好。次日清晨，由十二对男女青年带着花木苗给每家各送一份，一路吹吹打打，称为送春。主人则将客人迎进院内，以糖果热情招待。随后，各家纷纷栽种送来的花木苗种，人们称之为缀彩。

苗 族 跳 场 节

　　跳场是苗族人民流行较广的一种传统的社交娱乐活动。因这种活动多在节日中进行，故一些地方直呼这个节日为跳场节。

　　跳场的场址一般都在较为平坦的草坪或土坝上。各地场址有大小之分，有的场址跳一两天，有的要接连跳三天。人们习惯把前者叫小场，后者叫大场。多数场址在第一天要举行踩场仪式：由场主燃香点烛，烧钱化纸，祭奠神灵祖宗；在场上栽插花树；开场时由场主带领芦笙队吹着笙曲围绕花树转圈，其余男女尾随其后跳舞。

　　节日时间各地不尽相同，但大多在正月的某几天，有的从正月某日开始逐日在各场址轮流进行，故有"跳正月场"之说。贵阳地区的苗族跳场地址，主要分布在三个郊区，花溪区有桐木岭、石板镇山、磊庄；乌当区东风乡的石头寨、罗吏、高寨；白云区的都溪。桐木岭的跳场时间在正月初八至十三（青苗跳前三天，花苗跳后两天，中间空一天）；石头寨和都溪在农历二月十四至十六日跳场。上述三个场址的参加者除来自贵阳市郊外，邻近的开阳、龙里、惠水、清镇等县的苗族同胞也赶来参加，每年来跳场的人数在三万以上。青苗在跳场节中除了开展芦笙舞蹈活动外，还要进行一个重要的项目——"牵羊"。传说"牵羊"的开创人是央六，又叫杨六郎。央六是一位苗家德高望重的老人，他从天波府迁来今天的贵阳市花溪区燕楼乡公牛屯定居时，膝下两个女儿，大的叫金花，小的叫银花。一天，央六外出，两个女儿偷了地里的两个黄瓜吃。老人回来发觉后，谁都不肯承认，最后气得老人只好赌咒。哪知咒语灵验了，大女儿被老虎吃掉，小女儿在快遭伤害时幸亏得到金花的男友诺德仲搭救。打虎英雄见自己的心上人遇难，从此隐匿下来。央六老人对此十分后悔，到处打听诺德仲的去向，结果毫无收获。后来，老人邀请男女青年参加跳芦笙活动，用"牵羊"的方式，让小女儿找到了打虎英雄，使他们结成美满姻缘。从此，跳场和"牵羊"的习俗代代相传。"牵羊"是在跳场节中选择配偶的重要方式。当男女青年和他们的长者在跳场上相中了合适的对象时，一旦长者喊出"把羊喽"（苗语捉羊的意思）的声音后，姑娘便立即解下自己的腰带拴在对方的腰带上，而后跟着这个小伙子跳舞。这时，男青年在前抱着芦笙边吹边舞，跟在后面的许多姑娘手持长长的腰带翩翩起舞。待跳完数圈长者发出"纵羊喽"（苗语意为放羊）喊声后，舞者至此散场。以后，男女双方将在正月十六、三月三、四月八这些日子继续交往，发展他们的恋爱关系。

贵州惠水县的鸭寨、鸭绒、摆金、关山、斗篷、九龙、长田、大坝等地的苗族，每年农历正月初三至十三跳场。其规模少则几百人，多则五千人左右。节日期间除了跳芦笙、对歌外，还要开展有趣的"抢羊"活动。"抢羊"时由一名男青年当"牵羊人"，后跟一群姑娘，一个拉着一个的后襟。另一小伙子作为"狼"闯入"羊"群，窥测方向，伺机"抢羊"。"群羊"左躲右避，或散或倒。谁牵的"羊"最多，谁抢的"羊"最多，谁的本领就最大。

贵州龙里县中排、民主乡的苗族每年正月初九至十二日举行盛大的跳场活动，称为"跳正月场"，正月初九在上排的马郎坪；初十在中排的鼠场坪；十一、十二两天在民主乡的跳月冲举行，参加人数都在两三千以上。这里的跳场有日场和夜场之分。最有趣的一项活动是"抢红袍"。白天，男女青年吹芦笙，跳芦笙舞。下午四五点钟，担任场主的四个小伙子身穿红绸长袖衫参加跳场。这时，外来的小伙子正在场边穿红袍，准备参加跳场。事先在跳场盯梢的一群姑娘突然围拢过来，动手将红袍抢走。被抢的外来青年，立即邀约同路伙伴，跟着姑娘进寨追要红袍。主人招待来客吃了晚饭以后，姑娘小伙子一齐聚会到寨脚的一块大地坝上吹笙跳舞，对歌聊天，抒发情怀。

节日起源传说不一，但大多与纪念祖先，祈祷保佑苗家人畜平安、风调雨顺、五谷丰登或欢庆丰收有关。故许多苗家传说，哪年不跳场，哪年就会风不调雨不顺，年轻人也不得安宁。贵阳白云区一带苗族传说，远古的时候，有苗家兄妹三人，从外地迁来都溪寨定居。他们在这里垦荒造田，辛勤稼穑，第一年便喜获农业丰收。

待粮谷进仓时，合家跳场欢乐，庆祝丰收，预祝来年风调雨顺。果然次年又是麦穗两歧，年谷顺成，兄妹再度欢庆。年复一年，形成固定的节日。贵州惠水一些苗族地区传说宋朝真宗年间的一个春天，摆榜苗寨有一个叫赵巴碾洋的人，一天他在自家门前吹着口哨编篓时，突然六只小鸟从空而降，一齐飞到他家的房梁上；不停地叽叽喳喳地叫，分别发出各具特色的悠扬的声音，非常动听。赵巴碾洋听到鸟啼十分有趣，灵机一动，立即砍了一根竹子，将他分割成长短不一的六段，然后将它们组合起来，成了苗家原始的芦笙。他双手握着乐器，嘴对竹口使劲地吹呀吹，发出了几种非常悦耳的声音，比六只鸟啼还好听。后来赵巴碾洋不断摸索，他又根据声音的变化，创作了一百二十首曲子，其中斗牛曲三十首，跳场曲六十首，送客曲三十首，教青年们用竹制乐器吹奏，深受苗家群众的欢迎。这个消息一传十，十传百，制作和吹奏芦笙的人越来越多。因为这乐器是在正月十一至十六制成的，摆榜苗寨便在每年正月的这几天，到上摆大坝举行芦笙舞会，庆祝赵巴碾洋的创造发明。不久，赵巴碾洋父亲居住的摆金石头寨，以及他两个弟弟分别居住的鸭寨和鸭绒，也在同一时间开辟了跳场。久而久之，即形成节日。过去许多场址在跳场前要举行隆重的祭祀仪式。随着社会的进步，祈神祭祖活动已经淡薄，逐步演变成娱乐活动和青年男女自由恋爱、寻觅伴侣的节日。

青年是节日活动的主体，跳芦笙舞、对歌等娱乐活动是主要的项目。在跳场活动中，他们通过富丽堂皇的装扮来表现民族的固有特色。尤其是妇女穿着艳丽的新装，还有遍及全身的银器，十分好看。有的地区妇女在跳芦笙舞时，双手要持一张毛巾竖于胸前，跳舞时毛巾按芦笙节拍上下抖动，撞击手腕上的银手镯，胸前的银锁、银绣球和脖子上的银项圈发出叮当叮当的声音，别有一番风味。

白日跳场大多要进行一天，直到日落西山时人们才渐渐散去。这时小伙子和姑娘们却兴致未尽，许多在跳场上相识的男女青年，三五成群或双双对对地转赴临近的田边地头，岩畔溪旁，树荫竹林，对唱山歌，追逐嬉戏；或是窃窃私语，吐露心声。富有特别情趣的游戏活动将持续到深夜。节日期间，有的地区还要开展斗牛、斗雀、跑马、球类比赛、文艺演出等活动和物资交流等内容，使古老的节日成为社会主义精神文明和物质文明建设的重要阵地。

四川阿坝藏族牧民节

牧民节是四川省阿坝藏族自治州藏族牧民的传统节日，每年农历正月初举行。节期一周。

节前家家打扫室内及庭院卫生，将灰渣集中起来于日落西山时，倒在室外的西方，以让家中的一切不祥之物被太阳的赤红火焰烧化。然后酿青稞酒，做油香、酸奶等物，为节日准备充足的食品。节日到来的第一天，各家妇女争先背回吉祥水，用以洗脸洗手等。人们洗完脸和手，开始放龙灯、烧柏香，祈祷草原草丰水清、畜业兴旺。祈祷毕，全家团聚饮宴。为了表明自己没有忘记祖宗、仍是吃糌粑的人，故必须首先吃一点糌粑再吃别的食品。节日头三天，人们不出村外，在村内参加歌舞、摔跤等文体活动。三天以后，人们开始走亲访友，互相祝贺。节期夜晚，男女青年经常聚集村外，在明亮的篝火边歌舞欢乐。

云南西双版纳基诺族打铁节

打铁节又称特毛且节，"特毛且"基诺语音译，即过年，大家打铁，准备生产工具之意，节日活动要敲大鼓，故也称大鼓节，是云南西双版纳基诺族的传统节日。基诺族的历法是太阳历，过年的时间不统一，一般在农历的一月择一吉日过节，节期三天。因各寨吉日不同，过节的时间也不尽相同。过去基诺人有阿细、阿哈、乌攸壳三个不同姓氏的部落，每个氏族有自己的父寨、母寨，过年时，一般是父寨、母寨先过，然后轮流到儿女寨过节。

节日起源有二说。

一说远古时，一年突然山洪暴发，眼看人类就要灭种了。有一仙人指点一对善良的兄妹钻进一截挖空的大树里，又给他们一把刀子、一个铜铃。大树两端用牛皮蒙上，成了一个大鼓。仙人最后嘱咐他们："世上只有你们能得救，随着洪水去漂流吧，记住每天敲三次鼓，每次敲三下。没有听到鼓声，表示鼓还泡在水里，说明洪水未退；你们敲鼓时听到咚咚的声音，表示鼓已不在水里了。另外，鼓里的铜铃发出叮当的声音，那是木鼓触地时的碰响声，也是洪水已退的证明。到那时，你们用刀子划开鼓皮，出去好好过日子。"木鼓在洪水中漂了七天七夜，最后落到攸乐山的一个叫杰卓的地方，震得铜铃叮当响。兄妹俩敲了三下木鼓，木鼓果然发出了咚咚的响声。他们知道洪水已退了，便用刀子划开鼓皮走出来。放眼张望，大地什么都没有了。兄妹俩在攸乐山定居下来，结成夫妻，创建家业，繁衍子孙。他俩就是现在基诺族的祖先。相传木鼓落下的这天，就是基诺族纪年的开始，故基诺人十分崇拜木鼓。

二说很久以前，基诺族有个妇女怀胎九年零九个月，都生不下来。一天，她抱着一只白母鸡和一只黑母鸡去巫师末丕处献菜饭，请求末丕帮助。末丕使尽所有巫术，结果还是无济于事。后来，她去箐沟背水时，遇见一个老阿嫫（大妈），将自己怀孕的事向老阿嫫说了，又问她见过这种情况没有。老阿嫫惊讶地摇摇头。过了几天，这个孕妇突然肋骨痛得难忍。不一会儿，肚里的小孩咬断了母亲的七根肋骨，突然从肋下跳出，一手拿着火钳，一手拿着铁锤，一生下来就打起铁来。传说基诺人就是从那时开始打铁器的。为了纪念这个日子，后来就形成了特毛且节（打铁节）的习俗。

节前，家家户户杀猪宰牛、酿酒，准备过节食品，并邀请亲友来欢度新年。基诺村寨均有寨父、寨母。被视为神圣之物的大鼓也保存在寨父、寨母家。大鼓身长一米，直径半米，系将圆木挖空后，用未去毛的黄牛皮所蒙成，两端各有二十个木柄环绕鼓身。平时挂在寨父、寨母家，严禁动用，只有过年时才能敲击。节日来临，当寨父、寨母家敲响牛皮大鼓时，全寨人便集中到寨父、寨母家，由寨父、寨母分配过年的准备工作。先由各家凑钱买牛。然后每家出一人持弓箭或火药枪，上山捕捉黄嘴老鼠两对，献给寨父、寨母，作为儿女孝敬的过年礼物。还要捉一对竹鼠送给打铁匠，作为新年备耕打刀的礼物。各家还要自备原料，供铁匠打制一件铁器农具之用。

节日期间，人们盛装打扮。男穿白色镶边无领对襟麻布褂，下身穿蓝色或白色的麻白裤，头上用黑或蓝布帕缠头，赤脚，绑裹腿，双耳穿孔。女子绾发结髻，戴着呈尖顶状、披至肩的白色帽子，上面还饰有一些条状花纹。上穿白色或杂色的无领对襟小褂，褂上镶绣有各色条状花纹，内衬薄布单紧身衣，下系镶红边的合缝裙，裹腿，双耳穿孔，戴耳环、耳坠或填以竹管，有的还在竹管上点缀着喇叭状花穗。

节日第一天，要举行隆重的剽牛仪式，即先砍牛后腿，在牛未死前，割下臀部肉做祭祀用，其余的牛肉分给大家。此日，每户家长带一斤①米到长老家祝贺。长老要招待一顿酒肉饭，饭前由长老祭祖。吃饭后各人将自己面前的肉带回家祭祖，然后全家吃团年饭。晚上，全村人到长老家举行祈年仪式，向大鼓祭酒，佩花束，然后唱歌跳舞，庆祝新年。

第二天，家长们聚集打铁房，举行象征性的备耕打农具仪式。由铁匠杀两只鸡祭祀，将鸡血洒在风箱上，并粘几根鸡毛，然后给各户打农具。

第三天，先由各户家长带饭到长老家聚餐，然后由长老率大家巡视、修理道路和界标。晚上举行备耕仪式。他们先在门外铺上三层最好的芭蕉叶，每层都要放鱼、肉、饭等。然后祭祀鬼神，并准备长刀、刀鞘，点燃火把，待长老吹响号角，人们跟着吹响的牛角或竹筒奔跑，手持火把，在路两边东砍西砍，以此象征砍树号地，表示这是本村寨号下的地，外人不得侵犯。至此，整个节日活动全部结束。

---

① 斤为非法定计量单位，1斤＝500克，下同。

湖南江华瑶族赶鸟节

赶鸟节又称忌鸟节，是湖南江华山地瑶族人民的节日，每年农历二月初一举行。

传说很久以前，瑶族居住的山区，树木满山，绿草成茵。每年春暖花开时，各地鸟雀飞来搭窝栖息，繁殖小鸟。春耕播种时，人们撒下的种子很快便被成群的山鸟吃得精光，年年有种无收。人们虽然忧心忡忡，却又无可奈何，只好四处逃荒。这个消息传到京城，惊动了皇帝，皇帝特颁下圣旨：谁要是能将害鸟赶走，就将瑶山赐给他。瑶山有个叫英姑的姑娘，她是远近闻名的歌手，树上的鸟儿特别喜欢听她唱歌，人们同她商量了赶鸟的办法。二月初一这天，英姑带着方圆数十里的男女青年遍游瑶山，放声歌唱，鸟儿听到歌声，跟着他们飞向远方，最后被引到从不种植庄稼的白头山上，在那里被英姑动听的歌声醉了半年。等它们醒来飞回原地时，瑶家的粮食已收获入仓，从而避免了鸟害。可是有个贪婪的山主，趁机想霸占瑶山，便谎报皇帝，说瑶山的鸟是他赶走的。皇帝将信将疑，第二年开春的二月初一时，派使臣督看山主赶鸟。山主来到山鸟聚集的地方，左呼右唤，鸟儿根本就不理睬，不断啄食地里的种子，急得山主团团转。使臣见了十分生气，就惩罚了假报情况的山主。眼看鸟儿们将把播下的种子吃光了，这时，在旁边看热闹的英姑开了口，她那悠扬的歌声顿时把鸟儿们全部吸引住了，鸟儿们随她任意调动，成群结队地飞到白头山上。这年瑶山又是五谷丰登。英姑的举动也惊动了皇帝派来的使臣，他迅速回京禀报了皇帝，皇帝高兴地将瑶山赐给了英姑。为了纪念和鸟害斗争的胜利，人们专门把二月初一定为赶鸟节。

节日这天，瑶族青年头扎彩色头帕，身穿节日服装，不管是天晴还是下雨，都要打着一把青布伞，从四面八方赶到白头山上，对唱情歌、山歌，猜谜语，嬉戏谈笑，直至夜幕降临才散去。各家老人则留在家里，他们的任务是打糍粑，并将它搓成汤圆大小的圆团，戳在竹枝桠上，再将竹枝插于神坛或堂屋门边，称为鸟糍粑，专供出来玩耍的小孩任意取食。传说鸟糍粑若被鸟啄，鸟的嘴壳将会被粘住，这样就可保住庄稼不被伤害，保证粮食丰收。

春　龙　节

农历二月二日古称中和节。有农谚说"二月二，龙抬头"，故又称龙头节，俗称龙抬头或二月二，有的农村又称为春耕节。这时正值二十四节气的惊蛰节前后，大地开始解冻，天气变暖，万物萌生，下雨的季节快到了，故又称春龙节。惊蛰以后，农民开始下田耕作，所以龙头节又称上工日。

传说这个节日起源于远古伏羲氏时期。三皇之首的伏羲"重农桑，务耕田"，每年二月二日"皇娘送饭，御驾亲耕"，要亲自经营"一亩①三分地"。承先启后，黄帝、唐尧、虞舜、夏禹各代皇帝都一一遵照先王的做法。民以食为天，我国历代比较贤明的朝廷都比较重视农业。科学不发达时的古代皇帝，为了表示对农业的重视，常于二月二日举行"祈年""亲耕"仪式，祈求风调雨顺、五谷丰登，并借以象征动员农民投入春耕春种。河北邯郸展览馆所在地古称春场，传说就是战国时代赵王举行亲耕大典亲扶犁头耕田的地方。古代皇帝都自称是真龙天子，二月二有皇帝扶犁的礼仪，龙抬头可能因此得名。

传说春龙节始于唐代，唐朝武则天称帝，惹怒了天上的玉皇大帝，他命令四海龙王三年不向人间降雨，从而使河塘干涸，庄稼枯死。老百姓因此被断了生路。管天河的玉龙，看见民间饿死人的惨

---

① 亩为非法定计量单位，1亩≈667平方米，下同。

景，十分同情民间疾苦，便违抗玉帝的旨意，偷偷降了一场大雨。玉皇大帝闻讯，大发雷霆，将玉龙打下凡间，压在一座大山下受罪，并在山上立牌刻字："玉龙降雨犯了规，当受人间千秋罪。要想重登灵霄阁，除非金豆开花时。"老百姓得知救星的遭遇，十分伤心。为了拯救玉龙，用黄色玉米炒开花，表示开花金豆，用以做供品，天天跪着向天祈求。时间久了，玉皇大帝终于被老百姓的虔诚感动，在二月初二这天，将玉龙召回天庭，继续给人间兴云布雨。老百姓为了永远感念玉龙之恩，便将二月初二定为春龙节，设供祭祀玉龙，并兴起爆玉米花、炸油条、吃面条等习俗。

龙抬头的由来也有一个传说：古时候，黄河岸边的龙斧山一带，连遭三年大旱，深井干了，黄河的水断了，龙斧山附近有个一向取水不尽的黑龙潭也干涸了，害得这里的群众难以活命。龙斧山下有个叫强娃的小伙子，决定去掏黑龙潭找水，他带领妻子莹花从上年的腊八节开始动手，一直掏至第二年的正月，越掏越干。到了二月初一这一天，潭底现出一层硬底，镢头一碰便崩出火花，他们怎么使劲也挖不进去。这时，天空降下的一个白石头蛋突然落在他们的脚边翻滚。不一会儿，白石头蛋变成一只白鸽。当白鸽徐徐飞起时，强娃顺手将它挡在地上，白鸽随即变成一个白发公公。老翁笑逐颜开地对强娃夫妇念着："龙斧山，劈山斧，一砍顶你一千五。"说完，老翁变成一缕青烟腾空而去。他们遵照老公公的指点，连夜翻山越岭，历尽艰辛，终于登上龙斧山，来到龙王庙。这时虽是半夜时辰，但通红的灯火却把龙王殿照得如同白昼。他们看见殿前的铁架上摆着一把约有五百千克重的大斧，便高兴地向龙王磕头，说明来意。然后，强娃将大斧扛在肩上，莹花点起火把，立即赶回黑龙潭。二月初二拂晓，强娃举起劈山斧，狠狠地砍向黑龙潭的硬底。突然一声巨响，一大股清水就冒出地面。接着，一条巨龙抬头跃出潭口，腾空而起，冲进云天。霎时乌云满天，巨雷阵阵，天空降下了倾盆大雨。人们高兴万分，从四面八方赶来感谢这对年轻夫妇。后来，为了纪念这个有意义的日子，人们把它定为节日，并命以"龙抬头"的名称。

龙抬头的神话故事不值一信。但二月二的节日习俗的形成，同我国南方的气候特征有着密切联系是可以肯定的。这时的节令已近于惊蛰，春回大地，万物复苏，蛰伏在泥土或洞穴中的蛇虫快要从冬眠中苏醒，传说中的龙也将从沉睡中醒来。不明科学道理的古人，只好借想象中的龙作为神圣象征，用以抑制和驱逐害虫，保护人类和庄稼的安全。久而久之，各地便形成了种种节日习俗。

节日这天，有的地区，人们要抓一把草灰，从大门处开始撒起，然后进入屋内，绕水缸一圈，叫做引龙回、请龙出，可使百虫伏藏。有的于前一天晚上，撒灶灰于房屋四周，认为可避虫鼠入宅。也有的撒灰时撒一个圆圈，将五谷杂粮放在中间，称为填仓，还有于当日用蜡烛照房墙壁的，因为有"二月二，照房梁，蝎子蜈蚣无处藏"之说。江苏常熟一带民间，旧有"二月二贴蜓蚰榜"的习俗，这些都是期盼当年风调雨顺、五谷丰登。

为了突出龙在二月初二中的地位，表示对龙的尊敬，民间流行太阳不出来不打水，免得撞伤龙头，就烧干锅、炒豆子、爆米花。边炒边念："二月二龙抬头，大仓满小仓流。"妇女不用针线剪刀，企图以此避免刺伤龙眼。人们把这天的活动也常常加上龙的名目，比如给儿童剃头发，称剃龙头等。

四川地区，俗称二月二为踏青节。这天，成都人喜欢到郊外游览，"春游锦江"就是其中之一。旧时游锦江时，由当地行政长官率官吏幕僚，乘坐彩船数十只，在喧天的锣鼓声中，从锦江中的万里桥（今南门大桥）出发，顺水而下。沿岸观看者人山人海。

贵州侗族斗雀节

斗雀节是居住在贵州一些山区侗族群众的传统节日，每年农历二月初二举行。节日活动多在风景秀丽的山坳举行，剑河县大洋的台沙坳最为热闹。节日的起源有这样一个传说：古时候，有个叫娘花的侗族姑娘，在二月初二这天要与太阳的一个儿子完婚。天上地下相距遥远，新娘往来不便。百鸟们为成全这桩婚事，开会商讨在空中架一道鹊桥来引渡。画眉不肯参与这项活动，还在会上与其它鸟类吵闹。百鸟们对画眉的行为十分气愤，决定对画眉采取关进鸟笼并供人取乐的处罚。后逐步演变成斗雀节的习俗。

侗家人喜欢画眉，尤以中老年人最甚。民谣云："哪个青年不玩耍？哪人老来不养鸟？玩耍结伴求白头，养雀解闷图逍遥。"斗雀多用画眉，它嘴巴尖长，头圆而大，身材椭圆而细长，喜欢啼叫，两鸟竞斗时，别有一番情趣。

节日这天，侗乡人穿着节日的盛装，纷纷涌向传统的赛场。人群中许多爱好饲养画眉的中年人则提着画眉笼，准备参加竞赛或供人观赏、交换。斗雀活动由德高望重的老人主持，他一声号令，画眉便在笼中挥爪鼓翅，翻腾跳跃，和对手争斗不休。观赏的群众则围在四周观看。场上的画眉声、口哨声、赞扬声交织一起，使一个僻静的山坳变成了沸腾而有趣的娱乐场所。按传统规矩，一连斗败几笼或几十笼的方为全胜。获胜鸟将由主持人挂在树中央，让人们观赏、祝贺。

彝族马樱花节

马樱花节是部分彝族人民的传统节日，每年农历二月初八举行。节日这天，人们杀鸡煮肉，男女老少穿着漂亮的衣服，跳舞、唱山歌，庆祝祖先的生日。此外，人们还要采摘鲜艳的马樱花，将它插在自家六畜的厩上，以示向它们贺节。关于马樱花节的由来，彝族民间流传着这样一个有趣的故事——

远古的时候，有一年洪水淹没了整个大地，天下的人都被淹死了，到处一片荒凉。唯独有兄妹二人，因得到仙人的帮助，事先躲在一个用蜡封住口的葫芦里，随着滔滔洪水在水面上漂流，才幸免于难。洪水消退之时，葫芦被挂在一棵大树上的枝杈上。一天，正在天空飞行的一只老鹰看到树上的大葫芦，又听到里面有人的声音，便把葫芦抓了起来，把它放置在一座山顶上。它不知道怎样才能打开葫芦，又匆匆飞走了。洪水暴涨时躲在地底下的一只老鼠，听到葫芦里有人的声音，就使劲地蹿起来，把葫芦口上的蜡一口一口地咬掉。葫芦的口打开了，兄妹俩爬出来，重新站在大地上，成了后来大地上唯一的人种。

　　金龟仙人看见洪水把天下淹得没有人烟，早就忧心忡忡。一天，他遇见洪灾幸存下来的兄妹俩，喜笑颜开，对他们兄妹俩说："为了天下不断人种，你们结成夫妻吧！"兄妹听了不好意思地回答："亲兄亲妹，哪有结婚成家的道理，这不是天大的笑话吗？"金龟听了，继续开导他们说："顾不得那么多了，只有你们成亲，人类才能继续发展下去，这是天经地义的呀！"哥哥觉得金龟说的虽有道理，但还是顾虑重重，想问天公地神是不是答应，便对金龟说："我们兄妹各在一方烧一炷香，祷告天公地神，如果香烟能合在一起，说明天公地神同意你的看法。"说完，兄妹俩各点燃一炷香，然后跪拜天地，两股香烟升起之后，又慢慢地合成一股了。但是妹妹还是觉得为难，执意不肯结婚。哥哥又想了个办法说："我们兄妹在山上各滚一个磨盘，要是它们滚在山下时，两扇磨盘能合在一起，就寓意着我俩可以结婚。"金龟笑嘻嘻地看着他们做下去，两扇磨盘果真合在一起了。妹妹还是不同意结婚，她说："我们再做一次试验，我和哥哥在地上各滚一个簸箕，如果它们能面对面地合起来，我俩就成亲。"结果兄妹各滚一个簸箕，还是按妹妹说的那样合在一起了。金龟见了喜出望外，笑容满面地说："事不过三呀！三次试验都成功了，天作之合，你们现在该成婚了啊！"兄妹俩实在没有理由推托了，只好按照金龟的建议，正式结为夫妻。

　　兄妹变成夫妻，日子过得恩恩爱爱。一年后的二月初八这天，妻子生下一个肉团。妻子见了吓了一大跳，非常失望地对丈夫说："我们当初真不该结婚啊！这是老天对我们的处罚呀！"丈夫觉得妻子说得有理，埋怨金龟说："这都是金龟害的，那时不听它的话就好哩！"金龟听说肉团已降生，欣喜若狂，马上赶来祝贺。它胸有成竹地说："你们不用担心，这个肉团就是人种。"说着拔出宝剑，劈开肉团，在血淋淋的肉团中立即跳出五十童男、五十童女。剩下的肉皮被金龟挥剑一挑，落在附近的一棵树上。不久，这棵树上开满了红艳艳的马樱花。这群童男童女虽然天真活泼，讨人喜欢，可是妈妈再忙也哺育不过来。大地上的马、牛、羊、猪、兔、猴、熊、虎、豹等等动物知道了，都伸出了援助之手，它们一个领走一个小孩子去代养。彝族人不吃马肉，传说彝族人的祖先是吃马奶长大的。这些童男童女长大成人之后，他们没看到自己的爹娘，十分伤心，便翻山越岭，到处寻找自己的父母。虽然他们历经千辛万苦，走遍了天涯海角，但是，最终还是没有看到父母的身影。他们眼看一点希望都没有了，便沿途男女婚配定居下来，开荒种地，劈草造田，创家立业，繁衍子孙。

有对夫妇正好回到开满马樱花的地方扎下根来，据说就是现在彝族的始祖。以后每年二月初八这天，他们去山坡上采来许多马樱花，献给曾经哺育过自己兄弟姊妹成长的飞禽走兽，以示纪念。这样代代相传，就形成了马樱花节的习俗。

云南大姚彝族插花节

插花节是居住在云南大姚县昙华山一带彝族人民一年一度的地方性民族节日，节日在农历二月初八。

节日来源有一个传说。相传昙华山有个非常美丽、勤劳的姑娘，她的名字叫咪衣鲁。有一天，她在山上一边放羊一边唱着放羊歌，歌声悠扬，十分好听。这时，有个叫朝列若的青年猎手，正在昙华山打猎，他听到歌声，像迷住了似的，猎也不打，就不停地向歌声方向奔去。他走呀走，终于发现那个姑娘正在半山腰的花丛中。朝列若停步了，唱着山歌向咪衣鲁试探。姑娘朝歌声方向张望，发现唱歌的是一个英俊的小伙，顿时产生了好感，马上唱歌回应。接着他们继续对歌，用唱歌的方式增进了互相了解，最后订下了终身。从此，他们经常来昙华山相会。昙华山有个土司是一个好色之徒，他家建了一个天仙园，规定彝家山寨要轮流派漂亮姑娘来这里向仙女学织布，趁机糟蹋女性。有一天，土司派人给咪衣鲁的母亲传话：现在该咪衣鲁来天仙园了，限令她在三天之内必到。母亲听了，一下子就气昏过去。咪衣鲁对土司的罪恶行为早有所闻，非常愤恨。她决定利用这机会去除掉土司，为姑娘们报仇。土司规定的期限的最后一天，正是二月初八。这天咪衣鲁带着泡有马樱花的毒酒去了天仙园。她见了土司，笑嘻嘻地提出要与土司喝如意酒。土司听了十分高兴，马上就坐下来同咪衣鲁喝酒。咪衣鲁往酒杯倒下自己带去的酒，和土司各饮一杯，两人很快就倒在地上死了。朝列若听到这个消息，怒气冲天，拿着弓箭大刀，朝着天仙园飞奔。他边跑边喊着自己心上人的名字。土司的喽啰见了十分害怕，个个都想逃跑，但全都被朝列若一一地处死了。朝列若找到死去的咪衣鲁。他悲痛欲绝地抱着她离开了罪恶的天仙园，在昙华山慢慢地走着，一路上他边走边哭，哭声响彻了整个昙华山的上空。朝列若的泪水洒在哪里，哪里的白花就变红了。从此这里到处都是艳丽的红花。为了纪念这对坚贞勇敢的情侣，人们每年二月初这天来昙华山采摘鲜花游耍。时间久了，便形成一年一度的插花节。

节日这天，远近数百里的彝族群众纷纷赶到昙华山上，采摘鲜艳的杜鹃花，拿回去在村旁路口、行道两旁搭起座座花牌坊，并把朵朵鲜花插在门前、床头和牲畜圈上。人们载歌载舞，祈求人畜平安，五谷丰收。男女青年则把鲜花插在情人的头上，以示对爱情的忠贞不渝和对美好生活的向往。晚上，青年们在彝族山寨的草坪上举行篝火晚会，满头插着鲜花的姑娘们踏着小伙子吹着的芦笙节拍，围着火堆，翩翩起舞，纵情欢乐，十分热闹。

花　朝　节

民间传说，农历二月十五日（又说二月二日或二月二十五日）为花王生日，这天，百花都要去朝拜花王（又称花神），故将这天称为花朝节。又说这天是百花生日。

根据农历二月气候特点，我国南方群众认为农历二月是开展种花养花活动的良好时机。民间在养花种花的关键时刻形成花的节日，借以提高人们种花、养花和爱花的情趣。我国汉族和白族、壮族等少数民族，都有过花朝节的习俗。

花神是古人对植物自然崇拜的反映，旧时南方民间许多地方都建有花神庙，塑有花神像。花神有十三位，中间是花神王，旁列十

二 月

二位花神，其中，花神王各地说法不一，有的说姓李，有的说是陈维秀，又有说是花姑。旁列的十二位花神是：一月梅花神柳梦梅；二月杏花神杨玉环；三月桃花神杨廷昭；四月蔷薇花神张丽华；五月石榴花神钟馗；六月荷花神西施；七月凤仙花神石崇；八月桂花神绿珠；九月菊花神陶渊明；十月芙蓉花神谢树秋；冬月山茶花神白乐天；腊月腊花神老令婆。花神的姓氏还有他说，这里不一一列举。

民间传说花神负责掌管鲜花生产，为花农造福。古时花农、花匠以及朝廷管理御花的官吏都要供奉花神。民众在花朝节这天都乐于去朝拜花神庙，庆祝花神诞辰，然后去有花的地方观花，或种植花木，或举行赏花会。

花的生日，自然要热烈地庆贺一番。花朝节这天，人们将红布条或红纸条系于庭院中一切已开和未开的花枝上，或用木棒插在花盆里，也有用彩色纸糊成篮形悬于各花树枝上，称为替花挂红着彩，用以表示祝贺百花诞辰，企求良辰美景、花木繁盛。苏州地区旧时有闺中女子于花朝节剪五色彩笺贴于花根的习俗，叫做赏红。

民间传说，为花挂红的习俗起源于初唐的武则天。武则天当了皇帝以后，在一个寒冷的冬天，看见宫廷中的腊梅盛开，突然诗兴大发，写了一首催花诗："明朝游上苑，火速报春知。花须连夜发，莫待晓风吹"，下旨命令花卉都要依时开放。果然各种花卉都承旨遵命。次日，武则天去御花园赏花时，气候变得特别暖和，池中冰块都已融化，陡然变成初春光景。武则天看见林苑青翠，花开满园，万紫千红，十分高兴，立即命令宫人给这些花木挂以红绸并悬以金牌表示奖励。在百花丛中，唯有牡丹花迟迟不肯开放。武则天大为震怒，命宫人燃炭火烧灸枝梗，牡丹方才怒开。武则天气愤不息，下令将御苑中几千株牡丹逐出长安，移植东都洛阳，以示惩罚。洛阳因此成为牡丹之乡。

百花生日，春花盛开，群芳争艳，南方许多地方常于此间举办花节、花市，供人观赏。繁花似锦的蓉城成都，每年二月十五日开始举行的花会，是典型的花朝节的遗风。届时，成都及附近各县的园艺场和花农专业户，将自己精心培育的奇花异卉置于会场展览交流。会场内外，百花争艳，大显风姿，往往吸引来数十万观众。

花朝节，有的地区尚有母亲用五彩线给女儿穿耳孔的习俗，认为这天有花神的保佑，姑娘长大成人后如花枝招展。也有一些地方人们于此日成群结队去郊外春游娱乐，欣赏大自然的美好时光。可见，花朝节即是百花的生日，也是青年特别是女青年的节日。

浙江省湖州一带，人们在花朝节这天，在花盆中插一三角小彩旗，以祝贺花的生日。当地人认为此日种花、嫁接，最容易成活。故人们多在此日下种、移栽、嫁接。二月二日过节的地方，男女青年有于此日吃露天饭的习俗。

社　　日

"社日"是我国古人在长期的社会生活中形成的祭祀社稷神的一种古老习俗，上自皇帝，下至平民百姓都很重视。"社稷神"又称"五谷神"，是古人自然崇拜的产物。远古时代，人们认识到土地不仅给了人类生存环境，又产生了人们生活必需的五谷，土地和五谷都是人类赖以生存的重要物质基础。人们为了尊敬和感激它们对人类作出的贡献，将土地和五谷视为神灵，称土地为社神（又称土地神），称五谷为稷神（又称五谷神），并建立社日定期祭祀。社日分为春社和秋社，其日期按农历干支纪日每年立春日后的第五个属戊的日子为春社；立秋后第五个属戊的日子为秋社。古时候，皇帝和地方官员祭祀社稷神在专修的社稷坛进行。民间祭祀社稷神的方法，南朝梁宗懔撰写的《荆楚岁时记》作了这样的记述："社日，四邻并结综会牲醪（杀牲祭酒）为屋于树下，先祭神，然后飨其胙"。一般的作法就是春祈秋报。春社日这天，附近邻居集结在社树下搭的棚屋举行祭祀仪式，杀猪宰羊，向社稷神献祭酒，祈求社稷神保佑风调雨顺、五谷丰登。礼毕，参加者共享祭祀酒饭，称为吃社饭，喝社酒。旧时，许多地方还有在社日演戏酬神祈福的习俗，称为演社戏。秋社的祭祀仪式与春社基本相同。这时因秋收已经基本结束，粮食丰收了，人们祭祀的目的则主要是报答社稷神的恩德。古时候，皇帝在春社日祭祀社稷神时还要祭神农，然后举行躬耕仪式，以示倡导农业生产。

我国汉族和许多少数民族都有过社日的习俗，社日活动也有许多相似之处，但是，随着时间的推移和民族生活习俗的不同演变，一些民族在社日中形成了一些民族性和地方性的传说故事和节日活动内容。

贵州黎平县等地侗族对社日还有一个有趣的传说。相传古时侗家有个叫木阿点龙的人在皇宫当厨师。有一年，皇宫为皇帝举办寿宴。在宴席上，皇帝逐个询问客人什么菜最好吃。当皇帝问到木阿点龙时，他回答盐巴最好吃。皇帝听了认为木阿点龙是有意出自己的丑，大发雷霆，下令将木阿点龙推出去斩了。同木阿点龙一起在皇宫当厨师的一位朋友对皇帝的专横霸道十分愤慨，暗自决定要为朋友出气。这天在做晚餐时他故意在菜里不放盐。晚餐席上，由于菜里没盐无味，客人们都不喜欢吃。皇帝见此大声斥问木阿点龙的朋友道："今晚的菜怎么没有中午的做得好吃？"木阿点龙的朋友说："午饭时木阿点龙因说了盐巴最好吃，皇上将他杀了，所以今晚做菜时小人一点盐巴都不敢放。"皇帝听了恍然大悟，后悔自己错杀了无辜。这一天正好是立春后的第五个戊日。后来，人们为了表示对木阿点龙的怀念，把每年他遇难的日子立为"社日"。在这天吃饭前要先喝盐水，然后再吃饭，称为"吃社饭"。又因木阿点龙是被大刀杀害的，社日侗家禁用刀具一天。这一带侗家十分重视社日活动。节前要杀猪宰羊。节日这天要焚香祭祀木阿点龙，求他保佑侗家人畜平安，五谷丰登，称为"祭社神"。各家都要备办宴席请亲友，共同欢度节日。秋社日祭祀时，还要画三匹马，表示请社神回家过节。此外，过节时侗寨一般都要在寨里的田坝或草坪上设置"社场"，供人们玩耍和交换农副产品，称为"赶社"。是日，男女青年穿上节日的衣裳，姑娘们还要提着装有酸鱼、酸肉和糯米饭等食品和刺绣荷包，到社场去玩耍、对歌、交朋友和共进午餐。许多适龄青年将在社场上喜结良缘。下午，小伙子邀请姑娘到自己的侗寨去做客和吃社饭。"社饭"用糯米、籼米各半，放入温水泡胀，淘净滤干，倒入簸箕或大盆里，将备好的熟腊肉丁、鲜肉丁、油炸豆腐丁、画眉蛋或黄豆、花生米、野伏葱、荪菜、青菜和猪油、食盐等作料混合，拌匀后蒸熟即成香气扑鼻、味美可口、营养丰富的"社饭"。晚饭后，男女青年会集侗寨歌堂，在那里玩耍、对歌，欢乐的气氛延续至深夜。

　　贵州松桃县等地苗族民间传说：很久以前，天上实行大赦，误将魔王放出。魔王有了自由，流窜到苗区捣乱，闹得四邻不安。后来，苗家得到东方狮王的帮助，降伏了魔王，使苗区得以太平安乐。为了庆祝这一具有重大历史意义的胜利，苗家于春社日禁忌动土，举行祭祀五谷神、舞狮、玩武术等活动，称为"赶社"。苗家以柳尼、柳帕为司五谷的神灵。"柳"是苗语经验丰富的意思；"尼"是男人；"帕"是女人。社日这天以一家或数家为单位，用鸡蛋和豆腐作供品，男女一起参加举行祭祀五谷神的仪式。祭祀时由村寨德高望重的老人念读赞颂五谷神功绩的祝词，并逐一诉说每种农作物可能遭遇的危害和预防措施，具有积极的意义。狮王是传说中打败魔王的英雄。社日舞狮是不可少的节目，此外，还要举行苗拳、苗刀、苗棍等武术表演，以及男女青年的游方结友活动。

　　湖南古丈县等地土家族将社日又称为"社巴节"。传说在古时候，土家族人深受官家的压迫，官逼民反，居住在沅江岸边石排楼的土家人田启发，深夜潜入官府，杀死了辰州府台。为了免遭官府报复，他叫八个儿子逃走。行走前，田启发将一水牛角分成九段，两端的四段分别给了八个儿子，中间一段则自己留下，作为将来团聚的凭证。八个儿子背井离乡，分散在各地谋生，一直没敢回老家团聚。很多年以后的二月社日，许多人在断龙山田家洞的天坑里，围着一段牛角载歌载舞，十分热闹。有个过路的外地人见了好奇地问他们为什么要围着一段牛角跳舞。他们回答说：这段牛角是祖辈留下的，它是田家祖先的象征，传说另有八段分别在当年的八位兄弟那里。为了怀念我们田家的先辈，我们就兴起社日来这里跳社巴舞的习俗。这个消息很快传至四面八方，各地的八兄弟子孙听了，各自带上一段牛角赶来，将它接龙成一只完整的牛角。亲人们团聚了，个个笑逐颜开。他们决定将二月的社日作为各地的土家人在田家洞团聚，祭祀祖宗的日子，并欢庆三天。相沿成俗，成为这一带土家人的"社巴节。"节日这天，土家人在社堂举行隆重的祭祖仪式。然后人们在土号、鼓锣声中唱社巴歌，跳社巴舞，并举行传统的练武和玩龙、玩狮、古戏等项目的表演，周围人山人海热闹非凡。后来土家族未婚男女青年又利用参加社巴节活动的机会，倾吐肺腑，交流感情，有的结为百年之好。此外，湖北等地的土家族也有过社日的习俗。分为春社（春分前后）和秋社（立秋后第五个戊日，在秋分前后）。过节的人们用豆子、腊肉丁、艾蒿和糯米等做"社饭"吃。

布依族三月三

　　农历三月初三，是布依族较为普遍的传统节日，俗称三月三。节日来源与活动内容，随居住地区不同有所区别。

　　贵阳市乌当区新堡乡一带布依族将三月三又叫祭地蚕，俗称地蚕会。这一带的布依族民间传说，他们的祖先是奉明太祖朱元璋命令在贵阳新堡定居下来的。老祖宗在这里开荒垦地，辛勤耕作，生活越来越好。有一年，天上的王母娘娘听说这一带的布依人的生活比仙人还过得好，十分嫉妒，便将放天虫来吃地上的庄稼和竹林，春播之后许多幼苗都被小虫（布依人称它为地蚕）咬死。布依人看在眼里，急在心里，却对此无可奈何。有个叫竹生的青年，听说天厓寨的竹王有消灭害虫的法术，为了给乡亲们排忧解难，他自告奋勇去找竹王帮忙。竹生一连走了四十九天，终于到了天厓寨。正当他一路张望寻找救星时，看见路边一个白发老人在吃玉米花。竹生有些奇怪，就问白发老人："你的牙都掉了，还要嗑玉米花？"白发老人听了，笑嘻嘻地对竹生说："我嗑的不是玉米花，是地蚕虫。"说完，他将口里的东西往地上吐去。竹生朝地上仔细一看，全是一条条的死蚕虫。他抬头再看白发老人时，发现老人已不在，在他坐的地方，留有一袋玉米花。正当竹生还在为刚才发生的这桩奇事发呆时，突然天上传来说话声："竹生呀！我就是你要找的竹王，你把装满玉米花的口袋带回家去，将玉米花撒在地里，地蚕吃了玉米花，就不会伤害到庄稼和竹林了。"竹生回家后按白发老人的指点，将玉米花分给乡亲们，吩咐大家撒在春播的地里喂地蚕，果然保住了幼苗，这天正好是农历三月初三。

　　古时另一说法是有一庄稼汉，发现年年春播之后都有许多地蚕将幼苗咬死。经过反复观察，他认为地蚕是天神放到大地的"天马"。为避免幼苗遭受虫害，他用了许多方法祭祀都不灵验。后来，他在春播时炒玉米花去喂地蚕，结果保住了幼苗。这个消息很快传到远近的布依族人家。此后，这一带的布依族为了保护农作物，争取获得丰收，于每年三月初三这天，不动土，炒玉米花做供品，三五成群地至附近山坡祭祀天神、地蚕，祈求天神保佑，不叫地蚕咬死田地里的禾苗，让五谷丰登。祭毕，人们沿田边土坎边走边唱山歌，并把玉米花撒向田土中。人们认为，祭了地蚕，就可使它们迷糊，又能封住它们的嘴巴，田里的禾苗即可免遭虫害。后来将三月三定为歌会节。

　　贵阳南部郊区布依族把三月三称为仙歌节。节日内容与乌当区新堡乡大体相同，但他们是用唱歌的方法来祈求天神免灾。这天男女青年上山对歌。传说谁唱的歌最动听，天上的歌仙听了，便会赐他一副金嗓子。他劳动到哪里，那里就会听到金嗓子唱歌，害虫听到这声音就不敢伤害庄稼了。

　　三月三是贵州罗甸县布依族的扫墓节。此日以一家或宗族集体到祖坟墓地挂青，杀猪宰鸡，摆设酒菜和花糯米饭祭奠。扫墓后，人们在坟山上娱乐、打猎和野餐。罗甸县南部红水河一带和北部坝王河一带，称三月三日为枫叶节。节日这天，人们到山野踏青游春，儿童们摘嫩枫叶做成圆球抛打，妇女们则摘几片嫩枫叶插在头髻上。此外，家家把糯米染成五颜六色，做花糯米饭吃。青年们到山坡上吹木叶、唱山歌。如遇上称心如意的对手，晚上便相邀到布依村寨，通宵达旦地对歌。临别时，主人家用芭蕉叶包着花糯米饭和鸡腿肉分送歌手，做节日的礼物。

　　贵州望谟县布依族传说三月初三是寒日，吃了狗肉可以驱寒。此日有杀狗请客的习俗。

　　贵州安龙县部分布依族传说三月初三是山神的生日。人们为避免山神放出蝗虫伤害庄稼，确保农业丰收，旧时有扫寨祭山神习俗。三月三这天，人们到村寨山神坛前摆设雄鸡、刀头等供品，还要杀一头狗，将血洒在纸旗、纸马和寨子进出要道口的石头上。然后由老摩公及其他人员携带淋有狗血的纸旗、纸马到各家各户扫除妖魔鬼怪。各家大门口要设置一张长凳，凳上摆一只装满清水的水碗和一只装有瓦砾石粒的碗。老摩公在大门口念咒魔经，打几个农阳卦，再将瓦砾石粒向这家房屋内乱撒，将水碗的水四处乱泼，掀翻大门前的长凳，扣起水碗，意为扫除了魔鬼。最后，给这家插上沾有狗血的纸旗、挂上纸马，另赴他家去扫。村寨住户都轮扫完毕，老摩公回到神坛，将收扫的妖魔鬼怪集中镇压于神灵之前，然后全寨男人于神坛处就地会餐，称为陪神吃饭。

云南罗平八达河一带的布依族的三月初三，是男女青年唱歌对调的节日。这天，男女老少来到河边听青年们唱山歌，观看孩子们比赛划竹排、打水枪。有的人家还给孩子做花糯米饭分送到道边和寨旁；有的则用小花布口袋装上鸡蛋和各类食品，供玩耍和参加比赛活动的青少年吃。罗平牛街的布依族男女青年则要在这三天中，举行盛大的游山、对歌和交友活动。方圆几十里的各族青年，届时也来到马把山腰一带，参加和观赏这一传统的赛歌对调活动。歌手们可以在这样的场合中大显身手，凭着即兴作诗吟唱的天才，能和对手连唱三天三夜甚至更长的时间。有许多男女青年通过这些活动建立了爱情关系。

畲族三月三

畲族三月三是福建、浙江等地畲族人民的传统节日，每年农历三月初三举行。

节日源于纪念民族英雄。传说古时有一年，因庄稼遭到蚂蚁之害。粮食严重歉收，加上官家横征暴敛，畲山一开春，家家都揭不开锅了。这年三月要撒谷种时，可恶的官家把老百姓的一点谷种也抢走了。人们个个急得愁眉苦脸。有个叫蓝天凤（又说雷万兴）的人，忍无可忍，乘夜深人静带几个壮汉翻进官家大院，打开粮仓扛回粮食种子，连夜撒在田里。次日官家发现粮仓被盗，带领家丁来到畲山搜查。蓝天凤为避免乡亲们受苦，独自把事情全部包揽下来，被关进地牢。此日正是三月初三。蓝天凤在牢里多次惨遭毒打，官家还下令不给饭吃。乡亲们听到这个消息，用糯谷种子舂米蒸饭，做成饭团给蓝天凤送去。歪嘴狱卒看到饭团，全部抢去吃了，被关在牢里的亲人仍在挨饿。一天，有个叫钟秀的姑娘去送饭，她想只有收拾了可恶的狱卒才有可能把饭送到亲人手里。于是捕捉了许多毒性很强的山蚂蚁放进麻布口袋，然后又将它装进竹篓。歪嘴看见钟秀竹篓里的麻袋，以为装的是糯米团子，忙着伸手去抓。当歪嘴的手伸进口袋时，就被里面众多的蚂蚁死死叮住，疼得他喊天叫地，当夜就中毒死了。后来，乡亲们采来乌桕叶泡水煮饭，狱卒见米饭黑得像山蚂蚁一般，都不敢抢吃。蓝天凤长期吃着乌米饭，逐渐恢复了健康。一年后的三月初三这天，他被举行暴动的乡亲们救了出来，并带领大家为穷苦民众报了仇，胜利后又煮乌米饭庆贺。从此以后，人们为纪念这个有意义的日子，每逢三月初三，家家都要吃乌米饭。民间认为，吃了乌米饭，上山不怕山蚂蚁咬。又传说三月三是谷子的生日，吃乌米饭可使谷魂看不清楚，这样谷子生长才快。

海南黎族三月三

　　黎族三月三是海南黎族人民隆重的传统节日，每年农历三月初三举行。

　　传说古代有一年，海南岛的五指山遭受百年不遇的大旱，河水干涸，庄稼枯死，人们的日子难熬。一天夜里，一只百灵鸟托梦给一个叫亚夏的青年：只有爬上五指山的顶峰吹鼻箫诱捕到它，才能解除民间这场旱情。第二天早晨，亚夏将昨晚梦里见的事告诉了乡亲们。大家都觉得应该试试，但商议了半天却又找不到恰当的人选。最后亚夏毛遂自荐，请求由自己去完成这个艰巨的任务。他登上五指山顶峰，起劲地吹着他心爱的鼻箫，一连吹了三天三夜。突然，一只百灵鸟从幽谷中飞来，亚夏见了急忙伸手捕捉。尽管鸟儿在他头上飞来飞去，却总是抓不住。鸟儿经过一阵飞翔，最后落到一座山岗上。亚夏放眼望去，鸟儿已无影无踪，在它落脚的地方却站着一位身穿绣花衣裙、颈挂银圈的俊俏姑娘。亚夏急忙赶去看看究竟，那姑娘则率先问他攀登这高峰的目的。亚夏将实情告诉了她。姑娘表示愿跟他到人间帮助救灾。亚夏带着姑娘回家后，白天种地，晚上给人们吹口哨，唱歌跳舞。不久，喜雨普天而降，旱祸解除，人们欢天喜地。后来，这个奇特的消息传到管辖十八大峒的峒主打施耳里，他急忙带人赶来，命令姑娘不得再唱歌跳舞。姑娘坚决反对，被打施强行抓走。亚夏闻讯，连夜跑到峒主家，爬上关着姑娘的牛棚，设法将她救出。亚夏背着姑娘跋山涉水，一连翻了九十九座山，越过九十九条溪。三月初三，正当他们累得筋疲力尽在一块大石边休息时，峒主带着一帮家丁追来。这时他们看见身后有一石洞，便双双钻进去躲藏起来。峒主指挥狗腿子们收拾干柴，在石边烧起熊熊大火。忽然天昏地暗，一声霹雳从天而降，山崩石裂，将峒主及家丁统统打死。亚夏和姑娘变成一对鸟儿，腾向天空自由飞翔。乡亲们见了，唱歌跳舞欢送。以后人们在此日歌舞欢乐，便形成节日。

节日这天，五指山区到处是一片欢乐的景象。黎族人民举行隆重的集会，预祝山兰（山地早稻）、狩猎丰收。老人拎着酒坛到亲友家喝酒庆贺。人们围坐成圆圈，饮酒言欢，唱歌祝福。男女青年这天特别活跃。早晨，姑娘们个个穿着镶花边的无领黑色上衣，戴着五彩巾，套上项圈，提着装在竹筒里的五香饭，兴高采烈地涌向五指山。抵达目的地时，她们将竹筒挂在树上，潜入附近的密林。当旭日东升，手持花伞的小伙子们吹着口哨来到山坡时，便推举代表用歌声向林中发问。经过一会沉静之后，小伙子迅速将密林包围。忽然，密林"哗"的一声，姑娘们一齐冲了出来。顿时，歌声、笑声响彻五指山上。接着青年们唱歌欢乐。这时，有情意的姑娘将走到小伙子身边，在花伞下并肩谈心。如两人情投意合，则双方互赠礼物留念。最后席地而坐，一边吃着五香饭，一边深交细谈。

节日期间，青年男女一般都要表演"跳竹竿"。此项活动由十二或十六人参加，八人摆竿，四或八人跳竿。表演时先在地上两端各摆几根长竹，长竹上再搁八根平行的竹竿，由四名男女在长竹竿的一侧，双手各握一根竹竿的一端；另四名男女在长竹的另一侧，双手各握竹竿的另一端；八人双膝跪地。活动在锣鼓和音乐声中开始，持竿的八人有节奏地使手中竹竿一开一合，跳竿的人则随着竹竿的开合，在竹竿中跳跃、转身，做各种动作。姿势舒展优美，气势热烈壮观。此项活动也是黎族青年传播爱情的一种手段。获胜的姑娘常是小伙子追求的目标，而取胜的小伙子也是姑娘的心上人。

贵州天柱侗族风光岩歌节

风光岩歌节是贵州天柱县侗族居住区的盛大节日，每年农历三月初三在天柱的蓝田、白市、远口交界处的渡马乡风光岩前的风岩坡举行。

关于风光岩歌节的由来，当地侗族民间流传着这样一个故事。

传说很久以前，风光岩附近有两个远近闻名的侗族歌手，一个是龙塘寨的小伙子田郎，另一个是地旺寨的姑娘妹腊。从小时候起，他们就经常在一起玩耍，相处得比较好。长大成人之后，因田郎、妹腊有喜欢唱歌的共同爱好，常在劳动之余交谈、对歌。天长日久，他们两情相悦，更是难分难舍，最后订下终身。可是妹腊的父母坚决不同意女儿私自定亲，将她许配给一个姓孙的财主家儿子。田郎的父母也不准儿子自己找对象，给他另外找了一个姑娘。田郎和妹腊执意反对包办婚姻，无论父母怎样劝说都不肯听从。随着老人安排的成婚日子即将来临，田郎、妹腊食不甘味，如坐针毡。为了向心上人诉说衷情，他们相互邀约到风光岩坡唱歌。他们先唱《忧伤歌》，一唱就是三天三夜，但是满腹的忧伤还是毫无减少；接着又唱《分离歌》，连续唱了七天七夜，他们还是情意绵绵，恋恋不舍。百鸟听了田郎、妹腊的歌声，深受感动，从四面八方飞来与他们和鸣伴唱。人声、鸟声汇合在一起，惊天动地，响彻云端。三月初三这天，正当田郎和妹腊在风光岩坡再次唱《发誓成婚》歌时，孙财主听了恼羞成怒，暴跳如雷，马上派一伙帮凶打手持刀举棒，赶来风光岩坡，扬言要把田郎、妹腊活活打死。眼看这对情人就要遇害时，忽然雷鸣电闪，狂风卷地，暴雨倾盆。孙财主家的打手们被雷电击死，个个焦成粉末。田郎、妹腊也不幸遇难。雷电停息之后，田郎的十八个异姓兄弟和妹腊的十八个异姓姊妹一起赶来风光岩坡，他们悲愤填膺，泪如雨下。大家围着田郎、妹腊的遗体不停地哭喊他们的名字。就这样哭呀、喊呀，突然两股白烟随着微风从天而降，而后又慢慢地消失了。接着风光岩的坡顶上出现了田郎和妹腊的身影。不一会儿，两个身影变成了并排站立的两座石岩。人们传说现在的风光岩就是田郎、妹腊的化身。三十六个小伙子和姑娘看到这个情景，个个扬眉吐气，他们跑到石岩边，连续唱了三天三夜的《怀念歌》。最后，决心以田郎、妹腊为榜样，无视封建包办婚姻制度的清规戒律，终身大事自己做主，在风光岩下匹配良缘，结成美满幸福的十八对夫妻。为了永远不忘田郎、妹腊促成他们喜结良缘，他们互相约定，每年三月初三田郎、妹腊遇难的日子，赶来风光岩聚会吊唁，歌颂田郎、妹腊对爱情坚贞不渝的精神，尽情表达自主婚姻结伴成双的喜悦心情。后来，其他的青年也于这天赶来同他们一起玩耍、对歌。日久天长，便演变成了一年一度的三月三风光岩歌节。

节日这天，四方歌手会聚在一起，风光岩坡上木叶阵阵，歌声如潮。歌场上到处围成一个又一个对歌的堂子，每个堂子又有歌师带着一群歌手。对歌的形式多样，有的姑娘问，小伙子答；有的小伙子问，姑娘答，男女间的对唱居多。没有找到对手的则自由绕场歌唱。绕场唱歌时，大多要唱《三月风光好》的赞歌。找上对手时，便互相先唱《抬爱歌》。正式对歌时，多以盘唱的方式进行，诸如人类的起源、民族的历史、侗乡的风土人情以及三月三的由来等。歌节也是男女青年寻伴择偶的日子，他们在对歌中互相了解，谈情说爱，有的结成终身伴侣。

荠 菜 花 生 日

荠菜花生日又称辟蚊日，是浙江、江苏等地汉族的民间传统节日，每年农历三月初三举行。

三 月

清朝顾禄在《清嘉录》中云："荠菜俗呼野菜花，因谚有：'三月三，蚂蚁上灶山'之语，三日人家皆以野菜来置灶院上，以压虫蚁。清晨村童叫买不绝，或妇女簪髻上以祈清目，俗号眼亮花。"胡朴安《中华全国风俗志》中说："三月初三俗谓荠菜花生日，乡间妇女均插荠菜花于鬓边，以为纪念。"明朝田汝成的《西湖游览志余》卷二十说："是日，男女皆戴荠菜，谚云：'三春戴荠菜，桃李羞繁华'。"

这天，有的地区人们天刚亮就起床，用杨柳枝鞭打住房四周角落，认为可以驱除蛇蝎百虫，免除疾病。浙江海宁一带，人们到溪边、井边搭临时灶烧饭吃，认为三月三煮天下饭，吃了会聪明。

有的地区传说三月三是荠菜的生日，人们出游郊野，一面脚踏青草，一面挑荠。挑荠就是采摘野生的荠菜。荠菜，生长于山野田原，性味甘温，有清肝明目、利尿和祛湿的功效。用以煮鸡蛋吃既有治疗作用，又有预防作用。荠菜春天开白色小花，嫩株可做蔬菜。江苏有些地方的民谚说："三月三，荠菜赛牡丹，女人不插无钱用，女人一插米满仓。"有的地方还有上巳日以荠菜供奉家堂的习俗。

浙江地区此日男女戴荠菜花，穿踏青鞋，并将荠菜花放于桌几和香案上，谓之辟蚁。湖州一带，于此日在野外采集荠菜，同米饭一起煮食，称为"吃荠菜饭"。浙江有些地区称荠菜花为野菜花，对它更有妙用。此日，将采得的荠菜放在灶台上，传说能阻止虫蚁上灶。杭州地区俗称三月初三为辟蚁日，届时采集荠菜放在家中桌上、几上，认为可以避蚁。苏州妇女喜欢将荠菜花插在发髻上，用以祈求双目清明，故又称此花为眼亮花。浙江有的农村采集荠菜，取其嫩者于臼中舂成糊状加水搅拌，使其液汁溶入水中后，滤去叶渣，将糯米放入浸泡一夜。次日取出滤干后煮成饭，色乌黑，味香醇，或蘸以白糖，或裹以芝麻馅，或滚以黄豆粉，很有风味。传说吃了乌米饭，蚊虫就不会来叮咬。

此外，农村还有在三月初三占农之俗。一是看天气占桑蚕。有谚语说："三月三日晴，桑上挂银瓶；三月三日阴雨，桑叶苔痕。"

二是以蛙鸣占农桑。明代万历年间的《嘉兴府志》说："三月三日闻蛙鸣，米贱（米贱为丰收之意）。"谚语说："田鸡叫拉午时前，大年在高田；田鸡叫拉午时后，低田弗要愁。"

三月初三天气转暖，春天来临，万象更新，百花竞放，到处呈现大自然的风光，民间有三月三踏青节之说。

现在，三月踏青挑荠菜的习俗在很多地方一直沿袭下来，成为阳春三月的一项有益于身体健康的活动。

播 种 节

播种是一种重要的农事活动。侗族、苗族、阿昌族、佤族、维吾尔族、高山族等许多少数民族都有过播种节的习俗。过节的时间因气候和民族习俗的差异各地不尽相同。贵州、广西、湖南边界的侗族在农历三月初三；贵州苗族称"踩秧堂"，在农历正月或二月的甲申日；云南的阿昌族在农历三月十日；维吾尔族在农历四月十日左右择日举行；云南佤族在农历三月十五日前后择日举行，有的地方则在布谷鸟报春时举行；台湾的高山族每年在春播结束时举行。节日活动内容，各民族不尽相同。大多以播种为中心开展活动，如举行播种仪式、撒播种子，然后歌舞欢乐，团聚会餐，预祝农业丰收。

贵州镇远县一带侗家传说，古时祖先的一块大田里长着一棵大桐树。人们认为桐树开花时下谷种，秧就出得齐，苗就长得壮。所以当时侗家人靠观察桐树开花来播种。民间这样传唱着："晚也无收早无生，桐子开花就下种。桐树开花时令到，误了季节两手空。"可是有一年，到了三月，这棵桐树却未开花，大家以为时令未到，照常吹芦笙、唱歌。直到端午节涨龙船水，江里冲来了上游别的农家插剩下的秧苗，人们才大吃一惊。大家急忙去看那棵桐树，发现树已被强盗剐去一圈树皮而死。那年颗粒无收，大家才逃荒到镇远的报京一带居住。来到报京后，人们吸取教训，定"三月三"为播种节。经过父老和"活路头"商议，一致决定立下寨规：在"三月三"吹芦笙，唱山歌，走亲会友，未婚的男女青年邀伴游山，大家兴高采烈地欢乐几天之后，就把芦笙收藏起来，全力搞生产，直至秋后农闲时，再来吹芦笙，唱山歌。所以这个地区流传着这样的歌谣："三月三，活路要做花要攀；勤做活路生活好，攀花做玩在农闲。"

云南阿昌族一些地方传说：很久以前，有一个精通农作的"老姑太"。她和儿子、媳妇生活在一起，儿子十分孝顺，过得不错。后来，儿媳经常虐待老人，把老姑太气得暗暗流泪。一天，老姑太觉得自己的日子实在难过，便唉声叹气地冲出家门向远方走去。当夜幕降临时，迎面走来俩兄弟，看见老太步履艰难，非常同情，便认她做娘，带回家中，兄弟俩把她当作亲娘一样照顾。老姑太对兄弟俩的深情厚谊十分感动，便将自己做庄稼的丰富经验全部传授给他们兄弟俩，当年粮食获得丰收，他们都过上了好日子。消息传至村村寨寨，远近的阿昌族乡亲都赶来向姑老太请教，她总是热情帮助。乡亲们在她的指点下，也都获得了粮食的好收成。过了很多年，老姑太年迈体衰，双目失明，行动越加艰难。有一天，她因思念地里的玉米，拄着拐杖摸到地边，昏死在茅棚里。当收养老姑太的两个儿子赶来叫醒她时，她嘱咐儿子每年三月十日撒种，每年八月十五日在她的拐杖上扎一棵新玉米，靠在堂屋里，就可以保佑子孙有吃有穿，说完就离开了人间。阿昌族人民不忘老姑太的恩德，遵照她的遗嘱，每年三月十日这天各家开犁整地撒播种子，并称它为播种节。

维吾尔族的播种节在农历四月十日左右择日举行。过播种节这天，男女老幼带着食品及家具、种子等物到自家的田地边。先在这里饱餐一顿。然后一起下地播种子，以此为象征，祝愿种子生根发芽，苗壮成长，日后丰收。

云南佤族人民在每年春暖花开、布谷鸟报春的时候举行"撒谷节"。节日这天，人们都穿红戴绿，尤其是小伙子（佤语称司诺）和姑娘们（佤语称崩格），打扮得特别漂亮。男的带着一种叫铎铲的农具，女的背着放有谷种的彩色筒笆，老人和小孩则带着水桶和食品，大家载歌载舞，前往约定的附近山地，欢度一年一度的播种节。撒谷开始了，全寨的人们整齐地排列在地里，由一个称为"达"的长者站在队正中央唱着佤族"撒谷调"，祝愿风调雨顺，动员人们抓紧时机，赶快下种，争取丰收。歌毕，他向人们宣布撒谷开始。小伙子、小姑娘找到自己情投意合的人结双成对地配合播种。男的挖坑，女的撒谷种，动作紧张愉快而又有节奏，技术越高，节奏越强。小伙子的铧铲既是生产工具，又是乐器，使用时，铧铲在下，铅块在上。当铧铲一上一下地抖动起来时，竹筒里就会发出"嗡嗡"的响声，使人感到别具一格的音乐和浓郁的民族风情。人们一边劳动一边唱歌，内容为祝愿旱谷长得好，日子过得好，男女爱情地久天长。紧张的劳动，愉快的歌声，互相配合，你追我赶，是一个十分动人的场面。男女青年既撒下丰收的种子，又播种了爱情，一旦两情相悦，便在铧铲的竹竿上系着一条彩色的头巾作信物，表示这对在劳动中的伙伴已结下了良缘。节日活动中，老人们也很忙碌，他们一到这里，便支锅、砍柴、烧水、煮饭，为人们准备节日的午餐。中午时刻，撒谷活动圆满结束，人们洗手吃饭。这顿午餐别具一格，不用碗，不用筷，饭菜都是用宽大而清香的野芭蕉叶子包起来，每人一包，由长者将它们整齐地摆成两行，人们照这个位置席地而坐，吃手抓饭。撒谷节把劳动、音乐、歌、爱情、友谊和道德教育结合起来，既是一年一度播种时的劳动竞赛，又是一次生产动员。云南南部澜沧江畔的佤族人民，每年农历三月十五日前后以村寨为单位举行播种节。具体时间就是村寨第一家播种的这天。节日活动也主要由这家筹备。佤族的播种节这天前夕，村寨首先播种这家选好早熟的农作物种子，并准备白肚老鼠、肉、鱼、酒、茶、两碗米饭、两个鸡蛋、一只活鸡、一头小猪及农具等物，此外还要负责请巫师和通知亲朋邻里参加播种节活动。节日这天清晨，人们带着节日活动的全部物品，来到事先择定播种的地里。先由巫师搭一祭台，摆设祭品，并念经祈祷。接着一些人开始锄土播种，另一些人则架锅支灶，负责杀猪宰鸡并准备节日食物。等播种完毕，人们席地聚餐。晚上，所有参加节日活动的人们到主人家饮宴。这夜，村寨的青年人聚众跳播种舞，欢乐的气氛直至深夜。

贵州一些苗区在播种前要过"踩秧堂"的习俗。踩秧堂是苗语音译，意为播种前吹笙跳舞。农历正月或二月的甲申日举行。节期三至五天。节日活动以自然村寨为单位举行。头一天由村寨主管农事的"活路头"备酒、饭、菜祭祖。第二天黎明前点火把，带谷种、肥料和农具到公共田里象征性地播种。播种毕，用茅草扎三个草标插于播种处，以示村寨的春播已经开始，告诫人们莫失良机。这天早饭后，各户效仿"活路头"的做法陆续到自家的田里播种。中午，全寨男女老少会集村寨活动场地，跳芦笙舞、踩鼓舞。节日过后，不许再吹芦笙、烧砖石及焚死者遗骨，人们全力投入农忙生产。

台湾高山族的泰雅族没有准确的历法，按祖传的习惯，以长满山上的"塔卡那斯"（意为报春天使）树之荣枯来判断季节。此树高大枝多，初春时，枝上开满花朵，常在微风中发出轻轻的呼啸，响声回荡整个山谷。泰雅人把这种时刻作为春种季节，开始播种。播种的前一天晚上，家长在睡觉前跪在床上，高举双手，祈求祖宗赐福，然后高喊"乌督"（意为祖先神灵），同时俯伏全身来回数次。接着双手手指交叉握拳，抱于怀中低语默祷，乞赐夜梦。如家长当夜梦见大海、高山或富裕之人，即为吉祥之兆，第二天即可开始播种；如梦见穷人或粪便，则是不吉利的象征，播种日期将推迟至获得吉祥梦兆之时。泰雅人旧习俗规定，播种必须秘密进行，否则被老鼠、害虫知道，它们会来偷吃种子和庄稼。播种日破晓，人们带着种子、农具，悄悄上山，尽力防止被人看见，万一途中遇见人，也应装作没看见似的低头而过。这段时间各家互不来往，妇女一律忌用针线和剪刀等物。播种结束之日，以家为单位欢度播种节。节日中午，家中主祭人带一只活公鸡和一头四五十斤的活猪，选一旱田祭祀祖先，祈祷秋天丰收。然后就地杀猪（或鸡），将鲜血洒在田里，割下猪耳（或鸡冠）挂于田边树上，用以象征将供品献给祖先。等全村播种完毕，各家筹办酒宴，互请左邻右舍。聚餐后男女老少一起唱歌跳舞，欢庆播种结束，预祝来日丰收。高山九族的其他族群，大多亦有播种节。

插 秧 节

"插秧"是稻谷生产过程中的重要环节。侗族、白族、瑶族、哈尼族等许多民族都有在插秧开始时过插秧节的习俗。

贵州镇远县一带侗族的插秧节流传着动人的故事。传说很古的时候，有个放牛的青年因与一个姑娘对歌入了迷，竟忘了看牛。因为水牛身上发痒，跑到附近的一块水田里滚水，所以把那里的秧苗全压死了。那时，稻种是一次撒播在田里，秧苗遭到毁坏便无法补救。后来，小伙子看见烂秧田的样子，又气又急，可又不知该怎么办。旁边的姑娘却毫不在乎，安慰小伙子说她有办法。接着，她迅速去背来一个装满秧苗的笆篓交给小伙子。小伙子看到新鲜的秧苗高兴极了，马上将它插到被水牛糟蹋的田里。后来，牛滚田的稻谷长得根深叶茂，秋收时打下的粮食比别的田多至几倍。小伙子对姑娘感激不尽，利用送还笆篓的机会，特地买了许多姑娘们喜欢的彩色丝线装在里面。通过这笆篓的一往一返，他俩的爱情就更深厚了。牛滚田丰收的故事传遍村寨，侗族群众便选那对情人为"活路头"，结果年年丰收，日子越过越好。这对夫妇也活了八十多岁。人们为了纪念这对以笆篓的往返而结成的终身伴侣，每当插秧季节来临，没定亲的姑娘都要送一个装满秧苗的笆篓给自己的心上人；小伙子则满意地将它插在田里，预祝秋天稻谷丰收。以后，小伙子利用过节的机会，准备一些礼物放在笆篓里赠给自己的情人。后来，新的"活路头"和侗寨群众商定，三月三日为侗家插秧节。因这时尚无秧苗，姑娘们便用葱、蒜作为象征，放在笆篓里送给情人。节日前后，全寨尽情欢乐五天，三月初六起停止吹芦笙，便集中力量投入生产劳动。

贵州镇远县报京一带侗区对这个节日比较讲究，节期共有五天。三月初一，侗寨的主妇忙着为自己的子女和丈夫准备节日新装，磨豆腐，备酒菜，节日到来好待客。三月初二，是姑娘向情郎送笆篓的日子，这天早饭后，姑娘们邀友结伴，背上笆篓，到田里捞鱼虾。当笆篓里有了半篓鲤鱼和虾米之后，便各自将这份笆篓礼物送给情郎。情人得到这份笆篓礼，便倒出鱼虾与男朋友们在山坡上烧火办菜，共进野餐，分享爱情的乐趣。三月初三，是节日活动的高潮。姑娘们提着篮子到各家菜园里讨得半篮大葱和几棵蒜苗，到寨脚龙潭边洗净，然后穿着整洁的服装，换上圆口绣花鞋，手提葱篮，结伙到莫嘎树、金塘洞附近的坡地上。这时，男青年早已结队在山路边等候讨篮子。姑娘见心上人来讨篮，便高兴地送给他。情郎得到篮子，再与情妹商定"四月八"或"六月六"还篮子的地点。三月初三中午，举行隆重的迎客仪式。当远处传来铁炮三响时，人们便知那是友邻白岩寨侗家人发出即将到来的信号。大家吹芦笙，鸣铁炮，载歌载舞，热情迎接。白岩寨的男女客人和主人相遇时，主人集体唱迎客歌。客人也用歌曲回答。接着，报京九个侗寨的侗族同胞和邻近的苗、汉族群众会集在报京寨中心的芦笙塘场坝上，几百人围成一圈又一圈，同跳芦笙舞、踩鼓舞。围观的群众成千上万。夜，是欢乐之夜。姑娘们三五个一组，到侗楼上唱歌，他们的情郎又三五结伴，来侗楼前同情妹对唱情歌。中青年人和老年人则男女分开，举行酒会。客主同桌饮酒，亲切叙谈，互相对歌，你唱我和。三月初四白天，人们再次会集芦笙塘，举行盛大的集体舞会。三月初五下午，报京寨举行隆重的送客仪式。主人鸣铁炮，吹芦笙，唱送客歌，分手时将猪头、猪尾巴、猪肠子等礼物回赠白岩寨客人。过了这个节日，芦笙全部封存起来，人们将集中全部精力投入农业生产，直至谷子收割入仓以后，芦笙才能开封。

　　云南大理地区的白族，每年农历芒种前后，举行栽秧会活动。届时，以数十户或一村为单位，推举一名德高望重的人为"秧官"主持栽秧会活动。栽秧会这天的清晨，由秧官带领鼓乐队，举着十米多高的"秧旗"向村里的比赛田出发。接着，由男女组成的竞赛小组带着农具纷纷赶到田边，先将秧田等分数块。当秧官发出一声号令时，铓锣大钹响了起来，唢呐劲吹，妇女各自进入自己的阵地，从秧田中将一把把翠绿的秧苗从手中拔出来，最先的拔完者，将获得拔秧能手称号。而后由男子参赛。他们走到堆满一把把秧苗的田埂边待令,当一声铓锣响起,杠秧旗的人便往外走,赛手们则立即往扁担上一头捆50把秧苗,挑着追赶秧旗。当秧旗插到一丘已经耕好的大田中央时,那首先挑秧赶到旗下的人便是优胜者。接着是插秧竞赛。竞赛根据田的面积确定人数,自由组合,以最先栽插完毕的小组为胜。最后由秧官向拔秧、挑秧和栽秧的优胜者发奖。接着举行"田家乐"活动,表演歌舞。晚上,人们到本主庙聚餐,预祝大春丰收。

广西金秀县一带瑶族,在每年农历四月择日举行插秧节。节日这天,各村寨男女青年身穿节日盛装,纷纷赶到指定的节日活动地点,举行集体插秧活动。人们从金秀山下的美村开始,轮流插秧沿岸的十人村寨。男女青年在整个的插秧期间,白天辛勤劳动,晚上又在一起对歌欢乐,放松紧张劳动后的身躯,以便来日取得更好的成绩。

云南红河一带的哈尼族在农历四月的羊日过节,称为"开秧门节",哈尼语称"里玛主节"。当地传说阳春三月时,布谷鸟是受天神阿波摩米的派遣,从天边飞来给哀牢山区人间传达春天到来的消息的。哈尼人从布谷鸟的叫声中得知天气已由冷变暖,可以播种庄稼了。哈尼人对报春的布谷鸟十分崇敬,尊称为"布谷鸟妈妈"。每当山茶花盛开,人们听到第一声布谷鸟的叫声时,个个都要立即说一声,"我听见了",以示迎接春暖花开时节的到来。当全村中的人普遍都听到布谷鸟叫时,便约定四月的羊日过里玛主节。届时,人们用乔木花汁泡米蒸成黄色糯米饭,煮染成红色的鸡蛋等食品,敬献给布谷鸟。此日,男女青年个个穿着节日的服装,会聚村寨唱歌欢乐,并利用节日活动的机会谈情说爱,互诉衷情。节日之后,农家开始紧张的栽秧工作。

云南富宁瑶族三月三节

瑶族三月三节,瑶语叫"桑略卓散",是云南富宁县一带瑶族人民的传统节日,农历三月初三举行。

传说古时候,有一个叫冠娅的瑶家姑娘,她不仅美貌聪明,还是一个唱歌的好手。有一天,她和母亲在玉米地里掰玉米时,看见附近的一片树林开着许多小红花，十分美丽。她走到树林边，摘下一枝花仔细观看，发现每朵花由八瓣组成，而且花朵成双成对。冠娅觉得很有情趣，把小红花取了个"八角花"的花名，又将这树林叫做"八角树林"。此后，冠娅在劳动之余，经常来这里赏花，高兴的时候，还要即兴唱一些山歌。有一天，冠娅正在赏花唱歌时，忽然听到有一男的在对她的歌。她朝着歌声方向张望，看见对歌的人正站在溪沟对岸的白花树林中。那是一个英俊体健的小伙子，名叫德贵。两人又经过一阵对歌之后，都觉得比较投机。这时，德贵摘了一朵白花走过溪来，将它送给冠娅。冠娅拿着白花仔细一看，发现花除了颜色之外，样子跟这边的红花一模一样。接着，他们又不断地玩花、对歌。最后，双方情投意合，订下了终身。人们传说，从前八角花只开花不结果，这年秋天，八角花树上结满了一串串的八角果，人们看了个个笑逐颜开。第二年的三月初三，德贵、冠娅结成美满幸福的夫妻。这天，山上正开着许多鲜艳的八角花为他们祝贺。婚礼场上，瑶家的男女青年们热烈地对唱情歌，抛掷花包，尽情地为他们助兴。新郎新娘为了答谢亲友，杀鸡宰鸭招待。不久，德贵、冠娅带领乡亲们把能结果的八角树分栽到瑶家的各村寨，从此，瑶家的生活更好了。过了很多年的三月初三，德贵、冠娅双双病逝。瑶族同胞为了永远纪念德贵、冠娅美满的爱情和播种八角树的功劳，决定将三月初三定为桑略卓散节（三月三节）。

节日这天，家家户户杀鸡宰鸭，置办酒宴，招待亲朋好友。青年们穿着节日盛装到附近的八角树林中玩耍、丢花包、对唱山歌、谈情说爱，直至夕阳西下才满意而归。

贵州彝族祭山节

祭山节是贵州纳雍县等地彝族祭祀性与娱乐性的传统节日，每年农历三月初三举行。

节日源于清朝康熙年间。传说明朝叛将吴三桂背叛朝廷后，引清兵入关，被封为平西王。后因他害怕清朝政府削减他的兵权，蒙蔽皇帝谎报水西民族造反，企图借机扩大势力。康熙命吴三桂统率三万精兵从云南向水西进攻。水西宣慰使安坤率水西彝族四十八部人马联合苗族群众奋起自卫,在猴儿关之役大败平西王。吴三桂恼羞成怒,命部队用大炮攻击水西,彝族人民遭受重大伤亡。后来人们为了纪念猴儿关之役的胜利和悼念死难亲人,兴起三月三祭山的习俗。

祭山节活动通常要动员男女老少广泛参加,一则显示彝家并没有被吴三桂消灭,如今子孙众多,六畜兴旺;二则是隆重祭祖,让先烈们高兴。传说祭了祖宗,先人的阴灵有了血肉,可用一年,而不会受饿;祭了山神、土地之后,可以驱走害虫,风调雨顺,五谷丰登。

节日这天,人们从四面八方向百兴、阳长的猴儿关会集。男的身着长衣阔袖,带着月琴、洞箫,提着画眉笼、黄豆雀;姑娘们则盛装艳服,手持花伞,唱着民歌,常以半遮的姿态暗窥意中人。除了祭奠的内容外,主要活动是由男女青年们高歌狂舞,尽情欢乐。传统舞蹈搓子舞是必跳的项目,传说它是为了悼念先人而创作的。彝族先人在同吴三桂的战斗中牺牲很多,尸横遍野,日晒雨淋,引来许多乌鸦啄食尸体,无数的小蛆虫也赶来吸吮先烈身上的血,其情景令人惨不忍睹。乡亲们为了赶走乌鸦,除掉蛆虫,引吭高歌,手舞足蹈,即形成了久盛不衰的搓子舞,一直沿袭至今。另外,像碰铃舞、跳脚舞也是常跳的。这天,苗家青年也赶来为彝族盟友的节日助兴,他们表演的节目是具有民族特色的芦笙舞。

随着时间的推移,祭山节活动由原来单纯的祭祀性活动,逐步注入了娱乐和男女青年谈情说爱、寻觅配偶的内容。待夜幕降临时,只见花伞掩映之下的双双对对情侣在窃窃私语,情意绵绵,难分难舍。老人们则带着祭山的礼品,踏着暮色,欣然而归。

贵州盘县普古乡依泥河一带的彝族村寨,于三月初三祭山林时,要在山林里用茅草扎两个毛人和一匹马,一毛人牵马,一毛人骑在马背上,再用一头山羊和一只公鸡尾随。全寨人扛着毛人草马,带着山羊公鸡,从祭山林出发,游寨一周。人们传说,这样做可以将彝寨的灾难全部系在山羊身上,由毛人将山羊带走,彝族村寨就安然无事了。云南弥勒、泸西、路南等地山区彝族,也过祭山节,以村寨为单位在农历正月初二举行。

满族祭老把头

祭老把头是东北长白山一带满族人民祭祀性的传统节日，每年农历三月十六日举行。

节日习俗由来已久。据《抚松县志》记载："三月十六日，系老把头之生日。老把头不详何许人。相传系放山者之鼻祖，土人或云是前清老罕王。现在放山老者祀之。是日，家家沽酒市肉，献于老把头之庙前，抚松人对此节极为注重。"当地传说老把头即前清罕王努尔哈赤。他幼年开始放山、挖参、采松子，并到抚顺马市出售山货。在他的带动下，满族人学会了挖参技术。后来，努尔哈赤称罕为王，人们仍不忘他当年放山之功，把他尊崇为放山的老把头，并专门立庙祭奠。

清 明 节

清明原本是二十四节气之一，后因注入了寒食禁火、扫墓的习俗，二者合而为一，演变成作为民间传统节日的清明节。清明节是我国农村和城市都过的重要节日。传说这个节日始于春秋时代纪念忠臣介子推，已有两千五百多年的历史。

传说春秋时代，晋国国君晋献公有五个儿子，他们是：申生、重耳、夷吾、奚齐、卓子。申生是晋献公第一夫人生的，被立为太子。晋献公的后夫人骊姬为了让自己生的儿子奚齐当太子，阴谋害死了太子申生。为了避免后母骊姬的迫害，公子重耳、夷吾分别逃往国外。晋国贤臣介子推（又叫介之推）等不畏艰难困苦，一直跟随重耳过流亡生活。有一年，重耳在断炊绝粮的流亡生活中生了大病，贫病交加，使他十分困苦。为了给重病体弱的重耳增添营养，介子推把自己腿上的肉割下来煮成肉汤给重耳吃，使他恢复了健康。

晋献公病死后，他的几个儿子为争夺王位而同室操戈。重耳在狄国、齐国、秦国流亡 19 年后，在秦国国君秦穆公的帮助下，兴戎起衅，打败了已当上晋国国君的公子圉（重耳的异母兄弟），得立为晋国国君，史称晋文公。

　　重耳当上了国君之后，对跟随他流亡过的人都按功封官行赏。可是，唯独把对他有特殊帮助的介子推忘记了。介子推十分伤心，决心不再见重耳。他背着年迈的母亲，到家乡绵山（今山西省介休县东南）隐居去了。介子推的手下人知道了打抱不平，在宫门上贴了一张无名帖，上面写着："有一条龙，奔西逃东；好几条蛇，帮它成功。龙飞上天，蛇钻进洞；剩下一条，流落山中。"晋文公看了恍然大悟，他回想起在流亡国外期间，介子推对自己忠心耿耿，如今做了国君忘记了对他奖赏，心里大为不安。接着，重耳赶紧派人找介子推。不久，差人禀报：介子推已进绵山隐居了。深感惭愧的晋文公亲自带人去绵山寻找，然而介子推却避而不见。晋文公知道介子推是个大孝子，他根据别人的建议，火烧绵山，留出一条小道，想趁林中起火后，介子推母子定会出山避火的。可是，一连烧了三天三夜，数十里森木被火烧为焦土，仍未见介子推母子的人影。大火熄灭之后，人们发现他们母子双双抱住一棵大树烧死了。晋文公对此内疚于心，十分惋惜，便下令把介子推母子葬于绵山，改绵山为介山，并修建子推祠堂。后人又把界休县改为介休县。

　　介子推死的时候，正值清明节的前一天。因为他是被火烧死的，晋国人为了纪念他，就在他逝世那天不兴烟火，进冷食，后来，人们又干脆把它定为寒食节。

　　到了唐朝时，寒食节与清明节合并，寒食禁火习俗逐渐消失。

　　清明前后，我国大部分地区的气候开始转暖，雨水开始增多，是农民播种的好时节，谚语说："清明前后，种瓜种豆。"

　　清明作为二十四节气之一，是时序的标志，作为节日则包含了某些传统的习俗——

　　扫墓，是清明节的主要活动。扫墓又叫墓祭、祭扫、上坟。这天，人们备酒馔、香烛、供果，拔除祖宗墓上野草，修茸坟墓，对坟拜祭，以示对死者的怀念。

　　踏青，古称郊外远足，用现代语来说，就是春游。清明前后，时值春回大地，风和日丽，草青树绿，春光烂漫，充满蓬勃的生机，是郊游的最好时机。这个时候到大自然中去领略山水风光的情趣，真是令人心旷神怡。因此，古人常在这天，带上干粮酒肉，聚亲邀友，扶老携幼，痛痛快快到风景秀丽的地方游乐。然后围坐野宴，抵暮而归。

插柳戴花。柳条为绿色，给清明这个特殊的节日增添了气氛。人们在扫墓或踏青回家途中，都喜欢采几朵野花戴在头上，折几根柳条插在房前屋后，一说是为纪念教民稼穑的农业祖师神农氏，又说可以驱除邪祟，健康长寿。民间有"戴个麦活一百，戴个花活百八，插根柳活百九"的说法。另外，农民还说把柳枝插在屋檐下可以预报天气，有"柳条青，雨蒙蒙；柳条干，晴了天"的说法。后来又兴起妇女于清明日用细柳枝簪于发髻上，时称戴柳。有谚语说："清明不戴柳，红颜成皓首。"时间久了，戴柳的习俗被淘汰，插柳之风却长盛不衰，成为春季造林的良好风尚。

拔河。传说春秋时，楚国和吴国交战期间，楚国用"牵钩"（即今天的拔河）的形式增强士兵的体力。后来民间效仿，作为清明节的一项体育比赛活动。比赛时，双方各拉一条粗绳索的两头。比赛开始后，锣鼓齐鸣，参赛者按锣鼓的节拍使劲，将对方的绳子拉到规定的位置为胜。唐玄宗时于清明节举行大规模的拔河比赛，参赛达一千人之多，其中还有外宾和侨民参观，据说拔河就是那个时候传到外国去的。

荡秋千。主要为妇女的游戏活动。人们把长绳拴在高大的树上，女子穿着五彩缤纷的鲜艳服装坐在上面，然后推拉，在空中来回飘荡。唐朝诗人韦庄有这诗句："满街杨柳绿似烟，画出清明三月天。好似隔帘红杏里，女郎撩乱送秋千。"

放风筝。风筝又叫纸鸢、鹞子。在纸鸢背上装有丝线做的弦，风吹弦响，发出的声音好似古筝声，故称风筝。中国是风筝的发源地，后来放风筝演变成春天的一种游戏活动，公元六世纪开始传入亚、欧、美各国。清明前后，正是春风浩荡的时节，许多儿童和成年人都喜欢在这时到野外放风筝。我国许多地方在清明前后都要举行风筝节或风筝比赛之类的活动。

中华人民共和国成立后，历史上流传下来的清明节期间的迷信风俗已逐渐被人们抛弃，城乡人民清明踏青扫墓习俗内容有了很大的变化，人们往往用敬献花圈、植树造林等形式表示对革命先烈和已故亲人的怀念和哀悼。

放　水　节

水是农业生产十分重要的因素，农民自然对水十分珍视。可能就是因为这个原因，我国民间许多地区每年春耕后，都要整修水库、堰塘，疏通水沟，以便在集中用水的时候放水灌溉，并在第一次放水时举行祭祈仪式，祈求风调雨顺，水量充足，确保农业丰收，有的地区还将放水活动当作节日来过，其中以四川都江堰的放水节最为典型。

都江堰放水节是四川省都江堰市及毗邻地区汉族和部分少数民族人民的传统节日，每年清明日举行。

都江堰位于灌县西北岷江中游。岷江从四川北部急流而下，流至灌县时，地势突然平坦，上游带来的泥沙淤积起来，使河床淤塞。特别是灌县城外的玉垒山，挡住了岷江，使江水不能东流。每到夏秋季节，西岸水量过大，洪水泛滥成灾，而东岸因水流不过而往往发生旱灾，给人民造成巨大的损失。战国秦昭王时，蜀郡守李冰父子在前人治水的基础上通过实地考察，因地制宜，因势利导，决定开凿玉垒山。但由于宝瓶口地势高，进入瓶口的流量不大，洪水季节仍常有水灾发生，李冰父子就在距玉垒山稍远的江心修筑一道分水堰，把岷江的水流在玉垒山前分成两股，只有其中的一股进入宝瓶口。分水堰如同江心的一个狭长小岛，上尖下宽，像个金字，称为金字堤，又名金刚堤；大堰的头部指向岷江上游，好似一个大鱼头，称为分水鱼嘴。分水堰把岷江分成两条水道：在大堰西边的是岷江的本流，叫外江；其下游有许多灌溉渠道，兼具排洪作用。在大堰东边的水道，经过宝瓶口向下游辟为走马河、蒲阳河及柏条河等，进入成都平原，成为灌溉兼航运的渠道，叫内江。分水堰建成后，对岷江水害起了根治作用。从此以后，很少发生洪水泛滥之灾。因此，李冰给这个大堰取名为都安堰（宋、元以后改称都江堰）。为了加强都安堰的分洪减灾作用，又在鱼嘴的南端修建了溢洪工程飞沙堰，夏季水大时，内江的水通过它流入外江，使内江的灌溉区不受水灾。为了长久地发挥都安堰的效用，李冰父子又组织群众用杩槎截水断流，淘出江底淤积泥沙。每年霜降时节，先在外江截流，让江水全部流入内江，将外江泥沙淘出；到下年立春时节把杩槎移到内江，让江水全部流入外江，淘出内江泥沙。传说李冰父子曾制定"深淘滩，低作堰"的岁修原则，以及"遇弯转角，逢正抽心"的治水方针。都安堰建成后，广阔的成都平原"旱则引水浸润，雨则杜塞水门"，成为沃野千里的富庶地方。经过以后历年的整修，而今的都江堰已能灌溉成都平原的五十多万公顷土地。

　　李冰父子造福万民的治水奇功，深受成都平原上广大人民的赞颂。为了永远纪念他们的丰功伟绩，当地人民在灌县城西玉垒关侧，岷江东岸背山面江修建了二王庙。庙前即都江堰。庙里除给李冰父子塑像立位外，还有"深淘滩，低作堰"六字诀石碑及"遇弯截角，逢正抽心"联语镶其旁。每年初春对都江堰进行一年一度的整修后，要在清明这天举行隆重的祭祀仪式。这一活动开始是祭祀，到了清代称为"祀水"，民国期间叫"开水大典"，一直延续到1957年。1989年都江堰市人民政府根据中央领导同志的提议，决定从1990年起恢复这一古老的传统节日，并正式命名为"中国都江堰市清明放水节"。

　　放水节这天，都江堰市及邻近各县的各界人士及广大群众万余人云集都江堰沿江两岸，参加隆重的放水仪式。仪式在当地政府负责人的主持下，用整猪、整羊等做供品，并由一群穿戴古代服装的人焚香点烛，祈祝蜀水巴山风调雨顺、五谷丰登。祭祀毕，将祭祀用的猪、羊等供品抛入江中，以示献给李冰父子享用。然后，古装打扮的李冰骑着高头大马，由锣师在前鸣锣开道，在"肃静""回避"和仪仗队的簇拥下，沿江向参加节日活动的群众队伍走去，一路频频拱手向对他欢呼的人们致意，然后下马拉绳放水。

　　如今，放水节的活动除举行模仿古代的祭祀放水仪式外，还增添了大型街头化装游行表演、文物书画展览、物资交流以及对外经贸洽谈等内容，使古老的节日纪念活动注入了新时代的特色。

贵州晴隆布依族赶干洞

赶干洞是贵州晴隆县一带布依族人民的民族节日。每年清明节的第二天在县城东南郊、北盘江支流大桥河发源地峡谷中的干洞举行。

节日这天，晴隆和毗邻地区的布依族青年，穿着节日的盛装，挎着最漂亮的荷包，纷纷来到干洞聚会，对唱山歌，谈情说爱，当地称为赶干洞。

关于赶干洞的来由，布依族民间有一个美丽的传说。

传说干洞原来的名字叫清泉洞。很多年前，在清泉洞东西两边的两个布依族村寨，分别住着两个布依族青年，小伙子叫阿伟，姑娘叫阿花。从幼年开始，他俩就经常来清泉洞一带劳动，空闲的时候，他们在一起玩耍。随着岁月一天一天过去，二人相互之间产生了感情。有一天，阿伟来到清泉洞边，见阿花也从对面过来，于是双双出歌对答，互相倾诉对对方的爱慕之情。经过一阵对歌，双方都感到情投意合，于是他们背着家里的老人，互相山盟海誓，互赠信物，私下订了终身。从此，两人经常来清泉洞幽会，对唱山歌，谈情说爱。不久，族长听到了消息，给阿伟、阿花的父母带了口信：阿伟、阿花私订终身，违反了"父母之命，媒妁之言"。如不改过，就要按捆住手脚，丢进黑龙潭的族规处罚。阿伟和阿花的父母为了自己的孩子免遭惩治，叫他们立即断绝关系，从此不再往来。但是，他们之间已有深厚感情，两人仍然经常偷偷约会。为了割断他们的联系，阿花的母亲托媒人给姑娘找了个小伙子，阿伟家也给儿子物色了个姑娘。两家各自按布依族的民间习俗，合了"八字"，杀猪宰鸡请族长和亲友吃了订婚酒，把结婚的大喜日子定在当年的清明节。

眼看清明节就要来临，阿伟和阿花整天愁眉不展，坐卧不安。就在清明节的前夕，阿花决定冲破清规戒律，坚决走自己的路。她从泪水打湿的枕头下拿出阿伟送给她的腰带，毅然地走出了家门；阿伟也无视父母之命、媒妁之言，从内衣里捧出阿花给他的定情手镯，从家里逃了出来。他俩会合后，趁着茫茫的月光，来到清泉洞边，请古老的山洞给他们做媒，请洁白的钟乳石为他们作证，在他们当年互赠信物的地方，撮土为香，跪拜天地，正式结成终身伴侣。

然而，天有不测风云。就在他们结婚的第三天，阿伟和阿花两个寨子的族长大施淫威，带了一帮打手，气势汹汹地赶来清泉洞，准备用绳子把他们捆绑押走。在这危急的时刻，阿伟、阿花当机立断，为了反抗不合理的婚姻制度，也为了他们自己忠贞的爱情，他们肩并着肩，手拉着手，双双跳进了绿波荡漾的清泉里。这对恩爱夫妻忠贞不渝的爱情，深深感动了清泉洞里的洞神。洞神不忍心他们这样无辜地葬在寒水里，等族长带着一帮人败兴回去后，洞神放干了清泉洞里的水，又用法术使这对已经死去的夫妻睁开了眼睛。等他们完全苏醒过来，洞神亲切地对他们说："你们飞走吧！只有远走高飞才能享受到真正的自由和幸福。"阿伟、阿花微笑地点点头，向洞神表示敬意。接着，洞神念念有词，向着天空把指头一挥，这对夫妻就变成了一对美丽的金画眉。只见这两只画眉徐徐展翅，飞出洞外。为了感激帮助他们脱离苦海的洞神，金画眉双双在洞口盘旋了几圈，叫了几声，然后腾空而起，飞向那幸福的远方。从此，清泉洞再也没有水了，人们只好将它更名为干洞。阿伟、阿花追求婚姻自由的故事传遍了布依族村寨。为了永远纪念这对在清泉洞定情、结婚的恩爱夫妻，每年清明节的第二天，四面八方的布依族青年都要来到干洞聚会，对唱山歌，歌颂自由，谈情说爱，寻找称心如意的情人。这个习俗代代相传，一直流传到今天。

云南德宏阿昌族泼水节

阿昌族泼水节又称桑建节、浇花水节，主要流行于云南德宏一带，每年清明节后第七天举行，节期四天。

节日源于纪念阿昌人战胜恶魔的事迹。传说从前，阿昌村寨有一对夫妇生了一个长有三张嘴的怪儿。怪儿特别能吃，生下来时一顿饭就能吃一犀米（约二十五斤），十岁时每顿饭要吃一石半米，到二十岁时一顿饭要吃两石半米。阿昌人心好，宁肯自己不吃，也要满足怪人的食欲。怪人天长日久地大量消耗，全寨的粮食被他吃掉一大半。一年冬天，全寨的粮食都吃光了，人们只好把猪牛杀了给怪人吃。不久，猪牛也没有了，怪人便抓小孩子吃，还扬言吃完小孩要吃大人。一天，怪人的父亲伤心地对乡亲们说："我生了个恶魔，给大家带来巨大的灾难，如果让他继续存在，我们阿昌人就有灭种的危险。"说完，便要求大家共同消灭恶魔。怪人听到这个消息，还得意地闯入人群抓人吃。寨老见了，动员大家立即除掉怪人。怪人见势不妙，拔腿就跑。有个叫奈亮的青年带着全寨人奋力追赶，把怪人赶到了九十九座山岭之外。奈亮等人在返寨途中，突然遇见一白胡须老翁和一白发老太。老太婆对阿昌人说："赶走恶魔是暂时的，灭害要除根。"说完将一个装满水的葫芦交给奈亮。接着，老翁采两枝桑建花，一枝插在奈亮的胸前，另一枝交给奈亮拿着，同时告诉他："花是仙花，桑建树是降魔根，葫芦装的是圣水，用桑建树蘸圣水洒，可以扫除恶魔瘟疫，确保人间吉祥平安。"说完两个老人便消失了。后来人们传说他们是来解除阿昌人苦难的仙人。奈亮带着仙人给的宝物回到家里，只见躺在床上的母亲已不省人事。他按照仙人的指点，用桑建花蘸圣水洒在母亲的身上，很快老人就苏醒过来。老人对儿子说："你们把怪人赶走后，他悄悄回村寨到处撒黑灰，使大家都染上了瘟疫，你快去救乡亲们吧！"奈亮沿着村寨奔跑，并不停地用桑建花蘸圣水洒，哪里有了圣水，哪里生命垂危的人都立即恢复了健康。后来，奈亮遇见还在作恶的怪人，便将圣水向他洒去，怪人立即晕倒地上。寨里的男女老幼一齐动手，把怪人打成了一堆肉泥，阿昌人终于除掉了祸根，又得以安居乐业。这一天是清明节后的第七天。从此，这一带的阿昌人对叫桑建的椎栗树特别崇敬，称它为树神。为了纪念这个具有重要意义的日子，以后每年的这个时候，阿昌人要用桑建花浸水互洒。久而久之，便形成了泼水节的习俗。

　　节日第一天以桑建树花为中心开展活动。届时，村寨的小伙子排着长队上山采花。队前由一手持阿昌刀的人引路，边走边舞刀，跟在后面的人则边走边放枪。抵达目的地时，要燃放鞭炮才能采花。人们满载而归时，要边走边敲象脚鼓。到寨时要鸣枪报信。妇女们听到枪声，即刻带苏子粑粑到村外迎接。当他们会合后，姑娘们用粑粑慰劳小伙子，小伙子则将鲜艳的椎栗花献给她们，然后边歌边舞前往村寨广场。这时场上已立起了做花塔的竹竿，人们到广场后，便忙着扎花塔、花轿。晚上，人们会集广场，围着花塔、花轿歌舞，直至深更半夜。第二、第三天两天的主要活动是浇花、浴佛。由男子扛着彩旗，敲着象脚鼓、锣引路，姑娘们挑着清水给花塔、花轿泼水，并向花轿里供着的佛像浇水沐浴。第四天的主要活动是人们相互泼水，以祝福平安吉祥。人们先让五十岁以上的妇女按年龄排成一排，由姑娘给她们的衣袖或手里拿着的汗巾泼水，以示祛邪消灾，预祝长寿。接着未婚男女青年互相泼水。泼前先用歌声试探对方的态度，如对方表示同意，男方则主动向姑娘泼水，而后女方再给小伙子泼水。青年们泼水除具有相互祝福的目的外，还有谈情说爱、寻觅配偶的性质。泼水中的情投意合者，互相邀约到僻静的草地、山间对歌、细谈，进一步加深感情。

新疆塔吉克族修渠引水节

修渠引水节，塔吉克语称"兹完尔"。"兹完尔"意为修渠引水，是新疆维吾尔自治区塔吉克族的传统节日。节期不固定，一般在农历三月下旬举行。

节日这天，全村一齐出动，集体整修水渠，以便日后蓄水灌溉。此日，家家打开天窗，让阳光照射室内，以驱走寒冬，并要烙制一个比平常大一倍的面饼，作为节日的主食。

侗族大雾梁歌会

侗族人民历来喜欢唱歌，各地的侗族居住区，都开辟了许多各具特色的歌场，举行传统的歌节活动。各地歌节因来源传说不同，节日时间也就不一，节期亦有长有短。

节日活动地点有的在逢场天举行，叫赶街或赶三月街，有的在风景优美的山坳上举行，称为赶坡或赶歌场。湘、桂、黔边界的大雾梁侗族三月歌会，在农历三月大戊日（侗族以干支纪日，每十日有一戊日，以立夏节前十八日左右的戊日为"大戊日"）举行。大雾梁即云雾山，侗语叫梁蒙，坐落在湖南通道侗族自治县西南。

歌会的主要活动是赛歌。竞赛内容丰富，形式多样。比赛时常以村寨为单位集体对歌，然后各寻对手，或男女各一对唱，或一女对多男，或一男对多女。经过多次竞赛淘汰，决赛的胜者便是歌王或能手，胜者将得到一定的奖品。

大雾梁的三月歌会，在蒙冲界偏僻的山梁上举行，叫做"赶大戊梁"。其规模颇大，参加活动的有三省（自治区）边界的侗族和其他兄弟民族群众上万人。节日前几天，百里内外的侗族和其他民族的歌手，便陆续来到歌场附近村寨借宿，迎接歌会。节日这天，各方歌手和赶节的群众云集歌场，开展赛歌、斗鸡、斗鹌鹑、玩画眉等活动。一些未婚男女青年则利用赶歌会的机会谈情说爱，寻觅配偶。

关于大雾梁歌会，民间流传着一些传说故事。

传说古时候贵州的古州（今榕江县）有一个叫门龙的侗族青年，因家境贫困，来到湖南省通道县今牙屯堡乡给一个姓肖的财主做长工。日久天长，门龙与财主的女儿肖女建立了深厚的感情。两人经常去大雾梁上对歌，互表爱慕之情。后来他们的事情被肖女的父亲发现，财主气得咬牙切齿，把门龙赶回贵州。从此，这对情侣分隔两地，相见困难。一年，牙屯堡有人经商到古州时，肖女托一商人给门龙带信诉说自己对情人的爱恋之情，并暗示盼望尽快结婚成家，与心上人一起过幸福生活。门龙见了信，喜不自胜。第二天从古州起程来牙屯堡接亲。肖女的父亲嫌贫爱富，认为门龙与女儿不般配，不准女儿嫁给穷家子弟，并把门龙赶走。后来，肖女逃出家门，同门龙私奔。在渡五通河时，因山洪突然暴发，双双遇难，在河中化作两座互相依偎在一起的岩峰，屹立至今。传说他们遇难这一天是大戊日。后来，男女青年们为了纪念门龙和肖女，约定在他们遇难的日子，到大雾梁举行歌会，以抗议不合理的封建婚姻制度。久而久之，即形成了大雾梁歌会。

三 月

大雾梁歌会又说源于对阿独和妹红的纪念。古时候有个叫妹红的姑娘，被土司王看中，企图将她纳为小妾。妹红执意不从，和母亲逃到没有人烟的蒙冲界深山老林里定居，开荒种地。妹红是一个歌手，她从早到晚，天天在山上唱歌，述说对统治者的罪恶的仇恨和对自由的向往。在一次唱歌时，对面的高山上突然传来了和她对歌的声音。后来，妹红母亲因病去世，对面山上对歌的人，听到她总是唱着悲伤的歌，便赶来安慰。原来他是一个叫阿独的小伙子，从小父母双亡，被迫去给地主家放牛。因牛被老虎吃掉，害怕地主报复，悄悄逃来深山躲避。妹红与阿独同病相怜，这次相会，他俩倾诉苦情，结下了深厚的友谊。以后，他们经常来往对歌，最后结成终身伴侣。他们相亲相爱，过着幸福的生活。后来，土司王修建宫殿，派家丁来蒙冲界砍伐树木。家丁们听到山上的歌声，听出是妹红在唱歌，断定妹红就住在山上。家丁们为了讨好，将他们在山上听到妹红唱歌的情况报告了土司王。土司王觉得喜从天降，得意洋洋，亲率家丁上山追捕妹红。他接连布置三次搜山，终于发现妹红和阿独躲在一个山洞里。因山洞处悬岩陡壁，家丁怎么也进不去。土司王见无法抓到活人，气得暴跳如雷，命令家丁砍柴割草，丢往洞边燃烧。阿独和妹红无处可躲，被逼到悬岩边上，双双一起跳了下去。土司王以为妹红已经死了，便带着家丁败兴而归。过了两天，山上又响起了他们的歌声。土司王听了，怒不可遏，顿时气愤填膺，便于三月大戊日那天，又带家丁上山，发现他们躲在一个很深的石洞里。土司王见了咬牙切齿，命令家丁砍树枝、拾干草，大把大把往洞边扔去，不一会儿，洞边的柴火已堆积如山。这时他们点燃柴草，让滚滚浓烟涌入洞内。最后，这对幸福夫妻因受浓烟的熏蒸悲惨地窒息而死。从此，人们常常看见蒙冲界有一种好像羽毛被烧焦的小鸟，眼眶上还有一圈白线，整天成双成对，一唱一和。人们传说是妹红、阿独变的，称它为画眉。后来，侗族男女为了纪念这对患难夫妻，便于三月大戊日那天，去妹红、阿独避难的火烧地对歌玩耍。年复一年，去的人越来越多，便形成了规模盛大的三月大雾梁歌会，一直流传到今天。

四　月

广西小广侗族采桑节

采桑节是广西壮族自治区小广一带侗族的传统节日，每年农历四月初八举行，但也有些侗族在四月初四过节。

传说很早以前，小广这个地方的一个小伙子天天在山坡上放牛唱歌。他的歌声优美动人，在山上采桑叶的姑娘，就跟他对起歌来。天长日久，爱情的种子在他们中间发了芽。姑娘养了很多蚕，她一个人采桑叶供不上蚕吃，便在四月初八这天带领一些姐妹上山采桑叶。小伙子闻讯，也请来一帮伙伴帮忙。大家在采桑中说说唱唱，十分高兴。采完桑叶，姑娘们下河打鱼招待小伙子，以感谢他们相助。分手时，他们都觉得这天过得最愉快。后来，他们每年这个时候都要会集起来玩耍唱歌。时间长了，参加的人日益增多，便成了一个节日。

节日这天，男女青年穿着节日盛装，佯装上山采桑，实为对唱山歌，谈情说爱。一旦双方有意便双双对对步入林间树下细谈深交，直到夕阳西下，才尽兴而归。

黄　瓜　会

黄瓜会是河南省邓县一带汉族的传统节日，每年农历四月初八举行。关于黄瓜会的来历是这样的：传说古时邓县的小东山外有座东汉马武的坟墓，时称马武冢。离马武冢不远的小东门内，住着兄弟二人。老大已经成了亲，两口子占着全部家产，仅把马武冢旁的三分坟地留给尚未成年的老二。老二白手起家，去山上砍树割茅草，搭了个简易棚子，在马武冢旁住了下来，又在门前开了一片荒地，种一大块黄瓜，还喂了一只羊。四月八日这天，哥嫂突然来了，看见老二养的羊膘肥体壮，便借口老人死时欠的债要还，索性将羊拉走。老二伤心地哭着睡了，梦里见一麻脸大汉走来，对他说："我叫马武，一生爱打抱不平，当年就揭金砖打过刘秀。我就住在这冢里。你那黄瓜地里结有个并蒂的黄瓜，就是冢子的大门钥匙，等它长大了摘下来，开了门想要啥有啥。"老二醒来后找到并蒂的黄瓜钥匙，十分惊喜。黄瓜长大了，他摘下来，来到马武家的门前，把门打开一看，就见里面是一座金碧辉煌的宝库。他心里想："金子很贵重，如果拿一颗金豆，我眼前的困难就解决了。"想着想着，他便进门去拿。他看见屋里的一匹马累得浑身汗流，便把并蒂黄瓜拿去喂它。接着，老二从碾盘上拿一颗金豆走了。当他双脚迈出大门时，门就吱咯一声关上了。老二用金豆换钱买了一亩地，又盖了一间新房，从此过上了好日子。又一年的四月八日，老二的黄瓜地里又发现了并蒂的黄瓜钥匙，他却不肯用它再去开马武家的宝库。老大听到这个消息，前来骗走黄瓜钥匙。打开马武家大门一看，就见无数的金豆闪闪发光，后悔自己忘记带大麻袋。他将黄瓜钥匙放在包里，便伸手去捧金豆。那马跑来又踢又咬，疼得他急忙退出门来。老大因伤势太重，不久死了。从那以后，想发大财的人们不惜银两，都在马武家周围买几亩地，种起菜来，而且全种黄瓜。每到四月初八这天，都到马武家上焚香祷告，希望得到黄瓜钥匙，并请来大戏班子，祝贺悦神。天长日久便形成固定的节日。节日这天，集市上各式各样的黄瓜不计其数，供人们任意挑选，俗称黄瓜会。此日，当地菜农还将祭祀菜神，祈求保佑菜果丰收。

牛　王　节

"牛王节"汉族又称"牛王诞辰"，是农村汉族和许多少数民族的传统节日。壮族称牛节，土家族、仡佬族、布依族、黎族称"牛王节"，仫佬族称"牛生日节"，节日在农历四月初八举行。

汉族民间传说此日为牛王生日。节日起源各地传说不一。一说很古的时候，人们在一次集体狩猎中捕得一头野牛。出于好奇人们将其悉心喂养。经过长期的驯养，野牛丢掉了野蛮的坏习惯，变成了一头能听人使唤的家牛，在一年四月八日这天，它产下了一头小公牛。小公牛长大后，繁衍了许多牛群，还学会了耕田、拉车，代替人做许多繁重的活，成了人们劳动生活中的重要帮手。后人不忘小公牛的功德，尊崇它为耕牛的始祖，年年于四月八日这天举行庆祝活动。二说，盘古开天辟地之初，地上种的丝瓜藤长到天宫，人们常攀藤上天游玩。天上的玉帝闻讯，命令部下砍断瓜藤，将天宫升到九霄云外，又命牛王星向人间撒下百草籽，使大地成了荒草的世界。老百姓因缺吃少穿而怨声载道。牛王星看到人间的惨景深感内疚，于四月初八这天，背起天犁下凡，一边不停地大吃地上的杂草，一边拖着天犁给人们耕地。大地上的杂草少了，又加上牛王星拖犁深翻，长出的庄稼茎粗叶茂，年年丰收，人们从此丰衣足食。这个消息传到玉帝那里，他气得大发雷霆，下旨不准牛王星再回天宫，罚它永留人间吃草耕地。人们对牛王星感激不尽，决定将它下凡的那天定为"牛日"，并且年年纪念。牛王诞辰节日这天，人们为了对牛王诞辰的庆贺和对耕牛的慰劳，各地都要举行节日活动，诸如祭祀牛神，给耕牛休息一天，喂以优质的饲料，以示不忘耕牛辛劳。有的地方举行庙会，公演戏剧，举行物资交流大会。

贵州的布依族有普遍过牛王节的习俗。民间流传着这样的故事：相传唐朝时称独山县为石牛县。有个叫阿牛的牧童，在一位仙人的帮助下找到一头神牛，它力大无比。郁力王见了十分眼红，妄图强占为己有。阿牛不服，奋力与郁力王争夺，一举将郁力王打死，自己的身体受到很大的伤害，神牛也变成了石牛。纳达王的姑娘五妹用一葫芦紫泉给阿牛治好了创伤，并恢复了神牛的灵威。后来，纳达王用一百头牯牛与神牛角斗，都统统败阵下来。纳达王的五个女儿见阿牛智勇双全，都想嫁给他为妻。阿牛胸有成竹，他让纳达王的五个女儿都同时准备一桌酒饭，答应神牛最先吃谁的饭桌他就娶谁为妻。试验这天，神牛高兴地吃了五妹做的黑糯米饭、紫泉酒和苦丁茶。阿牛说话算数，果真与五妹喜结良缘。很多年以后，阿牛与五妹年迈去世，神牛又变成了石牛。现在独山县城北郊那座形态如牛的巨石，当地群众相传就是神牛的化身。后来，人们为纪念阿牛、五妹和神牛的功德，年年四月初八过牛王节，做五色糯米饭祭牛，并举行斗牛活动。独山布依族民间至今还流传这样的民谣："九名九姓独山州，南郊紫泉北石牛，年年四八牛王节，家家花饭摆门楼。"

仫佬族民间传说，很古的时候，仫佬族人的劳动工具十分简陋，种田时只能用钉锄耕作，粮食收成很少，人们过着十分贫困的日子。有一天，仫佬人家的一父女俩在种地之余在山上砍柴时，看见一头野牛的牛脚卡在石缝里，不停地嗡嗡大叫。父女俩用钉锄敲宽卡住野牛脚的石缝，使野牛得救。野牛对父女俩的搭救之恩非常感激，从此给他们运柴火，还负责拉犁耕地，从而开创了仫佬人得以土地深耕的先河，使粮食的收成有了很大的提高。次年四月初八这天，野牛一胎生下十二头小牛。父女俩见了笑逐颜开，并细心对小牛崽喂养照料，待它们长大后又逐一将其送给仫佬族乡亲耕田犁地。小野牛又代代繁殖，最后终于结束了仫佬人用钉锄挖土的历史，使仫佬人的日子越过越好。仫佬人为了感激牛对本民族做出的重大贡献，将四月八日定为"牛生日节"。节日这天，仫佬人对牛不使役，用最好的饲料喂牛，家家还要做糯米饭，打酒煮肉祭祀牛神，以示感谢牛神使仫佬人过上了幸福的日子。

广西一带侗族称四月八节。传说古时候，侗家没有牛耕田，只好用锄挖脚踩，生产力十分低下。后来有一农民，在深山里抓到一头野牛，将它牵来耕田，可是野牛力气很大，又不听使唤，虽然给它穿了鼻子，但还不时回头来咬人。农民没有办法制服它，便到寨里去请"萨堂"（即圣祖母）出主意。第二天早晨，这个农民又牵着那头牛去耕田，老远就看见圣祖母已在田头了。到了地里，圣祖母对野牛说："听说你满口长着整齐的白牙，张开嘴让我看一下吧！"野牛听到赞扬声，满意地昂起头，把嘴张得大大的。圣祖母用手往野牛的上颚轻轻一抹，一排锋利的牙齿便脱落了。从此，野牛再也不敢逞凶咬人，农民的鞭棍指向哪里，它就把犁耙拖到哪里。天长日久，野牛被驯服成了家牛。但是，野牛的本性没有完全改掉，有一天，它对主人突然撒起野来，还发牢骚说："田是我耕的，饭是人吃的，这是哪来的规矩。"主人想了半天，觉得野牛说的也有些道理，便拍着牛背说：这样办吧，你背犁拖耙，确实辛苦，我们选定四月初八为你的生日，让你休息一天，弄点好吃的东西给你吃。牛听了主人的话，又老老实实地继续耕田了。四月八日那天，主人采了一些树叶回家沤成黑饭，给牛做生日。牛受了主人的奖赏，以后劳动更加积极了。从那以后四月初八蒸黑饭为牛做生日的风俗代代相传。节日这天，家家户户杀鸡宰鸭，门庭打扫得干干净净，门窗上贴着红黄绿各色纸条，牛栏收拾得一干二净。并备上新鲜的草料。中午，家家举办节日餐宴，鸡、鸭、猪肉、酸鱼等菜摆满餐桌。进餐前，每人先喝一碗用鸡汤或鸭汤煮的粥。然后举杯痛饮自制的糯米酒。黑糯饭是四月八必吃的食品，也是这天喂牛的必用之物。

　　土家族人民的传统节日"牛王节"在农历四月初八举行。相传古代土家族祖先在一次战争中遭受严重的失败，在被迫撤退至一条大河边时，正遇河中洪水大浪滔滔，无法渡河撤退。在前有洪水阻隔后有强敌追赶的危急关头，四月八日这一天，河里游来水牛，人们靠水牛到达了彼岸，摆脱了敌人的追击，保存了土家族的力量。以后，土家人为了纪念这个有着重要意义的日子和水牛的功绩，便把四月八日这一天定为"牛王节"。有些地区以四月十八日为"牛王节"。传说远古时代，土家族以刀耕火种的方式种庄稼，粮食产量很低，人们过着十分贫困的日子。天上的牛王同情民间的疾苦，便主动于四月十八日下凡，帮助人们耕地，改变了落后的生产方式。后来，牛王又请求五谷神允许五棵谷穗结了九九八十一粒，使庄稼的产量大为提高。从此，人们开始过着温饱的日子。天帝知道这个消息，大发雷霆，贬牛王下到凡间，长期耕田犁地，并不准吃肉吃饭，只许以草为食，而且还要反刍。人们为了感激牛王的大恩大德，为它修建了"牛王庙"，作为永久的祭祀场地，并将四月十八日定为"牛王节"。牛王节这一天，土族人要杀猪宰羊，打糍粑敬牛王、祭祖宗，祈求全家平安、五谷丰登。礼毕，全家团聚宴饮。有的地方这一天有出嫁女儿回娘家过节的习俗。

广西西北部壮族以农历的四月初八为"牛节"。当地传说牛原是天上的神物，因受天帝派遣下凡播种百草时犯了过失，受到天帝永留人间吃草耕地的处分。四月初八日牛王诞生日，牛魔王要下凡探视耕牛，故民间为之贺节。这天，让牛休息一天。人们用篦子梳去牛虱；对受伤的牛施以茶油涂擦伤口；按照传统习惯，牧童将牛牵到绿草成茵的牧场喂养，不能对牛鞭打，以使之愉快地度节。此外，对牛栏要彻底打扫使其卫生，并采割新鲜草料浇以少量盐水喂牛。有的还在水酒中拌几个鸡蛋，用竹筒灌喂。

农历十月一日，仡佬族认为是牛王的生日。各地仡佬族普遍以此日为"牛王节"。过节这天，仡佬村寨家家杀鸡，备酒，祭祀"牛王"，祈祷它保佑耕牛健壮，平安无事。有的地方认为此日为牛的生日，常对牛给予特殊照顾；贵州遵义、仁怀和镇远等地为了感谢耕牛一年的辛劳，这一天一律停止对牛使役，除用最好的饲料喂养外，还要做两块糍粑分别挂在牛的犄角上，将它牵至水边，让其从水中照看自己的影子，再取下糍粑喂牛，表示给牛做寿。如果附近没有水田、水塘，也要用大盆盛水放于门口，让牛照着影子吃糍粑。有的地方给牛披红挂彩，燃放鞭炮，以示祝贺。其他各地习俗大同小异。关于仡佬族牛王节的由来，民间流传种种说法。一说很古的时候，仡佬人居住的山寨，有一年被汉族统治者带来许多兵马围困了七天七夜，眼看就要家破人亡。这时，仡佬族首领家喂的一头老牛，衔住他的衣裳，将他引至一个没有人知的能够通往山后的岩洞里。于是这位首领带着全寨群众，按牛指引的方向撤退，保住了人们的生命。又说古时仡佬人祖先，原在荒野岭靠采摘野果度日，生活十分艰难。后因天上的神牛下凡，帮助仡佬人开荒垦地，培植五谷，过上了幸福的生活。所以有的地区仡佬人把牛视为自己的恩人，有不打牛、不吃牛肉的习惯。至今还流传着"仡家一条牛，性命在里头"的谚语。三说源土古代驯养野牛的祭祀活动。相传仡佬人祖先因山上的野牛力大体壮，性格剽悍，在捕捉野牛前和驯养野牛时要祭祀牛王菩萨，求它保佑捕牛驯牛的顺利。而捕捉野牛，又以秋末最为适宜。久而久之，人们便把十月一日定为祭祀牛王菩萨的日子，后来又将此日说成牛王或牛的生日。

四川藏族转山节

转山节又称转山会，是四川甘孜等地藏族人民的传统节日，时间在农历四月初八。

节日来源于民间传说：一说古时候，有个叫刀登的农奴，爱上了叫杜鹃的姑娘。农奴主为了阻止他们相爱，派人将刀登押至远方准备谋害，再霸占杜鹃。杜鹃听到这个消息，喊着刀登的名字连夜向刀登去的方向追赶。当她追到跑马山上时，已经筋疲力尽，无法前进了，只好站在山上哭喊着情人的名字。时间长了，磨破了嘴皮，滴滴鲜血洒在山上，长出艳丽的鲜花，遍布满山。人们称之为杜鹃花。后来，人们为了纪念忠于爱情的杜鹃姑娘，每年四月初八，登上跑马山，漫步山野，观赏美丽的杜鹃，欣赏大自然。又说古时候，当地的明正土司的祖先带人登上跑马山狩猎，下午未归，夜宿山洞。深夜，他看见五位仙女在山上的草坪轻歌曼舞，十分精彩。明正土司的祖先默记乐曲和舞蹈动作，向人们传授，代代相传。以后每年五月十三日，土司带领锅庄娃子上山念经，按流传下来的方法跳锅庄、弦子和踢踏舞，祭祀天神和女仙，后世相沿，形成转山会。后来，又将节日时间改在佛祖释迦牟尼诞辰的四月初八。传说此日九龙吐水，为佛祖沐浴。

人们这天云集跑马山上拜佛，载歌载舞，祈祷丰年。每年转山节这天，成千上万藏族同胞，带上帐篷和食品，登上甘孜藏族自治州首府康定城外的跑马山，唱歌跳舞欢度节日。这天，山顶倾斜的大草坪上，帐篷绵延，人声鼎沸，歌声掌声不断，热闹非凡。直至暮霭沉沉，人们才陆续散去。许多男女青年仍留山上，对唱情歌，相互倾诉心中的爱慕，双双对对到草坪边的松林里幽会。

中华人民共和国成立后，康定转山节期间，在传统活动的基础上，增加了文艺团体演出，举办各种展览，商业部门供应百货、收购农副产品等。如今的康定转山会已发展为几万藏、彝、回、汉等各民族的大盛会。

四川其他藏族居住区也有类似转山会的习俗。但因各地的转山会起源有所不同，节日时间也不尽一致。康巴地区在四月十五日纪念释迦牟尼成佛日，举行转山祭祀活动。阿坝藏族自治州草地，相传古代格萨尔王五月四日曾在山头上对被他征服的十八个对手举行受降仪式，阿坝州各县藏族群众于此日过转山节。

云南大理白族蝴蝶会

云南大理城北四十千米处的苍山云弄峰下，有个宽约十米的泉，这就是闻名遐迩的蝴蝶泉。古往今来，许多名人游士在观赏美景之中，写下了许多生动的即兴诗文。

每当初夏的四月中旬，恰逢蝴蝶交尾产卵的季节，方圆数十里内的上万只彩色蝴蝶，从四面八方飞往蝴蝶泉，它们时而在泉畔树荫下栖息，时而在山花丛中翩翩起舞，无数的彩蝶自动编织成许多花团锦簇的图案；特别有趣的是在蝴蝶泉上，那许多倒垂水面的树枝上，一只蝴蝶咬着一只蝴蝶的尾部，形成千百个长长的蝶串，十分壮观。此即罕见的蝴蝶会。1962 年，郭沫若来游，即兴写了《蝴蝶诗》："蝴蝶泉头蝴蝶树，蝴蝶飞来千万数。首尾连接数公尺，自树下垂疑花序。五彩缤纷胜似花，随风飘摇朝复暮。蝶会游人多好奇，以物击之散还聚。"

农历四月十五日，蝴蝶聚集最多。这天，附近的白族和部分兄弟民族群众，都赶来观赏这迷人的奇丽景色，称为赶蝶蝶会。随着旅游的兴起，国内外的游客此时也兴致勃勃地赶来观赏这罕见的场面。

白族人民传说，以前附近有个羊角村，住着一户勤劳善良的父母，女儿阿雯长得十分美丽，深受附近的小伙子爱慕。同村有个叫阿霞的青年，从小父母双亡，靠打猎为生。他俩后来相爱，同往苍山保和寺赶三月三庙会时，阿霞将一对银镯戴在阿雯手上，阿雯向阿霞以一条绣有百只蝴蝶的彩巾回赠。不久，这个消息传到官家那里，他们硬逼阿雯交出百蝶巾，阿雯执意不从，被官府抓去囚禁起来。阿霞打猎回家时闻讯，带上猎刀、弓箭，深夜潜入官府，救出阿雯。正当他俩逃跑之中，官府追兵赶来。这时，阿霞掏出百蝶彩巾，同阿雯手挽着手，双双跳进无底潭里。突然一阵狂风暴雨，淋得官府的兵丁都成了落汤鸡。雨后晴空万里，潭中飞出无数彩蝶，人们说这是阿霞、阿雯和百蝶巾变成的。这对情侣的殉难日正是四月十五日，为了纪念他俩，白族人民于这天前来赶蝴蝶会。

西藏藏族祭龙节

祭龙节是西藏拉萨附近藏族人民的节日，每年藏历四月十五日在龙王潭举行。

传说古时候，现在的拉萨是一个大湖。每年的藏历四月十五日，要将一个属虎的儿童投入今天的龙王潭敬献龙王。后来，果卡国王统治拉萨，对祭龙的事特别关心。有一年的祭龙日快来临时，他就下令大臣寻找属虎的小男孩。大臣们接到圣旨，马不停蹄地到处察访。最后发现大喇嘛勒巴罗珠有一个叫布穷登珠的小弟子是属虎的，便把他带到了王宫。祭龙日那天，果卡国王亲自把布穷登珠投入湖中做了敬龙王的供品。过了很久，被喂了龙的布穷登珠突然出现在果卡国王面前，请求国王把公主嫁给他做妻子。国王见了吓得目瞪口呆。等他回过神来细想，觉得布穷登珠一定是神，便答应了布穷登珠的请求。同时，果卡国王还做出决定，今后祭龙一律不得用属虎的儿童，改用人间的上等食品做供品。从此以后，历代国王和地方政府都遵循果卡国王的决定，避免了许多无辜儿童惨遭死亡。天长日久，演变成政府官员和老百姓都参加的向湖投放食品的节日。

贵州苗族种棉节

种棉节是贵州都柳江水系中上游苗族群众的节日。时间在农历四月初的卯日或辰日举行。节期一天。

四 月

清明之后，棉农纷纷开始播种。这一带的苗族群众几家自由组合，选择山坡上的优质轮耕田，于种棉节举行种棉仪式。

节日这天，邀请家族亲友，挑着鸡、鱼、腊肉、禽蛋、米酒和五彩糯米饭前往种棉地过节。到达目的地后，老人先搭锅置灶，杀鸡宰鸭，准备节日餐食；青壮年男女则负责挖土松地，进行点播棉籽的准备工作。点种前，先举行祭祀仪式，由一位老人双手抱着一只大红公鸡，领着由一对童男童女装扮的花神登上地边花台；大家用米酒、五彩糯米饭献祭花神。礼毕，先由花神亲自点种三窝棉籽，接着大家共同点播。种棉结束，人们手捧清水洒向棉地浇水，以象征水分充足，棉花丰收有望。劳动结束，人们即在地边草地，举行节日餐宴。此间，老人们常在开怀畅饮之际，欢唱《种棉歌》《四季歌》。歌词内容多是祈求花神保佑风调雨顺，期盼棉花丰收之类。饭后，老人们仍就地畅谈、休息。男女青年则到附近草坡或林中游玩，放开嗓子对唱山歌，谈情说爱。直到日落西山，由老人们对着棉地念上一段祝词，插上草标之后，过节的人们才吹着木叶，唱着山歌，尽兴而归。

蚕 神 节

蚕神节是我国养蚕区的地方性节日。节日时间各地不尽相同，但大多在每年农历的立夏日举行。江浙一带称蚕花生日。

蚕神的由来各地传说不一。一说蚕业和丝绸的祖师是嫘祖。民间传说嫘祖原本是天上王母娘娘的侍女。一次，她去王母娘娘的花园赏花，发现花园里有一株结着许多果子的五色香草，还发出浓郁的香味，她好奇地采了几个果子，放在嘴里细细品尝，可是怎么也咽不下肚，过后，嫘祖一口吐出口里的东西，却成了长长的丝线。不久，嫘祖又一次在花园赏花时，看见几只彩蛾围着香草尽情飞舞，她便将香草籽摘下喂彩蛾，彩蛾吃了香草籽，口里吐出长长的丝线，一下子变成了蚕虫。后来，嫘祖在花园的举动被王母娘娘知道了，王母娘娘一气之下将她打下凡间。临行前，她偷偷带了一些香草籽。下凡后，嫘祖在西山受苦，一次捡柴时被西陵看见，认她为女。从此，母女俩相依为命，以种桑养蚕为乐。后来黄帝在西山打猎时，发现嫘祖有吐丝成茧的奇功，就娶她为妻。嫘祖来到民间，积极教民养蚕、缫丝、纺纱织锦，使人民有了衣穿。人们不忘嫘祖的恩德，尊称她为养蚕祖师、蚕神，将她供奉在蚕房和织布房。民间传说她是最先教民育蚕制丝的神，故又称嫘祖为先蚕，亦称蚕女。至今，一些地方的蚕农和丝绸业者，仍有供奉蚕神的习俗。二说蚕神是蚕丛青衣神。周朝时，蜀地有个侯爷叫蚕丛，他的眼睛很特殊，竖长在脸上。后来他当了蜀王，到各地视察，教百姓种桑养蚕。民间为感其德，便为他立祠祀之，称为蚕神。他外出巡视时，穿着青衣，故乡民称其为青衣神。三说蚕神系马头娘。相传黄帝打败九黎以后，在庆功会上蚕神前来献丝。这个蚕神手捧着两束蚕丝，一束金色，一束黄色，披着马皮飘然而降，像个仙女。从此，细软的丝绢代替了粗硬的麻布。这位献丝者就是马头娘。传说她原是一位民间姑娘。一年，她的父亲被强人掳走。女儿在家思念父亲，不吃不喝，母亲见了十分心痛，便对邻里立下誓约："有哪位能把我丈夫救回来，我就将女儿嫁给他。"时过数日，没有一人办到。家中一匹骏马当时听到此言，见此时仍无一人办到，便迅速跑出家门。几天后骏马驮着女父归来，母女高兴无比。此后骏马悲鸣不已，不肯饮食。父问其故，母以誓众之言相告。父听其言大声怒道："哪有女嫁畜牲的道理！"于是取箭将马射死，剥下马皮晾在院中，姑娘经过时，马皮蹶然而起，卷起她一飞而去，无影无踪。几天以后，姑娘和马皮都化为蚕，在树上扯吐蚕丝。乡亲们见此，便将此树叫作"桑"。父母闻讯后十分伤心。一天忽见蚕女乘流云驾着马，身旁侍卫数十人自天而降，对父母说："天帝因为孝能致身，心不忘义，封我为女仙，位在九宫仙嫔之列，在天界过得很自在，请二老不用思念女儿。"说罢升天而去。于是各地纷纷建起蚕神庙，塑一女子之像，身披马皮，俗称马头娘。湖北地区民间传说，此地早年不会养蚕，有一年蚕神姑娘到这里撒下蚕籽，人们才学会养蚕，经常获得丰收，日子越过越好。为了感谢蚕神姑娘，就确定了蚕神节。这天，杀鸡煮肉，祭祀蚕神，祈求她保佑蚕业丰收。

尝　新　节

立夏是二十四节气之一，时间在清明之后的一个月即农历四月初。立夏象征春去夏来天气日渐暖和，万物欣欣向荣，大自然呈现一片绚丽的风光。立夏前后，我国南方许多地区夏季作物已开始成熟，早种的瓜果蔬菜等也可采收，樱桃之类的水果也开始上市。为了预祝丰收，我国很多地区农村的汉族和少数民族有在立夏前后尝新的习俗，有的少数民族称之为新米节。各农区因稻谷成熟时间存在差异，故过节时间不完全相同。

尝新就是采摘刚成熟或快要成熟的新鲜粮食瓜果煮熟后，祭天祭祖，然后全家围坐饮宴。由于食物的结构和习惯上存在着一定的差异，各地尝新的内容和形式也有所区别。

一些稻谷成熟比较早的地区，每当稻穗金黄，谷子快成熟时，常于立夏日或收割之前，农家摘取一些新谷，去壳后煮成新米饭，并备上酒菜，祭天祭祖。有些地区传说，古时候有一年，当地因遇水灾，稻谷全冲走了，因无谷种，是狗从河对岸滚一身稻谷，过河泅水时将尾巴高翘才带来少许谷种。为了感谢狗的功绩，尝新节在祭天祭祖后，应先向狗喂新米饭和肉。然后，全家及亲友围坐尝新。按传统习惯，长者尝后晚辈才能动筷。

江苏常州一带立夏尝"三鲜"，分为树上、地上、水中三类。树上三鲜是樱桃、梅子、香椿头；地上三鲜是苋菜、蚕豆、元麦；水中三鲜是螺蛳、鲫鱼、白虾。苏州一带立夏尝三新是：樱桃、青梅、麦。江苏镇江一带立夏是尝八新：樱桃、新笋、新茶、新麦、蚕豆、杨花萝卜、长江鲥鱼、海产黄鱼。

浙江杭州地区于立夏早晨，用乌饭叶的汁煮糯米饭吃，称为"吃乌米饭"。相传战国时魏将庞涓残害孙膑，将他关在猪圈里，派去监视孙膑的老奴同情孙膑，于立夏之日，上山采集乌饭叶挤汁浸糯米，烧成饭团，孙膑吃后，身体逐渐康复，不怕蚊叮。之后就相沿成习。

上海嘉定、青浦一带人家，喜于立夏日用枣肉为馅做煎饼，俗称"立夏饼"。有的地方煮茶叶蛋，称为"立夏蛋"。

立夏称体重是比较普遍的习俗。传说该日称体重可保不"疰夏"。称时秤砣只能向外移，即只能加重，不能减轻。称得斤数逢九，要加一斤报"十"，因九是尽头数，为不吉利。逢百也要加一斤，因百斤为担，谐音"上当"，也不吉利。有的地方，被称儿童口袋里放一块石头，一是增加重量，二是取石头谐音"石寿"之意。

贵州锦屏侗族洗澡节

洗澡节是贵州锦屏县平秋一带山区侗族人民的节日。时间在每年农历的立夏日。

节日的主要活动是洗药水澡。过节这天，侗寨群众都不从事劳动。清早，老人们安排孙子们上山采药。九里光、三角枫、金银花、兰花、刺梨、刺老包、大乌泡、马桑、蛇倒退、黄葵、斑鸠窝、小红活麻、葛麻藤、骨节草、四方草、杨梅树叶、麻栗树叶、橘子树叶、枇杷树叶等都是这里侗家洗澡节常用的药物。草药采回后，人们便在村旁路边或房前屋后的地上，垒砌土灶，架起大锅（一般几家共用），烧火熬药，待水沸腾后便通知亲朋好友、邻里乡亲，舀出药水，加以少许米酒、食盐沐浴全身。每个锅旁还专门备有供过路人洗澡的衣盆和帕子。凡是从这里经过的过路客都将被邀请一同洗澡。即使是忙于赶路，无暇浴洗全身，也要以洗脸抹手代替。

山区夏日炎热，病菌容易滋生，毒蛇蚊虫也颇多。据现代科学鉴定，侗家洗澡用的草药具有清热解毒、消肿化淤之功效。这一带的侗家，把洗药水澡作为节日专门的活动，能广泛起到防病治病的作用，有益于人体的健康。当地民谚曰："立夏不洗澡，全身毒疮咬。"看来这话是有一定科学依据的。洗澡节之后，人们三五天就要洗一次澡，直到秋收结束。

节日晚上，家家将举行丰盛的家宴，人们开怀畅饮，欢度节日。

畲 族 分 龙 节

　　分龙节是畲族民间的传统节日，每年农历四月择良日举行，福建霞浦县则在农历五月二十四日。

　　古人迷信地认为雨是由龙所掌管。到了盛夏，各条龙分赴各地行云施雨。相传此日是玉皇大帝给畲山分龙的日子，即分配雨水。传说这天人们不能动用铁器，否则铁器伤了龙身，天就不降雨，地遭干旱；这天不能挑粪下地，停止劳动一天，否则对龙不敬。人们举行群众性的对唱山歌活动，祈求玉皇保佑风调雨顺、五谷丰登，畲族群众称为盘诗会。届时，人们穿着节日的盛装，带着干粮，会集到野外山坡，一时间满山遍野人山人海，嘹亮的歌声响彻山谷。有的青年男女还通过对歌寻觅佳偶。

端 午 节

农历五月初五是端午节。每月有初五、十五、二十五三个五日，"端"是开始的意思，将每月第一个五日称为"端五"，一年十二个月的初五都可以称为端五。五月初五，月日同五，又称重五。古代"午""五"同义，五月又别称为午月，将重五称为端午。又因有九九称重阳之故，后来又将五五称为端阳。五月初五古人有以兰草汤沐浴的习俗，所以又称沐兰节。道教称此日为地腊节。唐宋时期以此日午时为天中节，所以又称午节。明清时有的地方还称为女儿节。

关于端午节的来由众说不一，主要有以下几种。

一为流传最广、影响最大的——纪念屈原。屈原是战国时期楚国（今湖北秭归）人，任楚国左徒，参与法令的起草和外交工作。他在任职期间，主张联合六国，抵抗强秦的侵略。楚怀王采纳了他的意见，派他去各国游说。楚齐联合后，其他各国也加入了这个联盟。各国结盟引起了秦国的注意。秦王便派张仪到楚国活动，收买楚国奸臣，又给楚怀王送了许多金银珠宝，还以许诺送楚国六百里土地做诱饵，欺骗楚国同齐国绝交。楚齐断交后，怀王非但没有得到土地，反而在秦国的进攻中大败。他自己也被骗去囚死在秦国。楚怀王的儿子楚顷襄王继位后，更是昏庸无耻。他不但拒绝屈原的建议，并且将屈原流放边疆。屈原怀着对祖国命运的忧伤和对昏君奸臣的憎恨，在流浪生活中写了许多诗篇，抒发对人民的热爱和对祖国担忧的心情。楚顷襄王二十一年（公元前 278 年），楚国在秦国大举进攻中惨败，秦国一举攻克楚京郢都，大肆烧杀和抢夺，楚顷襄王和一帮奸臣狼狈地逃到淮阳。屈原目睹祖国败亡，人民流离失所，大势已不可挽回，绝望地徘徊在汨罗江畔，于五月初五，抱着一块石头悲愤地自沉于江中。楚国人民听到这个消息，从四面八方赶到汨罗江边，纷纷驾舟寻救。为使屈原遗体免遭鱼虾的损伤，人们将米撒向江中供鱼虾食用。为了表示对屈原的无限怀念，以后每年五月初五这天，人们用竹筒贮米，投江祭奠，也就出现了最初的粽子。

二是纪念伍子胥。伍子胥是春秋时期吴国大夫，曾帮助公子阖闾刺杀吴王僚，夺取王位，并辅佐阖闾整顿内政，厉兵秣马，大破楚国。到吴王夫差时，吴越争霸，吴国攻破越国。伍子胥劝吴国拒绝越王勾践求和，乘机将其消灭，并停止伐齐。伍子胥的建议不但未被采纳，反而遭到疏远。夫差二十年（公元前484年），因为太宰所诬，夫差赐剑命他自杀。伍子胥死后其尸体被吴王夫差派人用皮革包裹丢进钱塘江，传说化为波神。从此钱塘江常起浪潮。民间传说伍子胥死于五月初五，这天的潮水特别凶猛，直冲越国境内，人们说这是伍君在显灵。据《曹娥碑》记载："五月五日，时迎伍君。"所以浙江一带，这一天有"迎伍君，逆涛而上"的习俗。

三说起源于古代南方少数民族的龙图腾崇拜活动。据闻一多考证，古代南方吴越民族以龙为图腾，他们为了表示自己是"龙子"的身份，借以巩固民族的地位，专门在自己的身上刺着龙的花纹，而且在五月五日这天，用雕成龙形的木船在水上竞渡，举行盛大的图腾祭，以祭祀想象中的龙神，禳祸祈福。以后随着吴越地区的被开发和文化交流，这种风俗便传到了长江上游和北方各地。

四说起源于恶日。古代传说五月是瘟疫滋生、邪魔逞凶的时候，因此，把这个月称为恶月。"恶"就是深恶痛绝。五月初五是恶月恶日，是最不吉祥的日子，甚至把这天出生的小孩都视为祸害，男害父，女害母，从而不敢抚养。战国时期孟尝君田文，五月五日出生后，其父田婴害怕遭祸，叫妻将他丢掉。他母亲暗地里将其抚养成人。后来田婴知道儿子长大后，便责怪妻子不该这样做。孟尝君听到母亲遭到父亲斥骂的消息，立即去问父亲："你为何不能要五月五日生的孩子？"父亲回答说："五月子者，长于户齐，将不利其父母。"后来田文不但未使父母遭祸，而且还成了一代名士。尽管如此，在科学文化落后的古代，迷信观念往往容易被人接受，所以民间便产生了端午避恶的习俗。

端午节习俗颇多，这里叙述其主要者。

门悬艾蒿、菖蒲。古人迷信，认为人生病是魔鬼附着人体引起的。五月初五魔鬼很多，为了驱鬼辟邪、消灾化吉，人们于端午节凌晨采集艾蒿、菖蒲挂在门前，多将艾扎成虎形称为艾虎，蒲叶似剑称为蒲剑，据说可以镇压魔邪于门外而不得入门；将蒲根茎刻成人形、葫芦、猴儿等，挂于儿童脖颈上；有的妇女簪蒲、艾于辫鬓上；此外尚有以艾蒲煎汤沐浴、烧烟熏蚊虫等习俗。这个习俗源于迷信，但使用艾蒲并非都是迷信。盛夏五月，蚊蝇滋生，百虫活跃，对人体健康危害颇大。根据现代科学鉴定，艾蒲含有挥发性芳香油，是有强烈杀菌功能的药物，对抑制病虫滋生预防疾病有一定作用，有益于人们的健康。

饮雄黄酒。雄黄是一种中药，据中药书说：雄黄能治百虫毒、虫兽伤、治疟疾寒热，伏暑泻痢。端午这天，我国多数地区有饮雄黄酒的习惯，"饮了雄黄酒，百病都远走"。据说蛇虫最怕雄黄，神话故事《白蛇传》中，由蛇精变成的白娘子，就是在端午节喝了许仙的雄黄酒现原形的。有的在房屋内外阴湿地方和角落，喷洒雄黄酒，以避蛇蝎；有的还以雄黄在小儿额上书"王"字或涂于耳鼻、手足和臀间，谓可辟祟。

吃粽子。这是这个节日最普遍的习俗。传说屈原含愤投江后，楚国人民于每年五月初五用竹筒贮米投江祭之。这就是最初的粽子。东汉建武年间，长沙有个叫欧回的人，端午前在汨罗江畔散步时，忽然迎面走来一个脸上充满着忧戚和悲愤的人，自称是屈原，并对欧回说：人们年年给我送祭的食物，都被那些鱼、虾、龟等水族吃掉了。欧回向他询问怎样才能避免祭品被水族吃掉后，屈原说：今后人们如有心赠送，请用楝叶包米，做成尖角形状，外用五色丝线缠之，用扮成龙形的木船抛入江中。水族害怕楝叶和五色线，有棱角的食物不好吞。水族由龙王管理，它们看见食物为龙王所送，也就不敢吃了。欧回回家后把这一情况告诉四方群众，大家都照着办了。后来，人们用苇叶包糯米，中间掺以豆、枣、肉等放于水中煮熟，蘸糖而食，滋味鲜美，称为粽子，成为仲夏端午应时节令的节日佳肴。这一习俗不仅我国流行，连日本、朝鲜和东南亚也普遍流行。

端午节龙舟竞渡，俗称划龙船。传说最广泛的是与纪念屈原有关。事实上龙舟竞渡之俗在屈原之前就有了。《事物原始》引《越地传》说："竞渡之事起于越王勾践，今龙舟是也。"此外，前已叙述的古代南方吴越民族的图腾祭日也有龙舟竞渡的萌芽。但早先的竞赛活动并不都在五月初五进行。后来，屈原投江自尽，人们出于对屈原爱国主义精神的崇敬，把古代的遗俗引入纪念屈原的活动，龙舟竞渡便成为端午节的一项重大的水上娱乐活动。龙舟窄而长，形状各地大同小异，有龙头龙尾，有的在船身绘画龙鳞。比赛时锣鼓喧嚣，众桨挥动，追波逐浪，争先恐后，两岸观众人山人海，一时呼声热烈。夺标获胜者将得到一定的奖励。唐代诗人张建树的《竞渡歌》生动地描绘了古代端午节龙舟竞渡的热闹场面。中华人民共和国成立后，端午节的龙舟竞渡，遍及大江南北，成为群众喜闻乐见的重要水上体育活动项目之一。盛夏端午也成为群众性的游览佳节。

贵州独山布依族王龙赶祭歌节

王龙赶祭歌节是贵州独山上司、下司和麻尾布依族的祭祀性和娱乐性节日。每年农历五月初五在拉旺乡王龙村者要寨扶宁坡唱歌，在马刨井喝水、沐浴，称为王龙赶祭歌节。

节日源于清朝咸丰年间。传说扶宁坡龙王井的泉水有除风祛湿、消炎止痛的功效，原为一外乡人发现。有一年的端午节，外乡人到扶宁坡来走亲戚，路过者要寨时，突然风湿病和胃病同时发作，痛得大汗淋漓，不能继续行走，被乡亲送到亲戚家住下。后来，他天天去龙王井喝水、洗澡，结果风湿病和胃病逐渐好转。于是他对井水迷信起来，称它为仙水。为了表示对龙王井的敬意，他在井边摆上供品，焚香点烛祭奠。龙王井的泉水是仙水的奇闻，一传十，十传百，很快传遍四方八寨。从此每年五月初五这天，远近的男女老少都带粽粑和香蜡纸烛，到龙王井祭奠、饮水、沐浴，有病的求治病，无病的求延年益寿。天长日久，便形成赶祭的定俗。后来，过路的商客听说泉水好，也来饮水洗澡，因未带香蜡纸烛，便向井里丢些银钱。一些贫困人家无钱购买供祭用品，便丢几片艾叶代替。这些习俗一直沿袭至今。

播让村有个布依族民族英雄杨元保，原籍广西南丹，父亲早逝，随母来到播让。一年，因这一带遭受自然灾害，人们生活十分困难。杨元保的继父带头抗捐抗税，被官家逮捕，病死在狱中。后来，这一带瘟疫流行，不少老百姓都遭传染死亡，杨元保的母亲也在其中，乡亲们的日子更加难熬。杨元保为报父仇，于咸丰四年（公元 1854 年），以"顺天行道，打富济贫"为口号，在播让村发动反清起义，两千多布依族乡亲积极响应，一举铲除了横行拉旺、上司、下司一带的财主、团练，开仓赈济，声震独山一带城乡。杨元保乘胜前进，发动义军围攻独山州城。官家用献城的缓兵之计，暗中调大批清军增援，合力围剿义军。杨元保见寡不敌众，不宜继续强攻，为了保存实力，率义军退回播让村，据守扶宁坡一带。五月初五这天，布依族群众以去扶宁坡祭奠龙王井为名，挑着食品来慰问义军。清军听到这个消息赶来镇压。杨元保在组织义军突围时负伤，退回广西老家被官兵俘捉，后被押解贵阳，英勇就义。布依族人为纪念这位民族英雄，将扶宁坡的龙王井改为马刨井。传说义军被清军围困期间，全军人马缺水，因杨元保的马是一匹银河白马，他在骑马视察战势时，白马四足生风，直奔扶宁坡前，跃起前蹄，从石缝中刨出一股泉水，解了义军缺水之急。据此，人们将五月初五赶祭龙神改为祭杨元保和白马的日子。咸丰六年（公元 1856 年），杨元保的儿子继承父亲的遗志，和陆老贵的儿子等人，以到扶宁坡祭奠为名，暗中串联，组织群众和统治者斗争。当清军根据叛徒提供的情况赶来扶宁坡镇压时，看见群众有的唱歌，有的在洗澡，有的在游玩，毫无造反的迹象，只好驱散人群，得意洋洋地走了。从此，这里赶祭又增加了唱歌的内容，形成了王龙赶祭歌节。

赶祭这天，各家各户提着篮子或花布口袋，内装粽粑和大蒜，带上一壶避邪驱虫的雄黄酒，每个人怀里揣一点艾叶，男戴斗笠，女打布伞，成群结队来到扶宁坡。届时，人们先唱一首纪念民族英雄的颂歌，然后到马刨井洗脸洗脚。先到的一家必须取出带去的粽粑、大蒜和雄黄酒作为供品摆在井坎上。有的向井里抛硬币，有的向井里丢艾叶，接着再唱一首颂歌，依次饮用井里的泉水，在小溪边洗脸洗脚。再换上新袜子，最后上山唱歌。形式有对唱和合唱，歌词内容有缅怀英烈的颂歌和传递青年爱情的情歌。听歌的群众觉得哪个的歌唱得好，就请他吃粽粑、喝雄黄酒。

如今，王龙赶祭歌节成了当地群众一年一度的文娱盛会，除本县的上司、下司、麻尾的布依族参加外，平塘、罗甸、望谟、荔波、三都、都匀和广西的南丹、环江、天峨等地的布依族和壮族等兄弟民族群众也前来参加。

广西瑶族洗澡节

广西壮族自治区忻城、上林、马山、都安等地瑶族有过洗澡节的习俗，每年农历五月初五举行。

相传节日起源于纪念一位瑶族长寿老人。传说这个老人从十五岁起，每年坚持五月初五用百草药水洗身体，一直健康，活了一百三十九岁。后人为增强体质，仿照老人的做法。参加的人多了，便成节日。

届时，家家户户早早地上山采集各种野草的叶、茎、根、皮、花、果，叫做采百草药。待草药采足，便拿回洗净晾干。时至下午五时左右，由家中一位身体健康的老人将草药砍成小节，放进一口大锅熬水。药水沸腾后，捞出中间的药渣，将药水舀进一个大缸，放进少许食盐，然后按老少顺序各舀一盆去洗澡。人们认为百草药水洗澡不仅浑身舒爽，还有防病辟邪，促进身体健康的功效。

贵州纳雍苗族神仙坡节

神仙坡节是贵州纳雍县苗族人民盛大的传统节日，农历五月初五在纳雍以角梁子举行。

这一带苗家传说：从前，苗家祖先阿勒逊带着妻子和三子两女，经过长途跋涉、辗转漂泊，迁徙到一片荒凉的以角梁子定居。老祖宗率子女开荒垦地，辛勤耕耘，种植的荞麦、花生、芝麻等农作物长得茎粗粒壮，眼看丰收在望。不料有一天，许多熊、野猪、猴子、刺猬等野兽突然来到这里，把庄稼糟蹋得一片狼藉，阿勒逊闻讯赶来，发动儿女们挖陷阱、布弩箭、放毒药，消灭了许多野兽。唯独熊皮厚中箭不死，群起对抗阿勒逊。阿勒逊智勇双全，力大无比，只身与熊搏斗，先后打死了几只熊，但因为过度劳累，在与另一熊搏斗时受伤昏倒。晚上，妻子发现丈夫躺在梁子山上，生命垂危。经过抢救，阿勒逊才苏醒过来。他深知自己伤势过重，命在旦夕，便给儿女们留下遗嘱："我生前未能全部消灭害人的野兽，待我死后务必将尸体葬在以角梁子最高峰，用我的灵魂去镇压危害庄稼的野兽，保佑代代子孙平安无事。"并吩咐儿子要习箭练拳，驯马打猎，造就保护自己的本领；要求女儿学会挑花刺绣，纺纱织布，勤俭持家，并指定于每年五月初五到他坟前献技。后来，兄弟姊妹各自成家立业，生儿育女，一代传一代，阿勒逊的后代发展到数万人之多。子孙们遵照先祖遗训，每年五月初五到先人成神的以角梁子聚会。天长日久，形成神仙坡节的定俗。

节日这天，纳雍及邻县的苗族和部分兄弟民族三四万人，从四面八方赶来以角梁子欢度节日。人们按照自己族别支系的习惯爱好梳妆打扮。花苗中的女青年头盘彩色绒线，身穿百褶长裙，手中撑着一把花伞；男子身着花肩白衣，腰系花带，背着芦笙。黑苗女子头上云鬓高梳，玉环下垂，身穿蜡染花裙。传说这天要选最好的穿戴，以向祖宗表示自己有出息。到了中午时辰，以角梁子人山人海。倏然间，山坡上发出一声悠扬动听的山歌，接着万声齐应，响彻大地。这时，神仙坡上千只芦笙齐奏，苗家姑娘闻声起舞，群情欢跃。此外，赛马、斗牛、摔跤、斗鸡、放鸽等活动也分别在各个场地争奇斗艳，以向祖宗献技。竞技者英姿勃发，围观者频频鼓掌。下午，当人们已有了几分倦意，全家男女老少席地而坐，一面休息，一面共进丰盛的野餐。日落西山时，以角梁子开始平静下来。这时，男女青年们拉开了游方的幕帘，他们双双对对漫步草地，游入林中，通过交谈、对歌，互表衷情，如果相互爱慕或中意，便互赠披肩、彩带、鞋垫、手镯、项链、耳环，作为定情的见证。

贵州黎平苗族杨梅节

杨梅节是贵州黎平县苗族人民的民间节日，每年农历五月初五开始举行，节期半月。

五月是当地杨梅熟透收摘的季节。节日期间，男女青年互相邀约，会聚在杨梅树密集的地方。接着，男青年负责采摘杨梅，姑娘们则到附近的水里捞虾。待到晌午时分，姑娘们便将打得的鱼虾煮熟，与带来的食物一起做节日食品。接着，大家围坐在杨梅树下会餐，人们吃着香甜的杨梅，尽情高唱着《杨梅歌》："五月杨梅红满坡，妹捡杨梅哥摇树，边吃杨梅边唱歌。"会餐后，青年们继续对歌，尽情欢乐。一些小伙子和姑娘通过对歌交往，还结下了百年之好。

甘肃舟曲藏族采花节

采花节是甘肃舟曲博峪一带藏族人民的传统节日，节日在农历五月初五至初六。

节日来源于传说。从前，博峪地区人们耕作落后，庄稼生长不好，人民一直过着非常穷苦的生活。一年，有个叫扎海的外乡青年来到这里，看见老百姓在贫困线上挣扎，就热情帮助群众改进耕作方法，使博峪地区五谷丰登，人们得以丰衣足食。后来，国王知道这个情况，派人把扎海抓去为皇宫种田。扎海拒不从命，国王决定将他处斩。当地有个叫达玛的姑娘听到这个消息，将扎海男扮女装，俩人一同逃入深山老林，结为夫妻，过着幸福美好的生活。后来，国王派兵搜山，于五月初五将扎海和达玛杀害。乡亲们知道这个情况，将他们的遗体埋藏在山坡上。后来，这座山长满了香柏树，开满了枇杷花。当地姑娘们为了纪念这对患难相交的情人，于每年他们遇害这天，到这里来采花、对歌、跳舞，时间长了，便形成采花节。

采花节的第一项活动是抢水。五月初五日出前，人们赶到山边泉水池旁，手捧泉水痛饮，然后背水回家沐浴。传说喝了这天的泉水可以免病，用以洗身可以带来吉祥。

节日的主要活动是采花。当旭日东升时，人们穿上节日的盛装，给上山采花的姑娘们送行。姑娘们兴高采烈地向乡亲们唱《告别歌》，在各自的兄弟陪送下唱着山歌，向几十里外的花山进发。当人们赶到历年采花的草场便停下来。姑娘们开始架锅煮饭；小伙子们则忙着修整草棚，找出去年放在这里的木刀、木斧、木矛，插于草场周围，以示保护花神。当夜幕降临时，青年们点着篝火，乘着明亮的火光纵情歌舞，欢乐的气氛直至黎明。五月初六上午，姑娘们在采花歌声中漫步花坡，将艳丽多姿的山花采来插在头上，交织成一个个美丽的花环。下午，姑娘采够山花，由姑娘、小伙子背着装满鲜花的背篼，怀着丰收的喜悦，唱着《离别歌》，向村寨归去。早在村口等候采花队伍归来的三个老妇，首先向她们送去甘甜的美酒，并和姑娘们对唱山歌，以示祝贺。其他乡亲则燃放鞭炮欢迎。然后在击鼓声中，人们把采花姑娘簇拥到村寨广场，手拉手围成圆圈，伴随马铃的叮当声载歌载舞，互相祝愿，直到深夜甚至次日拂晓才散去。

贵州罗甸布依族更宿万节

更宿万节是贵州罗甸县部分布依族群众的传统节日。更宿万是布依语，是给牛吃粽子的意思。每年农历五月十三日举行。

五　月

　　这一带的布依族人为什么要过这样一个别出心裁的节日呢?

　　传说古时候,地上没有五谷杂粮,人们饿了,全靠摘野果、打野物过日子。随着人口增加,人类对食品的需求量越来越大,山上野果野物已不能满足人们的需要,不少人因没有吃的被活活饿死。到处尸横遍野,臭气熏天。人间的惨景,被玉皇大帝的女儿曩娃看见。她出于对凡人的同情,带着粮种,偷偷下凡到人间,帮助人们解决食物问题。她叫人去山上砍来树,教人们制犁耙。有了犁耙,又教人们犁田耙土,用她带来的种子种五谷。因凡人长期缺少饮食,营养不良,个个面黄肌瘦,虚弱无力,从早到晚忙一整天,也犁不了多少地,种不了多少谷。曩娃看了忧心忡忡,便亲自变成一头牛,替人拉犁翻土。这样一天就能犁不少地,播下许多种。人们看到这些成绩,个个心花怒放。不久,曩娃私下凡间的事传到天宫,玉皇大帝听了勃然大怒,暴跳如雷,立即命令雷公追下凡间,要将她砍成几截。这天夜里,曩娃卧不安席,预感到劫难即将临头。她左思右想,觉得自己的命运事小,解救老百姓的疾苦才是大事!于是,便托梦给人们:要人们待她死后,将她的头挂在枫香树下,将她的手埋在黄土坡上,将她的脚丢进绿水滩里。五月十三日这天,突然天昏地暗,飞沙走石,狂风骤雨袭击大地,一声霹雳从天而降,一下就把曩娃劈为几截。人们觉得昨晚得到曩娃托的梦,今天又遇到这个不寻常的天象,断定凶多吉少。待大风暴雨刚刚停下,便来到曩娃的住地。这时曩娃的身体已被劈成几截,零散地摆在她住地的大坝上,地上流满了鲜血。人们看见这个惨景,个个放声大哭。待镇定下来,人们就按照曩娃的嘱咐处理了她的遗体。不久,黄土坡上出现了成群的黄牛,绿水滩里浮起了许多水牛,石板路旁蹦起威武的马群。人们看到此景,兴高采烈,欣喜若狂。然而,挂着曩娃脑壳的枫香树上,成千只老鹰正向它扑来,争着啄她的脑壳。人们看了惨不忍睹,于是从树上取下曩娃的脑壳,将它挂在寨内尖塔形茅草棚的木柱上,当成神灵永远祭奠。布依族人有了牛犁地,就利用它深耕细作,庄稼越种越好,秋后粮食满仓。人们有了充足的粮食,身体也渐渐强壮起来,从此开始过上幸福的生活。布依族人饮水思源，感恩戴德，为了表示对曩娃的纪念，用木头雕成牛头，挂在自己的门顶上；又决定在每年曩娃牺牲的五月十三日，给牛放假一天，包尖塔形的糯米粽子喂牛。时间长了，人们把这一天当成固定的节日来过，给这个日子取了个名字——更宿万节。

节日这天，家家做尖塔形的糯米粽，除人吃外，还要特意喂给牛吃，让它好好饱餐一顿；这天不让牛干活，人们把牛圈打扫得干干净净，叫牧童把牛牵到嫩绿的草地上游玩、吃草，并牵到清澈的水塘里滚水、洗澡，让牛舒舒服服地度过一天。

苗族龙船节

龙船节是居住在湖南西部和贵州东南部清水江沿岸的施秉、台江等县苗族人民的节日。一般在农历五月二十四至二十七日中的某天进行，有的在五月初举行。其中以贵州台江县施洞举行的龙船节规模最大。

苗族的龙船大都采用大杉树或梧桐树挖成槽形而成。有的地区用三棵树绑在一起，中间一根是母船，两头的称为子船。船前装有一个形如水牛角状的精制龙头，口含明珠，庄严威武，翘起的船尾插着芳草，称为凤尾。划船的水手，头戴饰有银花、银鸟的亮沙斗笠，身穿藏青色内衬白色的上衣，腰上系着银花织锦带，十分神气。

龙船节的主要活动是龙船竞渡。竞渡开始时，鼓头锣手敲起锣鼓，水手跟着鼓点锣声呐喊划桨，数只或数十只龙船乘风破浪，冲向前方。这时两岸成千上万的观众兴高采烈，拍手助威，欢声雷动。比赛结束时，夺魁的龙船将获得一定的奖品。龙船比赛后，男女青年在芦笙、唢呐、竹笛、芒筒的伴奏下会集在平坦的大坝载歌载舞，举行对歌娱乐活动。台江县一带的苗族群众，还举行赛马、斗牛、踩鼓和游方等活动。

这一带的苗族人民为什么要划龙船、过龙船节呢？这还得从古代流传下来的故事说起。

五　月

传说在很久以前，在清水江口的深潭里，盘踞着一条恶龙。它经常游到水面，吞噬船上和岸边的人畜。据说恶龙十分凶残，把人吸进肚后，又吐出来当枕头、当坐垫，把人玩耍够了才一口吞下肚去。搞得人人胆战心惊，非常害怕。当时，河畔附近的嘎等寨有个叫故亚的苗族老人，他勤劳朴实，勇敢机智，既是一个经验丰富的庄稼汉，又是一个善于捕鱼的好渔民，远近的村寨都夸他是一条好汉。故亚老两口年将半百才添得一个儿子，老两口高兴的样子，自然就不用多说了。一家三口，甜甜蜜蜜地过着日子，一晃就是好些年。有一年五月的一天，故亚刚刚插完秧苗，就带着儿子九保下河打渔。他们来到江口的深潭时，夜幕已经降临。父子俩兴致勃勃地上了渔船，儿子在船尾牢牢撑着篙把，老子则在船头撒网捕鱼。在皎洁的月光下，渔船徐徐前行。故亚每收一网，网里都有许多大鱼在活蹦乱跳。面对这丰硕的果实，故亚喜笑颜开。鱼越打越多，故亚的劲头也越来越大。这时，河里忽然翻起一阵巨浪，把渔船弄得颠来簸去，再也不向前移动了，故亚感到有些奇怪，便转头向船尾看去，却不见儿子。故亚急了，不停地高喊儿子的名字。他喊呀喊呀，喊哑了嗓子也没有听到儿子的回应声。原来是恶龙蹿出来寻食时，听到水面上有撒网捕鱼的声音，觉得饱餐一顿的时刻到了，便冲向水面，张开大口将九保吞进肚里，逃回水底了。儿子在这个时候突然失踪，故亚清楚地知道一定是凶多吉少。他镇定下来，把船上的火镰、火石、火草取出来包得好好的，放进自己的身上的包里，然后在船头猛地一跳，全身扑向河水，潜入深深的潭里寻找儿子去了。他从南头游向北头，又从东头游到西头，找了半天的工夫，已经筋疲力尽了，才在一堵石壁上发现一个洞口。他从洞口爬进去，进得越深，洞道越大，弯弯拐拐，一直走了好久，才找到了恶龙盘踞的龙窝。故亚仔细一看，那条凶狠的恶龙正在呼呼大睡，身上的片片鳞甲在闪闪发光，身边横七竖八地堆着许多人和畜牲的尸骨。故亚再看，可怜的儿子正被恶龙当作枕头，压得扁扁的，已经没有气了。看到儿子惨死的情景，故亚气得咬牙切齿。他顺手搬起身边的几块石头，向着恶龙的头部狠狠砸去。恶龙从剧痛中惊

醒，深深地吸了一口气，便从龙窝里冲出，向故亚反扑过来。故亚
急中生智，从腰包里掏出火镰、火石、火草，嗒嗒地敲了两下，火
草点燃了，把龙宫烧了起来。顿时，河面上浓烟滚滚，直冲云霄。
过了七天七夜，水面上漂起恶龙的尸首，故亚老人也浮在水面。苗
家的祸根除掉了，可是故亚却在和恶龙的搏斗中献出了生命。这个
消息很快传遍四面八方的苗家，成千上万的苗族群众纷纷赶到河边
向英雄致敬，男女老少悲愤不已，声泪俱下，人们将老人的遗体安
葬在斗篷山下。

为了纪念英雄老人、庆祝苗家得以安居乐业，人们砍来油杉
树，造了许多龙船放在江里，学习故亚与恶龙拼搏的精神，几十
人一条船，在水面上划了三天三夜，又把恶龙肉割成了许多小
块，分给大家品尝，让沿江两岸的乡亲们解除对恶龙的恐惧，永
远记住故亚老人的深恩。从此以后，清水江一带的苗家，每逢这
个时候，都要举行划龙船的活动。天长日久，形成了一年一度的
龙船节。

瑶 族 达 努 节

"达努"是瑶语的音译，意为"不要忘记"。达努节又称二九
节，有少数地区称瑶年，是瑶族人民最隆重的传统节日。节期不固
定，一般一年一次，有的三五年一次，也有十二年一次的。节日时
间多数瑶区在农历五月二十九日，节期三至五天。

过节时，瑶家将自己的住房前后打扫得干干净净，男女老少身
着盛装，带着节日食品到指定的场所参加文体活动。节日活动的主
要项目是：跳铜鼓舞、对歌和表演武术等。

节日起源传说，主要有：

一说纪念密洛陀，庆祝丰收。

传说远古的年代，万山丛中有两座遥相对峙的宝山，相距约五
百米，一座叫布洛西金山，一座叫密洛陀银山。经过九百九十五
年，两山靠近只有约两米。一年农历五月二十九日，忽听一声霹
雳，两座山震开了裂缝，布洛西金山蹦出一个威武的男子叫布洛

西，密洛陀银山蹦出一个美丽的姑娘叫密洛陀。这一天是他们的生日，后来他们结亲成家。勤劳勇敢的布洛西是位造山治水的英雄，为了把天下的山水安排好，他离家远征，留下密洛陀和三个幼小的孩子。密洛陀牢记丈夫的嘱咐，精心养育孩子。转眼十多年过去了，孩子们都长大成人。一天她将三个孩子叫到跟前，对他们说："你们长大了，出去自己谋生吧。"孩子们都答应母亲。第二天早上，老大先起床，拿着秤杆去做生意，创家立业，繁衍子孙，成了今天的汉族；老二扛着犁耙去犁田，安家落户成了现在的壮族；老三最后起床，家产全没了，便哭着对母亲说："妈妈！家产全带走了，我拿什么去当家呀！"密洛陀说："家里还有一斗小米，你就拿到山里去种吧。"老三上山开荒种地，可是山里的野猪、山雀都来危害庄稼，辛苦了一年，连种子也收不回，只好将自己的困难告诉母亲。密洛陀安慰他说："家里有一只铜鼓，你拿去吧！它会帮你驱走飞禽走兽，给你带来欢乐。"老三照着办了。每当野兽危害庄稼时，他就敲起铜鼓，猛兽听到咚咚的响声，再也不敢来危害庄稼了，从此年年丰收，日子越过越好。老三便在此定居下来，成了现在的瑶族。密洛陀越来越老了，有一天找到老三说："五月二十九日是妈的生日。那天，你要带儿孙媳妇来给我祝寿，你们就会丰衣足食，过上幸福的生活。"老三回家后，熬米酒，杀鸡宰鸭，蒸糯米饭，率领儿孙穿上新衣，于此日给老母祝寿。因为汉族的老母在瑶语中叫"达努"，含有"不要忘记"的意思，后世为了纪念祖先的大恩大德，将此日定为达努节。节日这天，瑶山村寨，家家户户杀猪宰羊，盛设酒宴，亲朋好友，欢聚一堂；男女老少，穿上民族盛装，来到歌山吹着唢呐，敲起铜鼓，唱起祝酒歌和撒旺歌，跳起传统的舞蹈，纪念祖先。

二说瑶族始祖妮罗沙每逢五月二十九日前后，从天上下凡检查子孙的猪栏是否良好。每逢此日来临，瑶家人要整修猪圈，打扫卫生，迎接妮罗沙的到来，并用羊肉和白麻做祭品，祈求始祖保六畜兴旺。

云南白族田家乐节

田家乐节又称谢水节，是云南白族的传统节日，每年农历五月栽秧结束的第二天，即"关秧门"时举行。

这时，栽秧的紧张劳动已经结束，人们为祈求风调雨顺、五谷丰登，也为了庆祝栽秧任务的完成，全寨人欢聚娱乐谢水神。节日这天，全寨人先集中到本主庙杀猪宰羊，举行祭祀仪式，并在本主庙聚餐。然后，人们抬着秧旗，簇拥着骑马的"秧官"绕寨游行。之后，由村寨的演出队装扮成渔夫、农民、樵夫、读书人几个形象，和打霸王鞭的队伍一起巡回在寨中各平地表演。形式多为即兴说唱和白族的传统唱腔道白，内容包括民间传说、笑话和滑稽戏等，其场面风趣而热烈，人们喜闻乐见，常常博得人们掌声和喝彩声，显示了紧张劳动后轻松愉快的心情和人们祈盼风调雨顺、五谷丰登的愿望。

黑龙江都德达斡尔族药泉会

药泉会是黑龙江德都县达斡尔族的传统节日，每年农历五月举行，节期一个月。

当地达斡尔族传说，从前有个叫嘎拉桑白音的青年牧民，因反对牧主的剥削压迫被牧主抓去毒打后关了起来。牧主家奴阿美其格闻讯，乘夜深人静救出嘎拉桑白音，二人骑马逃离牧主家。牧主听到马叫查看，发现嘎拉桑白音已经逃了，骑上大马就追。在逃跑途中，阿美其格被牧主用毒箭射中。危难时刻，嘎拉桑白音看见一负伤小鹿到一泉中饮水，又去一水坑清洗，使伤口很快痊愈。他受到启发，也将阿美其格扶到水边清洗箭伤和自己的鞭伤，后又去泉边饮水，觉得水里有股浓郁的药味，喝到肚里感到浑身舒服。嘎拉桑白音和阿美其格也很快恢复了健康，从而躲过牧主的追捕。后来，他们将这亲身经历告诉了当地牧民，远近的伤病群众都纷纷赶来治伤医病。天长日久，当地民众干脆将阿美其格和嘎拉桑白音受伤康复的农历五月定为药泉会。

　　赶会期间，达斡尔族男女老少带着帐篷和充足的食品，赶着大轮车来到药泉山下，架起帐篷住下。这时，绿茵茵的草地上，风和日丽，空气清新，人们每天饮用泉水，有病治病，无病健身；歌舞娱乐，尽情享受别具一格的节日情趣。

云南哈尼族牛纳纳节

　　牛纳纳节是云南哈尼族人民的传统节日，"牛纳纳"是哈尼语"牛歇气"的意思，每年农历五月初择日举行。

　　经过农历三四月紧张的春耕生产，农家的耕牛已备受辛劳，需要适当休整。人们为了表示对牛的谢意，特意举行一次节日活动。过节这天，牛不劳动，让其在牧场自由放牧。人们还要用紫泽兰草熬成紫色水，用它做糯米饭，并宰杀公鸡，祭神祭祖。然后，将鸡肉、肉汤和紫色糯米饭合在一起喂牛，以示对牛的慰劳和祝贺。这天清晨，人们有用紫色水洗脸擦身和洗衣服的习俗，传说这样做容易消除春耕大忙中的疲劳，有益于人们的身心健康。

仫佬族仡佬族吃虫节

吃虫节是仫佬族、仡佬族人的节日，每年农历六月初二举行。节日的起源是这样传说的。

相传古时候，仫（仡）佬人居住的山寨年年遭受虫害。虽然人们每年种下的庄稼长得茎壮叶茂，但到了丰收在望的时刻，铺天盖地的害虫便到田地里来了。害虫拼命般地糟蹋庄稼，害得仫（仡）佬人年年歉收，吃不饱，穿不暖。人们面对害虫的威胁，看在眼里，急在心里，虽然怨声载道，却无力把害虫除掉。后来，寨老们经过反复商量，决定贴出红榜招贤。红榜上许下诺言：若谁能除害灭虫，便给他肥猪三头的奖赏。人们站在红榜下面议论纷纷，就是没有人敢下手揭榜。公鸡听到这个消息，以为自己是吃虫的能手，第一个去揭下红榜，雄赳赳气昂昂地去田里吃害虫。可是没有吃下几只，身上的羽毛却被露水打湿了，冷得发抖，没有力气再吃下去，只好红着脸走了。鸭子看见了，觉得自己能在水上游，能往水里滚，不怕露水打湿羽毛。它去揭下红榜，咔咔地叫着下田去了。可是，鸭子在水里游去游来，它把脖子伸得长长的，笨头笨嘴，也没抓住在禾苗上的害虫，只好服输回去了。有个道士知道鸡、鸭揭榜后都败兴而去，暗自高兴。他觉得自己道法高超，这小小的害虫根本就不是他的对手，于是他也去揭了榜。道士穿着道服，在田边地角指指点点，念经发咒。可是接连搞了几天几夜，田地里的害虫还是那样猖狂，气得灰溜溜地走了。红榜贴出以后，三次揭榜都未成功，眼看一年的收成又要被害虫吞没，仫（仡）佬人个个心急如焚，愁眉苦脸。正在这时，仫（仡）

六 月

佬山乡出现了一个意外的奇迹。

六月初二这天，一个叫甲娘的媳妇带着孩子回家看亲人。由于家里很穷，没有钱给父母买礼品，一路心烦意乱，闷闷不乐。她一边走一边想在路上拾点东西做礼物送给老人。可是快到娘家时，还是空着一双手。甲娘愁得没有力气再走了，便在田边坐下来歇息。身边的几个孩子见妈妈不走了，坐着无聊，只好互相打打闹闹，大的把小的逗哭了。妈妈气得火冒三丈，把他们骂了一通。老大见母亲生气了，看到路边里的禾苗上有许多虫子在爬来爬去，便提议几个小兄弟去抓虫玩。几个弟兄都觉得这个办法可以，便一齐出动下地抓虫。大家抓呀抓呀，没有多久时间，就抓了几包害虫。甲娘见了非常高兴，决定把这几包虫作为回娘家的礼物。甲娘回到家里，她把几包虫洗得干干净净，又亲自动手炒了几个菜。当全家围坐吃饭时，大家都觉得这几个菜味道特别好吃。就这样，仫（仡）佬山寨又出了一个新的菜谱。消息很快传到四面八方，人们纷纷来找甲娘取经学习。接着，村村寨寨的男女老少蜂拥到田地里抓虫吃。由于仫（仡）佬山乡全民都来除虫灭害，害虫大为减少了，粮食获得了丰收。寨老们言而有信，按悬下的红榜规定，赏给甲娘三头肥猪。甲娘坚决不肯接受，将猪杀了分给乡亲们一起吃，共享灭虫消灾、粮食丰收的喜悦。为了纪念这个很有重要意义的日子，每年六月初二这天，仫（仡）佬人都要下田地捉虫吃。天长日久，便形成一年一度的吃虫节。后来，甲娘死了，乡亲们为了永远不忘她的功劳，在仫（仡）佬山乡的田垌中间专门立庙，称为吃虫庙，以示永久的纪念。

节日这天，仫（仡）佬村寨的男女老少走出家门，排成长队，在田间转悠，一边捉虫，一边将洒有鸡血的小旗插在田边，以示象征对虫害的驱除。然后聚集到吃虫庙唱歌跳舞。出嫁的姑娘都要回娘家过节，学着当年甲娘那样一路走一路捉虫。节日的餐桌上，油炸蝗虫、腌酸蚂蚱、甜炒蝶蛹、蚜米泥鳅等都是必备的菜肴。当全家围坐饭桌时，家长叫一声"吃"，全家便一齐动筷，高高兴兴地品尝这别有风味的节日菜肴。

云南兰坪傈僳族浴牛节

浴牛节是云南兰坪县岩头乡傈僳族的传统节日，每年农历六月初五举行。

传说在远古时代，牛本来生活在天宫，过着仙境的日子。有一天牛低头朝人间一看，发现大地上的傈僳人都在忙着采苦涩的野果吃，便产生同情之心。一年春天，牛背着上帝，将天上的五谷种子撒向大地。秋后五谷丰登，人人吃上了可口的粮食，使傈僳族不再遭受饥饿之苦。上帝闻讯，大发雷霆，将牛贬到人间生活。傈僳人不忘牛的救苦之恩，将其留在家里精心侍候。牛见人间劳动十分辛苦，便主动帮助人们拉犁耕地，使人间的日子越过越好。上帝发觉，怀恨在心，降下冰、霜、虫来危害庄稼。为了确保粮食丰收，每年栽种后，牛都苦苦哀求上帝不要降下灾害。傈僳人牢记牛的功劳，每年春耕后的六月初五给牛沐浴洁身。天长日久，便演变为浴牛节。届时，人们给牛洗澡，家家煮一锅放盐的稀饭喂牛，并由家中最年长的老妇向牛祈祷，请它求上帝不要给人间再降灾害。祈祷时念着："牛啊远行，望你早去早回。今年的庄稼一颗下地，万粒归仓，无灾无害，粮食丰收。"

贵州布依族六月六

六月六是贵州布依族最普遍最隆重的传统节日之一。它的热闹程度仅次于过大年，有的地区称它为过小年或布依年。

过节时，人们杀猪、宰鸡、包粽子，有的还杀牛祭祖。然后成年男子聚会寨中，举杯宴饮；妇女们背着粽子，提着鸡仔，走亲会友；男女青年们则穿着节日的盛装，手拿洞箫、二胡，成群结队地从四面八方来到约定的地点，举行对歌、赶表（又称玩表，是布依族男女青年找对象、谈恋爱的一种社交活动）等活动。

关于这个节日的由来，随地区不同有多种传说。

一说祭盘古，主要流行于镇宁、关岭一带。传说盘古是布依族的始祖，曾发明了水稻和种植技术。他在青年时代，有一天去井里打水，看见一条长得特别好看的鱼，回到家里，仍然念念不忘这条鱼。一天夜里，盘古突然听到敲门声，开门一看，原来是一个如花似玉的姑娘。那姑娘自称是海龙王的女儿，就是盘古在井里看见的那条鱼变的。他俩一见钟情，从此结为夫妻。

以后，他们恩恩爱爱，过着甜甜蜜蜜的日子。一年之后，他们生了一个儿子，取名新横。新横年幼时虽很聪明，但却调皮，不听大人的话。有一天，新横在河边抓回一条大鱼，准备煮来吃。母亲见了阻止他说："那条鱼是你的舅舅，你是它外甥，你是不能吃它的！"新横听了满不在乎地说："管它舅舅不舅舅，这么好的鱼还能放掉吗？"说完，他就把大鱼放在锅里煮了。母亲见儿子不听她的话，一气之下就返回龙宫，一去不返。盘古无法，只好再次结婚，后又生了个儿子取名新顺。父亲盘古于农历六月初六逝世后，由新横代替父亲耕种。尽管新横运用在父亲那里学到的耕种技术，辛勤劳动，但却经常遭到继母的百般虐待，想置他于死地，企图独占家产。在忍无可忍的情况下，新横决定毁掉自己种的庄稼，割断继母的生路，并上天控告继母对他的迫害。继母受到控告并知道新横打算后，为了生存，向新横乞求，表示只要他不毁坏庄稼，今后绝不对他另眼相看，要把他当亲生儿子一样对待，还许诺在每年盘古逝世这天，杀猪宰羊、包粽子供祭祖宗。新横见继母已回心转意，为了能使水稻栽植技术继承下去，答应了继母的要求。从此，布依族群众每年农历六月初六，举行祭盘古、供祖宗的活动。

二说祭天王，主要流行于独山、平塘一带。传说远古时代，布依族居住的板古寨，有个名叫六六的青年。有一天他在井里打水时捉到一条鱼，将它带回家中养起。晚上，六六梦见月神婆婆到处寻找失落的女儿月亮公主。第二天上午，六六种地回家，看到灶房有个漂亮的姑娘正在做饭。六六十分惊讶，向她打听来由。那姑娘说："我就是你昨晚梦见那月神婆婆找的月亮公主。"原来，她是天上月神的第六个女儿。前些时候，她到龙宫看望外公龙王，回家途中路过人间，看见六六勤劳憨厚，深深地爱上了他。这次相会，他们结为终身伴侣。婚后一年，月亮公主生了个儿子取名天王。天王特别聪明，三天会说话，七天会走路，十天会放牛。不久，国王听说月亮公主国色天香，美貌非凡，派将士将她抢去做第九个妻子。六六劳动回家，看见儿子在放声大哭，说母亲已被国王抢走。六六吩咐儿子在家等着，一定要去找回他的妈妈。六六冲出门，逢人便问妻子的去向。后来，河边一位白发老人告诉他：刚才几个武士推着一个女人过河时，那女人捧一口河水喝下，喷出一道彩虹飞上天了。六六寻妻从此未归。后来，天王学会了耕种，他辛勤耕耘，庄稼长得特别好。板古地方的土官然苏是国王的狗腿子，看见天王那茂盛的庄稼十分眼红，妄图占为己有。一天，趁天王在井里打水时，然苏派人用铁锅把他压进井底。没几天，土官听说天王在外翁塘洗澡，派人将他抓来绑在虎狼湾大石头上，打算晚上让狼把他吃掉。过几天，土官又听说天王在落雨寨给乡亲们薅秧，又派人将他抓走绑在大杉树上。天王怒斥差役不该伤害穷人。差役听天王言之有理，就将他放了。分手时，天王对差役说："恶人太狠毒，我将上天去叫蝗虫来吃他们的庄稼，咬他们的衣裳。"并吩咐差役转告好人：在自己的田里插白旗做记号，蝗虫见到了有白旗的田地就不吃；把衣裳晒在院坝蛀虫见了不咬。说完天王腾空而去，这天正是农历六月初六。后来，在天王升天的地方出现一块巨石，人们认为这是天王的化身，叫它"天王石"。天王上天后，把人间的遭遇禀告了管理雨水的母亲月亮公主。月亮公主听了十分气愤，在每年的六月庄稼快成熟时，不是给人间降水灾，就是降旱灾，而且还向人间放出蝗虫和其他害虫。人们看到这个情景，想起天王的话，在农历六月初六这天杀猪宰鸡，到天王石那里去祭祀，祈求风调雨顺、五谷丰登；在田里插起小白旗，避免蝗虫袭击；在院坝里晒衣服，预防蛀虫；男女青年们则到河边去唱起优美的情歌，寻找像月亮公主那样的姑娘。这就是有些布依族称六月六为"歌节"的原因。贵州贵定、安顺一带布依族过六月六节时，用猪血、鸡血染成小红旗，插在田里防止天马（蝗虫）危害庄稼。传说天马是由一个生前害怕打旗官人的坏女人的骨灰变的。在田里插上小红旗，天马以为是当官的来了，可以把它们吓走。

六 月

三说纪念青竹翁和阿天阿地。传说，古时候，独山县布依族居住区的云堆坡上，有个非常凶狠的拱标精，它以人畜为食物。每年农历六月初六它生日这天，都要人们用猪羊去供它，人们稍有怠慢，它就下山吃人吞畜，破坏庄稼。凤凰山上有个叫户竹生的猎户，因看见拱标精偷牛吃，一箭射伤了它的后腿，从此拱标精怀恨在心。后来，户竹生在出去劳动的途中，被拱标精偷袭咬成重伤，不治而死。户竹生死后，拱标精一心想霸占他的妻子。一天晚上，拱标精去抢户竹生的妻子，青竹仙翁见了对他一阵毒打，放它走了。户竹生有两个儿子，大的叫阿天，小的叫阿地。他俩勤劳勇敢，力大无比。这年的六月六，轮到该他们供奉拱标精了。由于这两年年年遭灾，他们拿不出牛羊去供奉。拱标精见人们对它的生日没有表示，大发雷霆，命令山上的所有野兽全部出动，下山抓人畜吃，糟蹋庄稼。阿天阿地看到乡亲们正在遭受劫难，痛心疾首，发动寨人与拱标精拼搏了三天三夜。但野兽太多，人畜被它们吃掉不少。阿天阿地见剩下的人难以制服拱标精，为了保住活着的乡亲，便祷告天地保佑。青竹仙翁被他们的一片善心感动，将自己炼制的一对专门斩杀妖魔鬼怪的青杠竹叶剑赠送。阿天阿地得到宝剑斗志更加昂扬，齐向拱标精的颈部狠狠砍去。拱标精受了重伤，鲜血淋漓，差点丢了性命。但拱标精一向狡猾，为了免遭一死，它趴在地上假装求饶，阿天阿地也就没杀它了。拱标精回山没多久，听说阿天阿地被封为管天地的官，一气之下，伤口迸裂死了。拱标精临死时，发誓死后要变成蝗虫吃掉庄稼，让人们没有粮食吃而饿死。第二年的庄稼快成熟时，铺天盖地的蝗虫扑向田地，把田里的庄稼都快吃完了。阿天阿地见了，恸哭不止。青竹仙翁托梦用白纸做"秧标"，在拱标精生日的农历六月初六，将它插在田中，蝗虫看见以为是青杠竹叶剑，就逃走了。第二年的这时，阿天阿地通告各家各户制作"秧标"插在田里，果然蝗虫没敢出来吃庄稼了。这个习俗一直沿袭至今。

四说是纪念胜利。传说清朝同治九年（公元1870年）六月初，兴义大土豪刘四对安龙的布依族人民实行残酷屠杀，安龙、兴义的布依人同心协力，和敌人进行英勇的斗争，于六月初六取得战斗胜利。后来，这一带的布依族群众将此日定为庆祝胜利的纪念日。

六月六来由的传说，大多具有浓厚的迷信色彩。但多数传说却具有扶正除邪、保护劳动人民的利益和争取自由的强烈愿望，它是有着积极意义的。中华人民共和国成立后，随着布依族群众觉悟的提高，节日的内容和形式都有了许多革新，人们利用过节的机会，集中开展健康的文体活动，进行物质和文化交流，对增强民族团结，促进"两个文明"的建设起到了较好的推动作用。

广西武鸣壮族祭田节

祭田节是广西壮族自治区武鸣一带壮族的传统节日，每年农历六月初六举行。

届时，各家各户到自家的田边杀鸡、插小白旗、烧钱化纸祭田，祈求神灵灭虫消灾，保佑稻禾苗壮成长，日后获得丰收。有的于此日用稻草扎一草人插在田边，驱赶虫鸟，以保护庄稼不受虫鸟伤害。妇女有于这天晒衣物的习俗，传说这天晒过的衣物不易发霉生虫。

湖南城步苗族禾蔸节

禾蔸节是湖南城步苗族自治县苗族的节日，每年农历六月初六举行。节日源于纪念五谷大神。传说古代有一年因人们没有吃的，个个饿得命在旦夕。五谷大神为拯救人类，将自己的乳汁挤出施舍，滴滴乳汁变成粒粒白米。后来乳汁没有了，挤出血来，又变成粒粒红米。当什么都挤不出来时，五谷大神便昏倒死去。人们为感激五谷大神的深恩，于每年农历六月初六禾苗抽穗时，赶来田边为五谷大神挂青，以示怀念。代代相沿，形成节日。

节日这天，各家杀鸭祭祀五谷大神，并戴斗笠到田边挂青设酒祭奠。这天，人们打酒煮肉，互相宴请，欢度节日。

贵州盘县彝族祭青苗土地

祭青苗土地是贵州盘县各地彝族群众的一种传统习俗，每年农历六月初六举行，相传已有约四百年的历史。

这天，家家户户用一个熟鸡蛋和一碗饭做供品，到自家田地边举行祭祀青苗土地的活动。届时，先沿地界环祭一周，然后将祭品摆在田地的进口处，拔几根草置于蛋、饭之上，再焚香点蜡，烧钱化纸，面对田地静默祈祷田地里庄稼茂盛，秋后粮食丰收。

贵州榕江侗族洗牛节

洗牛节是贵州榕江县车江寨侗族群众的节日，每年农历六月初六举行。传说远古的时候，天上玉皇见凡间人尽管终年劳动还是不得温饱，便对牛魔王说："你到凡间去劝民众：'玉皇赐你们三天才吃一顿饭，肚子还会饱。'"牛魔王匆匆忙忙跑下凡间对民众说："玉皇赐你们一天要吃三顿饭，肚子还不饱。"说完又急着赶回天上去了。结果造成人间的民众总是忍饥挨饿。

牛魔王回到天上，玉皇问他把话传给民众没有。这时牛魔王仔细一想，才知道把玉皇的话给传错了。

牛魔王对错传神旨给民众造成的痛苦十分伤心，便请求玉皇贬它下凡给百姓做苦力赎罪。玉皇左思右想，终于答应了牛魔王的要求，让它六月初六下凡赎罪。

牛魔王到了凡间，积极为人民拉犁耕地，使人间的田土得以深耕细作，禾苗长得茎粗叶茂。每年收割时家家粮食满仓，日子过得越来越好。后来，牛魔王还在人间培育了许多耕牛，让它们不断地繁衍，为民众造福。

为了纪念牛魔王的功绩，也为了感激耕牛对人类的贡献，人们决定将牛魔王下凡的六月初六定为"洗牛节"。

节日这天，家家杀鸡宰鸭，从鸡鸭身上扯下几根翅毛插在牛圈旁，表示为牛洗尘，祝牛庆吉平安；将牛牵到河边溪旁，认真给它洗掉身上的污泥，让它身体康健，永远为人民造福。

贵州独山水族洗澡节

洗澡节是贵州独山县玉水镇温泉村一带水族人民的节日，每年农历六月初六举行。

节日源于祭祀活动。传说羊场温泉的水，有消除百病之功，人们称之为"神水"。

关于洗澡节的由来，当地民间流传着这样的故事：传说很久以前，有个白发苍苍的老阿婆丢失了一根金簪。因为这是她传家的宝贝，老阿婆对此十分伤心。当时有个叫勤哥的小伙子对老阿婆很同情，便历尽千辛万苦，帮助阿婆找回了丢失的金簪。老阿婆非常感动，决定将自己漂亮的女儿许配给勤哥。那时，这个地方正流行一种叫干疙瘩的疥疮病，又常干旱缺水，勤哥担心将来拖累姑娘，便婉言谢绝了阿婆的美意。阿婆为了感谢勤哥，便将金簪送给他，并与他交代了几句之后就消失了。勤哥遵照老阿婆的嘱托，用金簪在岩石上划了几下，突然，热气腾腾的泉水便从岩石中冒了出来，形成了温泉。小伙子用金簪在干裂的土地上划了几下，一条条流着水的小河就出现在水寨的坝子里，然后河水又迅速向都柳江流去，流水的小河就是现在的亮洞河。有了水洗澡，这一带的干疙瘩病也治好了。有了水的浇灌，这一带变得山清水秀，庄稼也年年丰收。后来，为了纪念阿婆和勤哥的功绩，人们每年农历六月初六到温泉洗澡、对歌，形成节日定俗。

洗澡节的主要活动是：舀神水、洗澡、唱歌。为了舀神水，六月初六还未天亮，人们都抢先赶往温泉。路远的，六月初五吃完晚饭，就要打着火把提前赶路。节日这天，人们都要盛装打扮：妇女们穿着镶边的衣服和绣花的鞋子，身上佩戴着银制的梳子（或木梳）、项圈、手镯、耳环，拴着花围腰；男子头包大帕，身穿手工花格布对襟衣，提着装有糯米饭、红糖、香烛纸钱和三个酒杯等物品的篮子，背着舀神水和装有酒的两个葫芦。最先赶至温泉的人家，要在井边摆糯米饭和水酒做供品，燃香祭祀，并向井里丢硬币，然后在井里舀一碗水，全家人一人喝一口，再舀水灌满带来的葫芦。此后，按户排队舀水。待太阳当顶时，开始进行洗澡和唱歌活动。洗澡时男女分开，以井上岩头挂物为标记：如挂的是花围腰表示女的在洗，男子不得上前；要是挂着包头帕意味着男子在洗，女的应止步不前。洗毕回家时，带小孩的妇女，习惯在路边采一把茅草挽成"龙头脑壳"，插在背在背上的孩子臂部下，再撑伞遮着小孩，以示将龙怪擒住和避邪。唱歌和洗澡基本上是同时进行，唱歌以对歌为主，先是以寨为单位男女对歌。经过对歌接触已有了初步感情基础的未婚男女，再由他人牵线转到偏僻的地方悄悄对歌，竭力避免第三者听到。如双方情投意合，便约定下次唱歌的时间地点。再经过以后的交往，进一步加深感情后，第二年洗澡节又在温泉相会。此后，如双方愿结百年之好，男方便托人将红布包的一块红糖和一对银手镯送给女方父母求婚，要是女方父母收了礼物，就算正式订婚。然后选择吉日，由男方寨子的男女青年于深夜打着火把将姑娘接过门，但男家不办酒席，女方不给陪嫁。待新娘有了小孩，男方才办酒席，女方才陪嫁东西。

现在，随着少数民族地区人民物质文化生活水平的提高，水族洗澡节的规模日益扩大。特别是羊场公路通车后，温泉成了独山、三都、荔波三县各族人民的游览胜地，每年赶来度洗澡节的人数达三四千之多，唱歌几天才散。

瑶 族 尝 新 节

尝新节瑶族多在农历六月初六举行。

节日这天，各家以早熟的稻谷、玉米等做成饭食，首先喂狗，然后全家进餐尝新。

传说瑶族祖先在迁徙中渡海时，猛烈的台风突然袭来，将人们乘坐的船打翻，经过顽强的拼搏最后终于靠了岸，可是船上带的粮食却全部落入海中。正当人们两手空空为将来的生活发愁时，有人在狗尾巴上找到了几粒谷子，人们以它作为种子撒在田里，几经培植，成了瑶家人的主要粮食。每当新谷收获时，人们总要回忆狗的恩德。

贵州从江县瑶族群众称尝新节为瓜节。这一带传说瑶族祖先原在山区过着游牧生活，后虽然定居下来，但因生产能力很低，日子仍然过得十分艰难。经老人们商议，决定六月初六才能吃早熟的瓜豆、玉米、稻谷等新谷物，任何家庭不得违反。天长日久，便形成瓜节的习俗。节日这天，家家杀鸡宰鸭，用五谷、六瓜、七果祭祀祖先，并设置酒菜和新熟的米饭、瓜果招待亲友，饮酒唱歌，祝贺五谷丰登。男女青年于这天串门对歌，尽情欢乐。

贵州苗族香炉山爬坡节

香炉山位于黔东南的凯里城西十千米，那里山清水秀，景色宜人，有"黔南第一山"之称。每年农历六月十九日，凯里、黄平、麻江、丹寨、雷山、台江等市县的苗族和部分兄弟民族约万人，云集香炉山欢度节日。届时，歌山人海，热闹非凡。

相传古时候，天没有柱撑，要塌下来。苗族的祖先宝公、雄公、且公和当公打柱掌天。现在这座海拔一千多米的香炉山，是撑天柱的第四根。有一年夏天，玉帝的小女儿阿别因羡慕人间男女青年的恋爱，常在夜里偷偷下凡飞到香炉山，准备找机会参加马郎坡男女青年的游戏活动。因她没有凡间的草鞋，只能在山顶上用歌声和山下的青年对歌。有天晚上，正在山下游方的青年忽然听到山上传来十分委婉动听的歌声，就朝着歌声找去。可是跑到半山坡却不见人影，一连几天夜里都是如此。原来，阿别怕拆散前来找她的男女情侣，待他们要找到她时，就飞回天宫去了。

第四天晚上，阿别像往常一样又飞到山上，当她的歌声刚一唱出，就听到有个男青年同她对歌，阿别仔细一瞧，对歌的是一位英俊的后生。那后生名叫阿补，因家里十分贫困，没有姑娘同他相爱。他俩一见钟情，决定每晚到山上来幽会。不久，他俩相爱的事传到箐口寨一个老财那里。老财要阿补把阿别交出来，还规定阿补不准再上香炉山，如果做不到这两条，就得给老财一个金碗。阿补不忍失去阿别，对老财又无可奈何，决定去砍柴卖钱买金碗。他把这事告诉了阿别，阿别听了说："你别着急，会有人来帮助你的。"第二天阿补砍柴下山时，迎面走来一位白发老人。阿补礼貌地叫了一声"公公"，并问他到哪儿去。白发老人说："住在山那边小石窟的那个长发老人病了，我想找人帮他砍些柴，挑几担水。"阿补听了便说："公公，让我去帮那个生病的老人吧！"说完便把柴挑到长发老人家，又把水缸挑满水，并给老人熬药喂药，细心地照料他。老人的身体渐渐好了，他十分感激地对阿补说："孩子，你心肠真好，我穷得没有什么来答谢你，我是个烧碗的，送你一个泥碗吧。"说完便把一个泥碗递给阿补。

阿补告别老人，见天还早，决定再去砍些柴。当他把泥碗放在地上准备砍柴时，忽见泥碗发出耀眼的光芒，一闪一闪的，一眨眼便变成了一个金碗。阿补高兴极了，赶紧把金碗给老财送去。老财得了金碗，忙问这个金碗的来由。阿补想早点脱身，只好把金碗的来龙去脉如实讲了。次日，贪得无厌的老财挑着柴去石窟找长发老人，老财一见老人便说："我帮你挑柴担水，你送我一个泥碗吧。"老人指着屋角里一堆碗说："那里碗多得很，你随便拿吧。"老财听了大喜，赶紧拿出一个口袋，拼命地往里塞泥碗。当口袋装满了，老财使尽全身的力气才把口袋背起来，可是他累得汗流浃背也无法迈出门槛，最后终因体力不支被泥碗压倒在地。这时石窟的大门突然咚的一声关闭了，一直关到现在，相传今天香炉山东侧的白色石门就是当年被关掉的那扇石窟门。门外还有一块磨盘，把门顶住，据说是怕那个贪得无厌的老财逃出来。老财死了，从此，阿补和阿别每天晚上都在山坡上幽会。

不久，阿别怀孕了。后来，她生下了一个女孩，他们给她取名叫阿彩。一天夜里，阿别因给阿彩喂奶没有按时返回天宫。直到鸡鸣头遍，阿别听到鸡鸣一惊，立即将阿彩交给阿补，向天宫飞去。由于心慌，阿别起飞时双脚离地动作太猛，把九层巨石垒成的香炉山蹬垮了六层，截断了山顶，所以现在香炉山只有三层了。因为香炉山没有了山顶，阿别再也无法下凡和阿补相会。小阿彩饿了没奶吃，不停地啼哭，阿补急得抱着她在山坡上走着。忽然看到香炉山头燃起了一盏灯，便抱着阿彩朝灯光爬去。他爬到一块大方石下，看见一个白发老人和一个长发老人正在灯下下棋。阿补亲切地叫了两声公公。两位老人抬头一看，原来是那个好心肠的后生，便问阿补为何到此。阿补把在香炉山上发生的事情告诉两位老人。两位老人说："你同阿别结婚，违犯了天规，阿别又蹬倒了香炉山，玉帝收不到人间的香火，正在天宫大发雷霆呢！看来你们就要大祸临头了。"阿补听了忙向两位老人求救："两位好心的公公，帮我想法救救阿彩吧！她没有奶吃会饿死的。只要能救阿彩，我愿变成香炉，让人间烧香敬奉玉帝。"老人听了很感动，便告诉阿补：在他身后一百步的地方，有一个奶妈，因她犯了天规，正在那儿受罚，你把阿彩抱到那儿去吃奶吧，但千万别同奶妈说话。阿补谢了两位老人，背着阿彩走了一百步，果然看见一妇人，那妇人面目不清，半截身子埋在土里，两个乳头正在滴流乳汁。阿补忙把阿彩抱去吸吮妇人的乳汁。待阿彩吃饱，妇人便不见了。但只要阿彩一哭，妇人便会出来让阿彩吃奶，直到阿彩能吃饭时，那奶妈就变成了一座石像。传说那奶妈就是阿别，是玉帝罚她在那儿受刑的。下棋的老人怕阿补看见亲人受刑难过，故意用雾盖住她的面目。这座石像至今存在，人们称之为"奶井"。

阿彩长到十六岁时，已经是一个聪明伶俐的姑娘了。一天，两位老人突然出现在他们面前，对阿补说："现在阿彩已长大成人，你许下的诺言也该兑现了，快去变成香炉供人间烧香。"说完便消失了。接着阿补把阿彩的身世全部告诉了女儿。阿彩听后十分难过，她希望自己能替父亲受罚，但此时阿补已变成了一座大青石香炉。阿彩含着泪采了一把蒿杆点燃插在香炉里，她看见父亲在腾腾的香烟里正乘着烟云升向天空，和驾着白云而来的一个仙女相会了。那仙女正是阿别。看到父母亲相会，阿彩高兴得热泪盈眶，手舞足蹈。等她一阵狂欢之后再看天空时，父母亲的身影都没有了，气得她在香炉边发呆。阿彩为了减轻自己在山上的孤独之苦，便在山顶上放声歌唱，通过歌声和山下的青年联系，诉说衷情。青年们听到悠扬的歌声，急忙向山上奔跑，都想看看山顶上唱歌的姑娘。当他们跑到半坡时，因为有三层峭壁的阻隔，无法和姑娘相会。大家便搬来石条砌成梯子，直砌到阿彩的脚下。苗家青年阿星最先攀上高峰，与阿彩喜结良缘。后面上山的青年纷纷围在他俩的身边，吹芦笙，载歌载舞，表示祝贺。这一天是农历六月十九日。后来，青年们为了纪念阿别、阿补这对情人，也为了自己能找到满意的情侣，便在每年六月十九日这天，来香炉山唱歌跳舞。久而久之，便形成了爬坡节的习俗。

贵州布依族查白歌节

查白歌节是贵州黔西南布依族人民的传统节日。

查白歌节在距兴义市二十千米的顶效镇查白场举行。这里群峰环绕，山势雄伟，秀水长流，景色宜人。农历六月二十一日，兴义市及附近的兴仁、安龙、贞丰、普安等县的布依族和部分兄弟民族，还有云南、广西边界的各族歌手都来这里赶歌会。人数多达三四万。人们把这个活动称为"赶查白"。歌会宣布开始时，唢呐、长号同奏，锣鼓喧天，鞭炮齐鸣。接着是狮子舞、月琴歌舞、口弦独奏、木叶对唱、八音小唱等节目表演。此后，便是各路歌手进行比赛，以问后答不出为输。与此同时，自由对歌、赶表的青年则纷纷赶到山坡、树下、田边地角自由活动。晚上，歌手或青年们继续对歌赶表，这个活动要持续两三天。节日期间，未婚男女青年借机寻觅情侣，一旦情投意合，便互赠信物定下终身。

相传查白歌节是为了纪念布依族青年查郎和白妹的忠贞爱情而兴起的。传说明朝洪武年间，兴义黄草坝以南（现查白场一带）的地方，是虎狼成群的深山老林。有只头上有个"王"字的猛虎特别凶猛，经常出来伤害人畜。有一年，这只猛虎仅在十来天里，就吃掉附近的牧畜十多头，使得这一带的群众提心吊胆，但又没有办法。有个叫查郎的猎户的儿子，是打猎的能手，他决心除掉这个祸根。他和十多个兄弟，带着猎具，牵着猎狗，到深山里老虎出没的地方架起捕虎工具，等待猛虎出来。他们一连守了七天七夜，都没有发现老虎的踪影。后来，他们决定分散行动。查郎按分工到莲花山一带找虎。当天，白樵夫的独生女儿白妹上山砍柴，也来到莲花山口。她正准备去松林坡砍柴时，突然听到一声虎叫。白妹抬头一看，一只有九尺长的猛虎气势汹汹，正张着血盆大口向她扑来，吓得她一阵惊叫。就在这紧要关头，查郎一箭向猛虎射去，弩箭插进猛虎的前肋，鲜血顺着箭杆滴答直淌。猛虎痛得大叫。过了一会，猛虎振起精神抬头张望，发现了向它射箭的查郎，立即转身向查郎扑来。查郎急中生智，又向猛虎射了一箭。猛虎再次中箭，见势不妙，转身跑到三丈多高的石岩下的虎场坪。查郎乘胜追击，纵身跳下去，双腿像铁钳一样夹在虎背上，两脚紧紧卡住猛虎的脖子，双手对着虎头不停地猛打，直至这只畜牲断气为止。查郎打死猛虎的地方就是现在的查白场。查郎除掉一大祸害的消息，很快传遍远近数十里的四方八寨，人们川流不息地赶来向查郎祝贺。好心的查郎杀了一头牛和虎肉炖在一起请乡亲们吃，让乡亲们共同分享胜利的喜悦。为了怀念查郎，今天赶查白歌节的人还有吃牛肉汤锅的习俗。

白妹被查郎搭救之后，吓得胆战心惊，上气不接下气地跑回家。待她镇静下来回想，判定这个救命恩人就是曾同她对过歌的查郎。白妹曾听说查郎这人面貌英俊，勤劳朴实，早就对他有好感。今天亲眼看到他不顾个人安危，勇除猛虎救自己，便在心里产生了对查郎爱慕之情。六月初五这天，白妹在莲花山脚下的河边洗衣时，听到查郎吹木叶向她求爱，白妹也用木叶回表自己的衷情。接着，他们通过对歌，正式定下终身。不久，恶霸李山官乱施淫威，要娶白妹做他的第九个妻子，白妹执意不从。六月二十一日，李山官派人到白妹家抢亲，她被迫跑到莲花坡躲起来。查郎听到这个消息，找到白妹，共商对策，做出提前结婚的决定。第二天，查郎正式当了白家的上门女婿。李山官知道后派人抢走白妹，又将查郎送入牢房。当夜，查郎乘夜深人静逃出牢房，从李家后院翻入，救出白妹。李山官闻讯，派家丁追捕。为了掩护亲人逃走，查郎与家丁在路上殊死搏斗，终因寡不敌众，昏倒被擒。李山官对查郎恨之入骨，将他押往虎场坪处死。因查郎是青龙下凡，连砍百刀不死。后经李山官大半年的查访，摸清了制伏查郎的秘密。一天，他命令刽子手用铁锤在查郎身上钉了许多铁钉，终将这个无辜的青年害死在虎场坪上。刚生小孩不久的白妹听到这个消息，跑到莲花坡连哭七天七夜。第七天晚上半夜三更时，她潜入李山官家，点起复仇的烈火，为查郎报了深仇大恨。当熊熊大火即将烧完李家大院，眼看家丁即将抓到自己时，白妹纵身跳进火海。这时，莲花蓬莱岛上的碧云歌仙目睹白妹的正义行动，十分感动，她立即腾云驾雾，赶到莲花坡上，一手指向快成灰烬的李家大院。忽然，从火海中飞出一对白鹤，腾空飞翔，冲向云天。接着，歌仙又向布依族山寨洒下甘露，甘露迅速变成清清的泉水，流往千村万寨。从此，布依族村寨山清水秀，庄稼茂盛，五谷丰登。喝了清泉水的布依人，个个成了好歌手。

后来，人们为了纪念查郎和白妹，将虎场坪改名为查白场，规定六月二十一日为场期。每年赶场这天，男女青年穿着节日的盛装会集到这里，吹木叶，弹月琴，唱山歌，颂扬查郎和白妹坚贞的爱情。

祭 马 王 节

祭马王节是旧时汉族的传统节日，每年农历六月二十三日举行。

传说此日是马王爷生日。据清朝富察敦崇的《燕京岁时记》云："马王者房星也，凡营伍中及蓄养车马人家均于六月二十三日祭之。"这天，凡养马之家都要在马厩前摆酒肉，燃点香烛祭祀，祈求马王爷保佑马匹平安、膘肥体壮。

彝 族 火 把 节

居住西南各地的彝族人民普遍都有过火把节的习俗，随居住地区节日起源的不同，活动内容有所差异。

四川凉山的布拖、普格、宁南等县彝族火把节在每年农历六月二十三日至二十五日前后，由村寨长者择定吉日举行，一般为期三天。现经当地政府与彝族群众协商，统一固定在公历7月20日至23日。火把节第一天，各彝族村寨凑钱买牛，天快黑之前用木棒或斧头将其击毙，称为打牛。人们点起火把，围牛喊叫；然后，在竹笛、月琴的伴奏下载歌载舞。节日期间，家家杀牲以酒肉祭祀祖先，并将牛肉砍成坨坨煮食，称为吃"坨坨肉"。第二、三天是节日活动的高潮，男女老少穿着节日的盛装，会集于大街或村旁宽敞的坝上，开展各种具有民族特色的活动，男子主要是斗牛、斗羊、摔跤、跑马和弹月琴；妇女主要是唱歌、弹口弦、跳冬格格舞；未婚男女青年常利用过节的机会谈情说爱。夜间开展打火把活动。布拖坝子对此特别讲究，一般要连续三个晚上。他们用细箭竹扎成长长火把，前两天在自家房前屋后游转，到了第三天晚上，以村寨为单位，人们点着火把绕着山堡和田间游转。这时，遍布山野的火光形成许多火龙、火圈、火环的图案，光彩夺目，十分壮观。火把游行完毕，人们再集中于宽阔的大坝，举行篝火晚会，直至天明。普格县过节时，男女青年不论晴天雨夜，人人都要打一把黄伞；他们通过伞相亲、传情。次日早晨，青年们纷纷回家。部分老人则将火把的灰渣扫拢，带着酒肉送至偏僻的山野，火把节至此结束。

居住贵州各地的彝族都有过火把节的习俗，节日时间一般在农历六月二十四日，纳雍则在农历六月初六。节日期间，人们穿着民族服装，参加赛歌、斗牛、摔跤等活动。晚上，以村寨为单位，人们高举火把绕着山堡和田间游转。这时，满山遍野的火光形成许多火龙、火圈、火环的图案，光彩夺目，十分壮观。火把游行完毕，再集中于宽阔的平地，举行篝火晚会，唱歌、跳舞、弹月琴、喝咂酒，尽情欢乐，以纪念彝族祖先战胜自然灾害的英雄业绩。纳雍一些地方的彝家，此日有晒衣被的习俗，又称"晒龙袍"；树上的花椒也要在此日摘完，否则花椒树要被麻死。

云南彝族的许多居住区过火把节时，常于村口广场竖起巨大的火把宝塔。过节时间多为三天。节日习俗各地不尽相同。圭山彝族撒尼人在农历六月二十四日过火把节。过节时要杀牛宰羊，举行斗牛、摔跤等活动。传说打火把是为了纪念祖先与天王斗争的胜利。弥勒县西山区的彝族阿细人在农历六月二十四、二十五日过火把节。第一天举行摔跤比赛；第二天晚上，由男青年高举火把，从村寨东头出游，女青年则高举火把从村寨南头出游，两支队伍游至公房（村里供男女青年娱乐的场所）门前会合后，男女火龙同时在广场表演，一会儿成对，一会儿并列，你进我出，好似火龙在翻腾。这时老人则点起火把在屋内绕动，传说这是除灾驱魔。居住云南的彝族撒梅人，在农历六月二十日过火把节，称为过"小年"。晚上，男女青年成群结队高举火把绕村串寨，绕山串田；一些人则等候路旁将松香撒往过路人的火炬上，使束束火焰腾空而起。老人们点起火把在自家的灶房、卧室、猪圈、牛厩游转。

关于彝族火把节各地传说很多，下面介绍几个流行较广的说法。

（1）传说远古时候，连续下了许多天的倾盆大雨，河水暴涨，大地被淹没，房屋倒塌了，庄稼也都被涝死了。后来，洪水退下，大地成了一个荒滩。彝家人为了生存，只好振作精神，开荒造田，重新建设家园。田地开发出来了，可是粮食、蔬菜的种子都被洪水冲走了，没有种子怎么能种庄稼呢？人们愁眉不展，无计可施。这时，彝家有个叫直括阿鲁的老人自告奋勇，决定去远方寻找种子。直括阿鲁走呀走，他翻了九十九座高山，过了九十九道深谷，看到到处都是废墟一片，怎么也找不到种子。可直括阿鲁并不灰心气馁，他暗自下定决心，不找到种子誓不回家见乡亲。他又继续跋山涉水，走了许多地方，脚掌被磨破了，人也累瘦了，最后来到仙国。他找到仙国的国王策耿祖，向他哭诉洪水泛滥后的民间困苦，要求给些种子。策耿祖听了，对民间的疾苦十分同情，给了直括阿鲁两个葫芦，一个装粮种，一个装树种，并叮嘱他回乡之后，将树种撒在山坡上，粮种撒在平地里。直括阿鲁讨得了种子欣喜若狂，归心似箭，巴不得马上就回到家乡。在回家的途中，山高路陡，又加上一路饥寒交加，身体虚弱，直括阿鲁昏倒在山坡上，装树种的葫芦被路边的石头磕出了一个孔。他醒来行走时，树种顺着葫芦孔掉在沿途的路上，生长成许多树。

直括阿鲁离开彝寨一走就是好多天，亲人们深知老人年迈体衰，担心他经受不了这千辛万苦，便去寻找老人。人们找呀找，白天找不到，晚上打着火把继续找。一天，他们看见远方原本光秃秃的山坡，现在长了许多树，觉得十分诧异，便朝着树林走去。终于在六月二十四日夜里，乡亲们发现了躺在山坡上睡着了的直括阿鲁。大家看见他面黄肌瘦，疲惫不堪，个个都泪流满面。老人听到闹声醒来，一看是乡亲们来了，喜不自胜，滔滔不绝地把找到种子的经过告诉大家。乡亲们知道老人已经找到了种子，觉得生活有了希望，个个乐不可支，拍手称快。大家高举火把，围着直括阿鲁唱歌、跳舞，庆祝彝家有了庄稼的种子，祝贺为了他们寻找种子的直括阿鲁老人的胜利归来。第二年，人们把种子撒在地里，庄稼生长起来了，秧苗茁壮，当年获得丰收，彝家人又过上了好日子。后来，彝家人便把六月二十四日定为火把节，以纪念为人们找来种子的直括阿鲁。

（2）传说古时候，天王安天古兹命令一个叫斯热阿比的凶神到人间收租催税，为非作歹，激起彝族人民的公愤。人们推举阿提拉巴为领袖，奋起和凶神作战。经过几天几夜英勇的战斗，凶神战败被杀。天王听到这个消息，大发雷霆，放出天虫到地上吃庄稼（又说系凶神尸体腐烂长的虫），企图把人们饿死。一时间天虫铺天盖地，把彝家的庄稼吃得所剩无几。在这紧急关头，彝家男女老少高举火把，绕山串田，大烧天虫，经过三天三夜的努力，终于烧死天虫，保住了庄稼。次年这时，庄稼地又飞来许多天虫，彝家人仍举火把焚烧。一年接一年，便形成了火把节。

（3）唐朝开元年间，云南六诏割据。最强的南诏王阁逻凤为了并吞其余五诏，请五王于松明楼赴宴。五诏之一邓睒诏王妃慈善夫人劝说丈夫不去赴宴，以免中计。邓恐引起阁逻凤不满，未能听夫人的劝说。慈善夫人估计此举凶多吉少，将一只铁钏套在丈夫臂上，让他去了。果然阁逻凤趁五王酒醉，放火将他们焚死于松明楼。众王妃看见被烧得焦黑难辨的尸体痛泣不止，唯独慈善夫人根据铁钏找到丈夫遗体。阁逻凤见慈善夫人年轻美貌，妄图霸占为妾。慈善夫人忠贞不屈，率兵抵抗。终因寡不敌众，奋战身亡。彝族人民打着火把，以示迎接慈善夫人归来。

（4）汉武帝元封年间，有个彝族酋长曼阿娜被汉将郭世忠害死，还想霸占他的妻子阿南。阿南提出三个条件："一做幕以祭故夫；一焚故衣，易我衣；一令国人皆知我以礼嫁。"郭世忠依其条件，于农历六月二十五日，张松幕，聚国人，阿南祭夫完毕，焚故衣，俟火炽，跳进火里自焚。后人为了纪念阿南，于每年此日燃举火把。

（5）彝族撒尼人传说远古时代，人们靠吃野果、穿树叶度日。天上有个阿育神背着天王将五谷种撒在地上，从此人间丰衣足食。天王对此不满，派大力神毁坏庄稼。大力神下界，为了显示淫威，把一头头大牯牛扭翻在地，然后又提出与人决斗，否则毁坏所有庄稼。英雄朵阿惹姿挺身而出，在圭山与天神较量，人们在山头上吹短笛、弹三弦，为朵阿惹姿助威。经过三天三夜的拼命扭摔，终于斗败天神。天王听说人们斗败大力神，到处欢歌起舞，气得将案前的香灰撒向人间。顿时，香灰立即变成各种嚼食庄稼的害虫，人们就点燃火把烧灭害虫。以后每年这个时候举行斗牛、摔跤、打火把活动，形成节日。

（6）彝族阿细人传说古时候，有个叫逎逎的奴隶主，为了强迫奴隶修建纪念塔，对奴隶乱打、乱关、乱杀，逼得人们走投无路。英雄阿真带领奴隶将饿羊头角捆上火把，于天黑时放出，奴隶们举着火把在后吆赶，冲向逎家。官兵目睹遍野的火光，便乱砍乱射，大批饿羊倒地而死。逎逎见此十分心痛，命令官兵停止砍射。阿真趁机带领奴隶跟着羊群冲进逎家，放火烧死逎逎，救出大批被关的奴隶。以后年年纪念这个日子，即形成火把节。

（7）彝族撒梅人传说，古时候居住在云南滇池周围的祖先，在撒梅王领导下，辛勤劳动，过着幸福的生活。一年，有个强大的部落来侵犯这个地区，撒梅王率众打败了侵略者。后来，这个部落又多次派兵侵犯，最后撒梅人终因人少力弱被战败，撒梅王于六月二十日遇害。从此，撒梅人各自奔走，逃向四方，被称为"散民"。撒梅人为了怀念自己的祖先，每年在撒梅王牺牲的日子，举行火把节寻找撒梅王的精灵。

朝鲜族老人节

朝鲜族人民历来就有尊老敬老的传统。为了继承和发扬这个良好的社会风尚，让老年人幸福地安度晚年，居住在我国东北的朝鲜族人民每年都要隆重举行老人节。节日时间各居住区不统一，黑龙江每年农历六月二十四日，吉林延边地区在农历八月十五日。

老人节活动一般以村为单位举办。节日这天，村里将举行隆重的庆祝活动。儿媳妇要亲自给婆婆梳头，穿新衣，戴大红花，簇拥到举行节日活动的场所，接受全村人的祝福。届时，所在地领导将出席敬老集会，向老人表示节日的祝贺和慰问，并表彰敬老尊老的好媳妇及其他好人好事。此外，青少年还将表演形式多样的文体节目，让老人享受节日的欢乐。老人们这天特别高兴，他们也常亲自登场，为向他们贺节的人们表演节目。

贵州开阳苗族求雨节

求雨节是贵州开阳县高寨苗族支系小花苗的祭祀节日，农历六月二十四日举行。

传说一千多年前，贵州还处在诸侯国统治的时候。一年，黔东南和开阳地区都遭大旱，庄稼都要快干死了，农民们对此忧心忡忡。诸侯国的皇后听到这个消息，出巡视察各地庄稼的干旱情况。说也奇怪，皇后途经这些地方时，皇后走到哪里，大雨就跟着皇后一路下了起来。雨水挽救了快要干死了的庄稼，这年秋收时，苗族老百姓的粮食还获得了大丰收。这一带老百姓也因此将皇后视为菩萨，决定将六月二十四日定为求雨节，纪念皇后的恩德。

节日这天上午，村寨的妇女和小孩穿着节日的盛装，带着自家的面盆到指定的附近河边，将面盆清洗得干干净净，等待求雨仪式的举行。邻近中午时，在阵阵的鞭炮和芦笙声中，人们抬着一尊菩萨像游走村寨，妇女们则端着盛水的面盆跟在后面向四面八方洒水，以示祈求上天的甘露像盆中的水一样滋润苗寨的土地。最后人们将菩萨像抬到附近河畔。然后在神像前摆设供品，焚香点烛，由两位德高望重的老人带领大家举行祈雨仪式。祭毕，参加节日活动的人们站在河边，互相泼水，以示求上天降雨，确保五谷丰收。

云南白族火把节

白族火把节又名星回节。节期一般在农历六月二十五日，个别地方有朝前或推后的。怒江白族是在八日到二十日之间任选日子过节，多数选择猪日，连续三天。

关于节日起源的传说很多。一说纪念阿南。汉武帝元封年间（公元前110—前103年），汉朝将领郭世忠率兵进入大理，杀了当地的酋长曼阿南，后又要强娶酋长之妻阿南。阿南提出要祭亡夫、焚故夫衣、向国人通报正式迎娶等三个条件。郭世忠同意了这三个条件。接亲那天，阿南焚夫衣，拜祭毕，抽刀自尽，扑火身亡。这天正是六月二十五日。白族人为纪念阿南，每年这天都点火把悼念。

二说纪念白洁。唐朝开元年间，云南六诏割据。最强的南诏王皮逻阁（又说阁逻凤）为了吞并其余五诏，利用新修的松明楼落成祭祖之机，邀请其余五诏来松明楼赴宴。五诏之一邓赕王临行前，其爱妻白洁夫人疑心南诏王暗藏奸谋，劝丈夫不去赴宴，以免中计。邓恐引起皮逻阁不满，未听夫人劝告。白洁夫人预计此去凶多吉少，将一只铁钏戴在丈夫手腕上让其去了。果然不出所料，皮逻阁趁五王酒醉，放火将他们烧死在松明楼。众王妃看见被烧得焦黑难辨的尸体痛哭不已，白洁根据铁钏找到了丈夫遗体。南诏王见白洁如此美丽聪明，妄图霸占为妾。白洁知道难以硬抗，假意提出三个条件：①南诏王设灵堂祭奠邓赕王和死难者；②邓赕王的灵柩发还故乡安葬；③"五七"满日，南诏王备办花船从洱海水道亲自迎娶。皮逻阁同意白洁提出的条件。白洁扶着丈夫灵柩回到邓赕诏后，立即动员全诏将士备战御敌。南诏王闻讯，率兵前来攻打。因弱不胜众，战斗失利，白洁被俘。皮逻阁乘船押解白洁返回蒙舍城途中，当船到达洱海湖心时，白洁见皮逻阁已半晕半醉，趁机取出暗藏的剪刀，直刺他的脑门，可惜未能刺中要害，白洁夫人随即跳入洱海。人们为了纪念白洁夫人，每年六月二十五日举行火把节。

三说迎接诸葛武侯。传说诸葛武侯南征时，于六月二十五日俘擒孟获，当晚率军进城，老百姓燃薪设宴，以示庆祝。

　　四说纪念大黑天神。传说玉帝看见苍洱地区山清山秀，人民丰衣足食，十分嫉妒，于六月二十五日命大黑天神下凡，放火烧毁苍洱人民的家园。天神不忍毁掉人们的劳动成果，叫大家点燃火把蒙混玉帝眼睛，从而保住了家园。从此，白族人民于每年纪念大黑天神，祈求消灾免难。

　　白族火把节期间，家家门前竖一个火把。每个村口还要竖一个高一二十米的大火把，中间用青松做干，外扎竹片、松明、麦秆等物，顶端一般要装一面旗子，中间插着写有"一年清吉""风调雨顺""五谷丰登""六畜兴旺"等的小纸旗，有的还在下面缀以各种鲜花、灯具，十分壮观。中午，人们带上小火把、纸钱、香烛、供品祭扫祖宗坟墓。傍晚，有的人骑在马上绕火把跑三圈，然后向远方奔驰，还有一些人挨家逐户欣赏各家门前的火把，看谁家的最好。晚上，人们会集村口大火把旁，由老人领头向大火把叩拜。这时，有新生婴儿的小媳妇喜欢背着婴儿在火把下转三圈，以示除邪得福。接着小伙子攀上火把，从顶部点燃火把，忽然烈焰腾空，光芒四射，把村口照得通明。当旗下串联三个升斗的竹竿烧断时，人们争先恐后地去抢凌空坠下的升斗。人们视抢得者有福，将簇拥着他回家受贺，他为感谢人们的盛情，将用烟、茶、酒热情招待。接着，村寨举行耍火把活动。男女青少年，个个手持一束小火把，到田间地头串游，犹如千万条火龙在满山遍野奔驰。人们常从挎包里抓一些松香撒向火把，以示消除虫害，保佑丰收。最后，人们把火把底部堆成一堆堆篝火，然后从上面来回跨两三遍。青少年们还要比赛跳高、跳远，尽情欢乐。剑川一带白族过火把节时，刚生下婴儿的家庭要请乡亲们在明亮的火把下喝喜酒，以祝母子平安。怒江白族过火把节时，各家在自家的阳台上点着用松明子扎成的火把，男女老少在院坝里唱歌跳舞，祈求农业丰收。

贵州侗族林王节

　　农历的六月辰日或巳日，是贵州锦屏、黎平等县侗族群众的传统节日林王节。节日来源于对古代侗族农民起义领袖的纪念。

六　月

明朝的时候，黎平有个叫林让的侗族农民。明洪武十一年（公元1378年），他参加了黎平勉王吴勉领导的农民起义。起义失败后遭官府的残酷镇压。林让被迫从黎平洪州一带顺着古州的朗洞，经青山界过八受河，逃到当时叫婆洞的地方定居下来。那时，这个地方杂草丛生，还没有人居住。逃难的侗家到这一带之后，因林让他们那儿开辟得最早，附近的侗族群众就称他们为"寨母"，并成了这里的地名。

林让的儿子林宽，是父亲去世后才出生的，因家庭生活困难，从小就被迫给地主干活。他心地善良，热心为群众办事。有一年林宽在山上给地主放牛时，想到许多侗族乡亲饥寒交迫，十分同情，便杀了一头牛分给大家吃。为了避免少了一头牛遭到地主的处罚，他便想了一个办法，将牛尾巴插进岩缝，叫一个人在岩洞里把牛尾狠狠拉住。待他回去报信找来地主老财时，又装模作样地扯牛尾巴，把牛尾都扯断了牛都没有被拉出来，地主老财见了无可奈何，也就算了。当时婆洞高凸路旁的岩洞里，有一股清甜的泉水流不出来，过路人想喝水也没有办法。林宽知道了，便跪在那里用牙一口一口地啃出一道口子，又使尽全身的力气将岩石搬开，泉水就顺着小沟流出来了，从而解决了过路人的饮水问题。林宽当年在泉边石头上留下的膝盖印和手指印至今还在哩。寨母后龙山有两个被一条深谷隔着的山坡，乡亲们从这边山坡到那边山坡干活，要从坡下绕道走很久。林宽看到这个状况，发动几个伙伴搬来石条，从中架起一座石桥，使人们的交流来往十分方便。后来林宽的母亲听人说过桥的人在桥上都觉得头昏眼花，老人家担心过桥的人掉下去。林宽听了母亲的话，将石桥敲断了，如今停放在坡上的石条，传说就是当年被林宽敲断的桥梁。因林宽乐于为群众做好事，深受乡亲们的爱戴。

林宽长大成人后，正遇到统治者对人民实行残酷压迫，许多外乡的侗家人为了生存，纷纷逃难到婆洞，使这一带侗族群众的生活更加艰难。为了抗拒暴力统治，婆洞和黎平的上洞、油洞、赖洞和榕江的朗洞等四十八个侗寨的寨老云集寨母商议起义事宜。会上，林宽被推选为王。林王当选之后，四处发动群众参加起义队伍，组织各寨打刀造箭，习武练兵。明洪武三十年（公元1397年）三月，林王在古州上婆洞（今属锦屏县）发动了有十八万人参加的农民起义。由于林王身先士卒，指挥有方，起义军勇敢杀敌，很快攻下龙里所城。接着又乘胜前进，一路打败了许多官兵。先后攻占了新化所、平茶所、黎平所和武岗州，杀了武岗王，一时声势大振。明王朝闻讯，马上派齐亮任总兵率军赶来镇压。齐亮领导的官兵屡战不利，被起义军打败。后来明太祖朱元璋派遣儿子楚王朱桢和湘王朱柏统兵三十余万镇压。林王带领起义军沉着应战，攻打楚王。传说他对着楚王的营房连放三箭，三箭正中楚王座椅。楚王鸡鸣五更要就位，林王的母亲把时间记错了，刚三更时就叫醒了林王，由于箭射早了，未能把楚王射死。后来，林王被三十万官兵重重包围，起义军粮草断绝，各路突围均未成功。林王对此气得七窍生烟，怒将自己的宝剑插在身边的岩板上。传说这支剑至今还插在湖南省绥宁县寨市的江边岩板上。起义军寡不敌众，最后被官兵战败，两万一千五百名起义群众惨遭杀害，林王也被官兵俘获杀死。传说林王多谋善断，武艺惊人，十分勇敢，他被敌人砍头后，立即抱回家请母亲将头安在颈上，又继续率众与敌人战斗。他的头被砍掉三次，前两次都由母亲安上复活，最后一次因失败才倒地牺牲。林王被官兵杀害后，明王朝听说婆洞的风水好，害怕当地群众再度起义来造反，派郑子龙率兵挖了后龙山的龙脉和林家祖坟。现在寨母后龙山上有横竖交叉的深沟，相传就是郑子龙当年派人挖的。官家的企图并未得逞，当地群众发扬林王精神，不断举行反抗统治阶级压迫的农民起义。林王起义失败后的第十六年，即明永乐十一年（公元1413年）婆洞、耦洞等地暴发了农民起义。明正统十四年（公元1449年），黎平勾猛、绞桥暴发了有三十万人参加的农民起义，惩办了当时的州官，为老百姓除了一祸根。后来，这一带的侗族群众为了纪念林王的功绩，特地过了林王节。林王出生的寨母每年农历六月辰日举行；寨楼、塘烂、归宿、便幌、魁洞、流洞、扣引、果垢、西洋店等侗寨在第二天的巳日举行。开始是这一带的林姓才过节，后来其他姓氏的侗家也跟着过，林王节成为这一带侗家最隆重的传统节日之一。

　　过节时，寨母要杀猪宰羊，捕鱼，包粽粑，磨豆腐，邀请附近侗寨的亲友来家做客。亲友到寨母时，要到古枫树前祭拜（传说林王因当年用栽枫树比赛方式获胜被推举为王）。传说当年林王率兵出征时，将士常带近三尺长的大粽粑做干粮，故各家在午饭前，也要带着大碗般粗、长似手臂的大粽粑连同酒肉至侗寨的大枫树下举行祭祀林王的仪式。各家的午宴十分丰盛，席间饮酒唱歌，主唱客和，欢声笑语，互相祝福。饭后，人们围着古枫树唱《林王歌》，歌颂林王的功绩，然后由侗寨德高望重的老人给青年一代讲故事，叙述林王的传说和事迹。活动通宵达旦，气氛非常热烈。节日活动结束时，主人家要给客人送一串粽粑。第二天其他寨过节时，寨母的亲友也将被邀做客。节日活动的方式也与寨母相似。

傣族泼水节

　　泼水节是傣族的年节，傣语称为"多桑刊"，是傣族一年中最隆重的传统节日。时间在傣历六七月，具体时间根据傣历推算。节期三至四天。

　　第一天是送旧，傣语称为"麦日"。男女老幼沐浴更衣，到坡上采摘山花和树枝做花房，并将花房和供品送到佛寺，再用沙子堆垒约一米高的三至五座宝塔，给佛像泼水洗尘。然后人们坐于沙塔周围，祈求新年风调雨顺、五谷丰登、人畜兴旺。第二天，傣语称为"恼日（空日）"，人们穿着节日的盛装，先到佛寺浴佛。然后人人带着水桶或水盆来到街头，互相泼水，预祝新年吉祥、幸福和健康。泼水是吉祥的象征，人们非常重视。它有文泼和武泼之分：文泼的对象是长辈，泼水者舀一勺水拉开对方的衣服，一边祝福，一边倒水使之沿着脊梁流下；武泼的形式多样，人们互相追逐，迎头盖脸地猛泼。人们认为被泼的水越多，受到的祝福越大，人们也因此越高兴。节日最后一天，是迎接日子之王的到来，称为新年元旦。元旦的具体时间，在傣历六月六日和七月六日之间推移，大致相当于公历的 4 月 15 或 16 日。节期中间的时间是新旧年之间的空白，傣语称为"腕脑"。

泼水节期间，常要举行许多文体活动，主要项目有：

放高升（自制土火箭）。以村寨为单位用竹竿搭一座有两层楼房高的高升架。届时，每一架上由两个青年点燃，高升喷出白烟，随着"嗖嗖"响声冲向天空。顿时，场上群众热烈为自己村寨的高升喝彩。人们认为，哪个村寨的高升飞得越高哪个村寨就越光彩、越吉祥。比赛夺魁者将受到奖赏。

丢花包。花包由姑娘用花布制成，内装棉纸或棉籽。四角和包中央缀五条花穗装饰。它是爱情的信物。丢花包游戏由未婚青年男女参加，一般在村寨草地上的丢包场举行。开始时，男女以三四十步之距分别列一长队，男女之间无目标地乱丢乱抛花包。如果男青年没有接住花包，便向丢包的女青年的发髻上插一束鲜花；要是女青年没有接住花包，则由姑娘将一束鲜花戴在小伙子胸前。经过一阵欢快的游戏，两相中意的男女便直接互丢花包。当姑娘故意将花包抛至很远，对方无法接住或假装接不住时，小伙子便心甘情愿地向姑娘认输，并送一份礼物；如果姑娘害羞地收下礼品，则表示姻缘业已告成。

此外，尚有龙舟竞渡、跳象脚鼓舞和孔雀舞等内容。

泼水节的由来，在傣族民间有个神话故事。传说很久以前，统治傣族地区的火魔，乱施淫威，致使民间没有风雨，庄稼不能生长，人民生活十分痛苦。火魔从民间姑娘中抢去的七个妻子，她们目睹火魔残酷狠毒，对民间的疾苦非常同情，决心为人民除掉祸根。因火魔练有法术，七个姑娘没法将它杀死。后来她们佯装挑逗它高兴，施巧计探得根除火魔的秘密。一天，她们设丰盛酒宴，陪劝火魔饮酒。聪明勇敢的七姑娘乘火魔大醉熟睡之机，从他头上拔下一根头发，火速地勒住它的脖子。果然，火魔头颅立即掉在地上，滚到哪里便烧到哪里。随着火势不断扩大，眼看即将燃至附近的房屋，大姑娘急中生智，迅速将魔头抱起，地上的熊熊大火马上熄灭，火魔也随之消失。为了使人民不再遭受火魔的迫害，七个姑娘轮流抱住魔头，并用轮换的空隙用水冲洗身上的污秽，一直到火魔的脑袋化成尘土为止。后来，人们为了纪念傣家七个姑娘的英勇精神，于每年消灭火魔的日子，互相泼水祝福。

事实上，泼水节源于印度。泼水曾是婆罗门教的一种宗教仪式，后来被佛教采用。这种仪式约在 12 世纪末至 13 世纪初，经缅甸传入云南傣族地区。随着上座部佛教在傣族地区影响的扩大，泼水的习俗在民间广泛流行，并与当地的神话融合，形成隆重的固定节日。

1961 年 4 月，周恩来总理陪同缅甸领导人穿着傣族服装，来到云南西双版纳傣族自治州州府景洪，同各族人民欢度泼水节，在泼水节的历史上写下了光辉的一页。

如今，节日中的许多陈规陋习已经废止，增加了健康的内容。通常是第一天开庆祝大会，各族军民共贺佳节；第二天举行欢快的泼水仪式；第三天参加物资交流活动。

侗 族 吃 新 节

侗族吃新节是侗族比较普遍、比较隆重的传统节日。

侗族吃新节各侗区称呼不一，时间也不统一。有的称"打半"（即半年），意思是一年中的上半年过去了，一年的庄稼也种了一半，过节庆贺一番，所以把节日定在农历下半年第一天的七月初一。有的称尝新，有的称新米节。贵州榕江县往里、乐里一带侗区的吃新节分两次过：由于人们在紧张繁忙的打田栽秧劳作中十分辛苦，便在栽秧结束后休息娱乐一天，在农历的六月初四或初五过第一次吃新节；稻谷开始黄了，丰收在望，人们为了预祝丰收，在农历七月初四或初五过第二次吃新节。贵州天柱、锦屏、三穗等县侗区过吃新节的时间，有的在小暑后的第一个卯日，有的在农历七月的寅日或卯日。过节前，家族中的妇女从长房开始，集体到河边清洗竹筒、水桶、粽粑叶及干蕨菜；用刚从井里打来的"新水"泡糯米，包粽粑，蒸甜酒。贵州从江等县侗区过吃新节的时间，有的在农历六月十二日，有的在农历七月初二、初四、初七、十四日中的某一天，也有在农历八月初一的。

侗家吃新节的起源，与怀念祖先有关。

传说，侗家的祖先原来住在广西梧州、浔江一带，生活非常艰苦，严重地影响侗家的发展。为了生存，侗家祖先被迫背井离乡，扶老携幼，沿着都柳江逆水而上，一路忍饥受冻，终于来到黔、桂、湘交界一带定居下来。他们开荒造田，劈草为地，种植水稻、蔬菜、瓜果。虽然创业十分艰辛，但后来还是过上了好日子。后世为了表示对祖先的怀念和感激之情，兴起过吃新节的习俗。

另有贵州黎平等县侗区传说，他们的祖先原住在天府洞，当时有三弟兄，大公称公老，二公称公宜，幺公称公安。后来子孙发达，人口越来越多，原来的田地不够种了，房屋也住不下，给人们的生活带来很大的困难。三弟兄忧心忡忡，经过考虑，决定分家各自谋生，开创新的家业。大公年长，迁徙困难较多，二公、幺公兄弟俩坚持留老哥住原地生活。二公带领子孙到六洞（今黎平水口一带）。幺公带领子孙迁往四十八寨（今黎平尚重一带）。临行前，三兄弟商议，为了纪念祖宗，为了不让子孙忘记先人，以后要在每一年的同一天过吃新节。在讨论哪天为过节时间时，幺公说："过节不过六月六，尝新要等新禾熟，这一天最好。"大公耳朵不好，声音听不清楚，隐约听见"六月六"这几个字，便把自己的过节时间定为六月六日。现在六月初六过节的侗家，传说就是当年大公的后代。

云南丽江纳西族请哦美节

请哦美节是云南丽江地区纳西族人民的传统节日，又称祭谷魂，每年农历七月初二开始，节期两天。

节日的起源当地民间有这样一个传说：古时候，这里的纳西族人粮食生产十分容易，人们只要把种子播种在田里，不必除草、施肥，庄稼就会长得很好。农作物成熟后不用主人收获，它会自动地来到主人家里。因此人们过着舒适的生活。一年，有一户人家的谷子成熟回家叫门时，由于这家女主人姆美咪正在聚精会神地试穿刚缝制的新衣，对谷子叫门没有在意，就信口说了一声：谷仓还满着，谷子没有地方装哩。谷子听了非常生气，扬长而去，再也没有来了。从此，田里再也不生长谷子，人们断了粮食，日子渐渐过得困苦起来。姆美咪看见乡亲们因为自己的问题忍饥挨饿，十分伤心，决定要把谷种找回来。姆美咪四处奔走，一路不停地呼喊，哀求谷神回家，把嗓子都喊哑了。姆美咪的行动终于感动了谷神，给了她谷种。她带着谷种一边走一边叫着谷魂回家。姆美咪到家后，因劳累过度，不久就去世了。临终前，姆美咪给乡亲们讲述了谷神教她种粮食的方法，并叮嘱粮食收获时一定要做好迎谷神、祭谷魂的活动。

纳西族人民不忘姆美咪的临终遗嘱，他们每到收获粮食前，都要烧香上供，到田间取回谷穗，唱着"哦美来"（即姆美咪）的调子回家，把哦美请来。时间久了，便形成了固定的祭谷魂的节日。

粮食收获后，家家在堂屋举行祭祀谷神和姆美咪的仪式，人们先将晒场上的粮食堆成龙的样子，并在堂屋摆设供品，然后请老人将最大的谷穗和主要劳动工具供上。接着由主祭人手持青竹杖，唱着赞颂谷神和"哦美"的调子，在场的人便边唱边舞。粮食入仓时，要从龙头开始，以示粮食像一条长龙，游进粮仓，让人们丰衣足食。

有的地区的祭祀活动由守苗人主持。届时，人们先去田里挖些土块，并在土块上插上小竹、黄栗树、里香树和写有东巴文（纳西族的古老文字）的小木牌，然后请东巴（巫师）念经，祈求谷神免除灾害，保佑农业丰收。祭毕，将土块放在稻田四角或山上。

乞　巧　节

乞巧就是乞求智能灵巧。它最早是秦人的风俗，后传至中原，直至全国。传说天上的织女在民间时，曾热情给妇女们传授精巧的锦织技术，所以到了农历七月初七，各地妇女都趁着织女与牛郎相会时，设供祭祀，向她乞巧。人们把七月初七这一天称为乞巧节，又因这个节日的主要活动者为女性，故又有女儿节、少女节之称。

古代对乞巧节的活动很讲究，节日这天，人们张灯结彩，搭乞巧楼，妇女们尤其年轻女子要身穿新衣，认真地梳妆打扮。七夕之夜，首先是"张锦绣，陈饮食，树瓜果，焚香于庭"，其次是参加人望月檐斗，依次列拜，祭祀牛女二星。祭毕，正式乞巧。乞巧的内容和形式各地有所不同：有的用七根针，五彩线望月穿针，谁穿得快，就表示谁得的巧多；有的于门前院坝安置桌子，桌上放一盛水的盆子，水里浸着瓜果，由乞巧人手拿一面镜子，谁把月光（或灯光）从镜子里映到水盆的瓜果上，谁就算得到了巧；有的捉一喜子（即一种蜘蛛），放在首饰盒子里，第二天早晨，观其结网之疏密或圆正，作为得巧多少的衡量依据；有的在七月初七中午，将事前准备好的豌豆芽（称"巧芽"）摘下，投入水盆里，再将水盆放在太阳光下照影子，如果谁的巧芽影形像针、剪、花、鸟、鱼、虫者，就象征着谁会变得心灵手巧，如果巧芽影形无花样者，就是"乞得拙"了。

乞巧节的形成来源于牛郎织女的传说。

传说织女是天庭玉皇大帝的女儿，又说是王母娘娘的外孙女。她心灵手巧，是一个织布的能手。

牛郎是一个父母早逝的农家儿子，同哥嫂一起生活时，经常受到他们的虐待。后来哥嫂叫他自立门户时，分给他一头老牛。老牛是天上的金牛星变的。有一天老牛突然同牛郎说起话来，说仙女要到银河洗澡，叫牛郎趁仙女洗澡的机会，把一个仙女的衣裳拿走，仙女就可以成为他的妻子。

一天仙女果然来到银河，卸下轻罗衣裳入河洗澡。突然牛郎从芦苇中出来，在岸上一堆仙女卸下的衣裳中取走其中的一套。仙女们看了吓得立即上岸穿上衣服就飞跑了。唯独一个叫织女的仙女因没有找到自己的衣服害羞地站在那里张望。这时，牛郎及时捧着衣服向织女走去，勇敢地向她求婚。织女对这位鲁莽而诚实的青年产生了爱慕之情，答应了牛郎的请求。

牛郎织女成婚后，男耕女织，相亲相爱，过着十分幸福的日子。三年后，他们生了一个男孩和一个女孩。后来，老牛年迈临终时向他们吩咐："等我死后把我的皮剥掉留下，当你们遇到危难时把它披在身上，可以帮助你们渡过难关。"老牛死后，牛郎织女忍痛剥下牛皮，将尸骨埋在山坡上。

织女与牛郎的婚事被玉帝和王母娘娘知道后，他们命令天神将织女抓回天庭惩罚。一天牛郎劳动回家时，看见两个孩子在放声大哭，织女也不在家里，知道是织女出事了。突然，他想起老牛的遗言，立即将牛皮披在身上，用箩筐挑着两个孩子去搭救织女。当他迈出大门，便轻飘飘地飞到被天神搬上天空的银河岸边，对岸的织女正朝着他们遥遥相望。孩子看了亲热地连声叫喊着妈妈，牛郎也心中大喜。这时，王母娘娘看到情况不好，立即拔下头上的金簪向银河一划，清浅的银河立即出现万顷波涛，成为天河。牛郎再也飞不过去了。从此，他们被隔在两岸，可望而不可即。牛郎织女分别变成了后来用他们的名字命名的两个星座；旁边的一组扁担星，为牛郎的扁担和两个孩子化成。

日久天长，玉帝和王母娘娘也拗不过牛郎织女之间的真挚感情，答应他们每年农历七月初七由喜鹊搭桥相会一次。后来传说，每逢这天，人们很少见到喜鹊，它们都飞到天河给牛郎织女搭桥去了。又有人说，这晚夜深人静的时候，在静静的葡萄架下，还可以听到牛郎织女亲热的说话声。

牛郎织女的故事，在周代的《诗经 小雅 大东》中已有"跂彼织女""睆彼牵牛"的句子，说明当时在民间已开始了传说。到了汉代，给牛郎织女注入了爱情的内容后，七夕风俗初步形成。不过当时的七夕活动是在朝廷和官宦之家开始的，那时的节日活动是曝衣、穿七孔针。到了魏晋南北朝时期，随着牛郎织女爱情神话故事的进一步完善和广泛的传播，七夕节便逐步成为民间普遍都过的节日。活动的内容也日益丰富，在原来曝衣、穿七孔针的基础上，又增加了晒书、用瓜果祭祀织女牛郎的内容，使乞巧风俗进一步形成。在历史的进程中，后来，又在乞巧节中增加了乞富、乞寿、乞子等内容。据说妇女们要诚恳地连乞三年才有效应，而且只能乞求一个愿望，不能既乞富又乞寿，更不能几个愿望都乞，否则徒劳无益，不会得到应有效应。

七夕这天，有的地区还有吃巧食的习俗。巧食的形式很多，各地习惯有异。有的用糯米粉拌和猪肉丁加糖，烙成长条甜饼，形似手指或舌头，有一指长的叫单巧，两指长并合两块在一起的叫双巧。比较讲究的还在饼上印以壮元、魁星等人物花纹。如制成后放在油里煎过粘以芝麻的饼条称为麻巧。节日期间，有的糕点铺还制巧食出售，在酥糖上压印长条形的织女身形，头尾染以彩色，十分精致，称为巧人或巧酥。有的长辈常于此日买去赠送晚辈，称为送巧。

苗族吃新节

吃新节又称尝新节，是贵州、湘西、桂北和四川古蔺、叙永等地苗族人民预祝丰收的节日。因各地谷物成熟有早有晚，节日时间不尽相同，一般都在稻谷收割前由各家择日举行。贵州操黔东苗语的苗族选择农历七月十三日后的卯日过节，称吃卯节。

传说从前，苗家居住区不知道种粮食，人们只能靠摘野果和狩猎为生。后来，苗家有个叫阿告劳的人听说雷公的谷子国有谷子，便带了许多珍宝向雷公换了谷种。回来时，阿告劳将谷种放进仓库，准备来年播种。可惜刚要过年时，因仓库失火把谷种全部烧了。快到播种的季节，阿告劳又去找雷公换谷种，可是雷公坚决不肯，使苗家失去了这年种谷子的机会。谷子成熟时，阿告劳叫狗去谷子国，让它在谷田里打几滚把谷子粘在毛上后带回来。狗在返回苗区的途中，雷公知道阿告劳的动机，一气之下把狗打进了天河，狗灵机应变，把粘有谷种的尾巴翘得高高的，始终没有让河水把谷种冲走。七月十三日这天正是卯日，狗到苗家寨时，虽然身上的谷种都没有了，但尾巴上却留着九粒珍贵的谷种。阿告劳见了喜笑颜开，精心地将谷种保存好，第二年将谷种种在田里，长出了金黄色的谷子。谷子收割之后，阿告劳将谷子分成三份：一份留着做种，一份去壳煮白饭，一份酿成米酒。吃新米饭的时候，阿告劳兴高采烈，先让狗喝酒吃白米饭，以感谢它给苗家带来的幸福。后来，人们将狗从谷子国带回谷种到苗寨的那天定为吃新节。吃新时让狗先吃也成了节日的定俗。

还有一些地方传说，吃新节是因纪念雄当。古代苗家有个叫雄当的青年，他万里跋涉，历经千难万险，从南海的金银岛采了一筐野谷禾，带回栽在苗寨。从此，这里的稻谷变得根深叶茂，谷穗饱满粒多，年年获得丰收。消息传至九万大山的野猪精耳里，它于稻谷即将成熟之时赶来破坏。雄当见此情形怒发冲冠，奋力与之搏斗。当乡亲们闻讯赶来时，他已英勇牺牲。雄当为了造福苗家，不畏千辛万苦、不惜宝贵生命的精神，深受人们的崇敬。为了纪念他，苗族群众于每年稻谷快收割时，采摘谷穗舂成新米，用之做饭，摆设酒菜祭祀雄当，祭祀祖宗。然后，合家团圆，欢欢喜喜地吃一顿新米饭，预祝大季丰收。后来世代相传，形成节日。

过节这天，有的地方还将举行对歌、跳舞、赛马、拔河、斗鸟等文娱活动。贵州苗区过吃新节时，尚有芦笙开禁的习俗，按当地旧俗规定，每年从撒播稻谷开始至吃新节期间，禁止吹芦笙。传说此间吹了芦笙，会把丰收年景吹走。到了吃新节，人们把禁忌几月之久的芦笙拿出来尽情吹奏，大大增添节日的欢乐气氛。

贵州苗族谷花节

谷花节亦称花场节，是贵州中部苗族人民一年一度的盛大节日。位于织金县城南十七千米的珠藏镇的青山（又名凤凰山）顶上的大片草地，是节日活动的中心花场，称为青山花场。每年有来自织金、纳雍、大方、黔西、普定、清镇、安顺、六枝、水城等县的苗族和其他民族的群众约五万人参加。农历七月十三日后的羊日和第二天猴日在青山花场跳花；第三天鸡日转移到南面两千米的独山花场跳花。节期共三天。

节日起源有两说。一说明朝嘉靖年间，居住青山下名叫罗汪逞的苗族青年，娶一大方彝族姑娘为妻，婚后多年不育。后从大方接来花树，于七月十三日上青山跳花，次年果生一子。此日时逢羊日，从此即形成七月十三日后的羊日开始的花场节。另说清朝光绪年间的一年七月，时值稻谷正在抽穗，久旱不雨，眼看稻子就要枯死了。苗家父老忧心如焚，派数百人寻觅水源，一连三天都失望而归。苗家姑娘谷花只身爬上青山找水，接连三个昼夜，终于在一片岩壁处听到水流的声响。人们根据她提供的线索，经过七个昼夜的苦战，打穿岩壁，引出大股清泉。稻谷及时得水，很快由黄转青。苗家群众欣喜若狂，在青山草坪上跳场庆祝。因泉水流出之日，正是七月十三，人们为表示对谷花姑娘的感激，每年此日上山跳场，亲切地称作跳谷花，后来干脆把这个日子命名为谷花节。

节日这天，苗家男女老少从四面八方涌向青山花场。姑娘们梳着两条辫子，在辫梢上扎着彩线，盘在头顶，身上穿着刺绣或蜡染图案的衣裙，腰上系着一条方形的围腰袋，手上撑着一把花伞。成群结队的小伙子手拿芦笙、口琴、二胡、箫笛等乐器，奏着优美动听的乐曲，在姑娘的队伍中穿来穿去，故意引起她们对自己的注意。姑娘们看见英俊的后生，也常常吹口弦作答。通过这种活动，许多男女青年正式接上了头。在进一步接触的基础上，一些男女青年便相约到花场边缘的草坡上，细语交谈，轻声唱起情歌。时至晚上，许多在花场上结识的情侣，双双对对并肩坐着，窃窃私语，浅唱低吟，山盟海誓，直至天明。次日，青山花场继续跳花一天，没有相中的男女，继续物色对象。第三天在独山花场跳花，主要是那些在青山花场已相识相恋的男女聚会话别，约定下次相会的时间和地点，故又称此日为送客日。

七 月 半

　　农历七月十五，俗称七月半，又称中元节、兰盆节，民间又称鬼节。中元节是道教的节日。道教以上、中、下三元合称天、地、水三官。认为：天官赐福、地官赦罪、水官解厄。兰盆节即盂兰盆会，是佛教为追荐祖先而举行的仪式，即"救倒悬"的意思。《盂兰盆经》记载：释迦牟尼弟子目连出家修行，听佛师讲"回恩"时，突然想到了母亲。目连回家时，母亲已死，且因骂僧吃狗肉被打入地狱中受苦，已成为饿鬼。目连便以钵盛饭，供养母亲，岂料食未入口，就被一道火焰烧成木炭，目连以为母亲受罪最盛，犹如倒悬。目连无奈，请示佛祖，祈求佛祖超度解救。释迦牟尼命他在七月十五日，即众僧夏季安居终了之日，将世间美味及果品盛于盆中，供养十万僧侣，仰赖众僧功德，即可使之解脱。目连照办，果然救出其母倒悬之苦。佛陀还告诫，只要佛家弟子孝顺父母，每年七月十五日，施盆供僧，可解现世父母和前七世父母的苦难。南朝梁武帝时，众僧据此兴起盂兰盆会，超度亡魂。后世除设斋供僧外，还加拜忏、放焰等，相沿成俗。以后，民间逐步演变成追荐祖先而举行的祭祀性活动，称为鬼节。

民间传说七月初十（又说十三日）开始，阴司地府开始放鬼，各家去世人的鬼魂将回家与家人团聚，民间称为过七月半。民间有七月十一日接祖，十五日送祖的习俗。旧时，各家各户于此间，用白纸做袋，内装八开白纸若干张（象征纸钱），封口后在袋面上书写受收的祖宗称谓、名字，落款处为祭祀者的姓名等，称为"封袱子"（也有的于纸袋内装以锡箔折叠的银锭、元宝等）。十五日在家设酒菜饭，燃点香烛祭奠祖先，称为送祖。晚上至郊外焚化锡箔、袱子，据说阴间祖宗魂灵可收到冥钱。

又传说无嗣野鬼放出后，因无人祭祀，到处乱窜，会引起不吉利的事发生。于是民间便集资请和尚、道士诵经念咒，沿街设祭，在米筛或门板上摆设用蓝色碗盛的"檐下羹饭"，有鱼、肉、豆腐等十二碗，以祭无主孤魂野鬼。有的扎草船于夜间浮在江河上放置纸水灯随水漂流，直到全部烧尽。民间认为人为阳，鬼为阴；陆为阳，水为阴。鬼节张水灯是在给鬼魂引路，水灯熄了，表明鬼魂已被引过了奈何桥。也有的以门板做船，上设隔层祭盘，摆放水灯、羹饭，点香烛，焚化锡箔，超度无主孤魂或溺水野鬼。部分地区民间称此日为"鬼魂过年"，各地习俗大同小异。

贵州丹寨苗族吃灰节

吃灰节是贵州丹寨县岩英一带部分苗族群众的传统节日。时间从农历七月的第一个兔（卯）场天开始，节期三天。

这一带苗家传说，古时候他们的祖宗从江西南迁，历经千辛万苦，来到现在居住的地方。老祖宗披星戴月，开荒种地，逐步过上了温饱的日子。他们在幸福之中思念老家远祖和亲人，派代表去江西省亲和接请家谱。老家亲人看到南迁的代表归来，个个笑逐颜开，当他们知道贵州的亲人人丁旺盛、生活美好时，高兴地说："过去老祖宗代代勤劳，一代传一代。你们现艰苦创业，过上了好日子，实在来之不易。希望你们继续发扬先人的美德，让日子过得更好。"贵州代表离别时，江西的老人要他们转告南迁的亲人：七月是青黄不接的时候，是检验是否富裕的依据，为了给祖宗争气，

七　月

为了给后代造福，大家要奋发努力，把七月过得像过年过节一样。

代表们回到贵州，传达了老家亲人的愿望，经过群众的商议，决定每年七月烧米草吃灰，过吃灰节。于是这活动相沿成俗，形成传统节日。节日活动由姓莫的苗家主办，远近的外姓苗家也赶来参加祝贺。

吃灰节一共分为三天来过。节日的前七天开始做准备，由苗家的老人取出七把糯米草（以七象征七月），拿到干净的地方焚烧为灰，拌水过滤成灰水装入桶中，放进糯米浸泡一天一夜，将糯米取出蒸熟，然后装进坛子密封。七月第一个兔场天，吃灰节正式开始。人首先起床，启封坛子掏出部分灰糯米饭，分装七碗，当作供品摆放火塘边，敬供祖宗和米魂。然后叫醒赶来过节的亲友，品尝敬过祖宗的糯米饭。吃毕各自继续休息。时至天亮，各家杀猪宰鸡，准备节日午宴。午餐席上，佳肴满桌，但总少不了当菜的一碗灰糯米饭。席间，唱歌谈古，猜拳劝酒，整个苗寨充满节日的欢乐。第二天，举行斗牛活动。按传统习俗，异姓喂养的牛才能相斗。届时，村里村外的苗族同胞，簇拥着戴上大红花的斗牛，来到传统的斗牛场地，驱赶斗牛比赛。它们在场上你争我斗，试比高低，围观者常达数千人。第三天是男女青年聚会游方的日子。他们邀朋结友，赶往山坡，坐在草地上，对唱山歌，谈情说爱，表达彼此对爱情的向往与追求。傍晚，寨前寨后到处都是成群结队送客的热闹场面，老人们携手相送，主人家提着装有灰糯米饭的小瓦罐送给客人。青年们情意绵绵，难分难舍。话别时，姑娘们掏出自己精心编织的花带送给心上人，小伙子则掏出毛巾手帕之类的礼物回赠姑娘做纪念。分手时，还要含情脉脉地约定下次会面的时间、地点。

云南拉祜族新米节

新米节是居住在云南的拉祜族人民的传统节日。每年的农历七月底、八月初谷子成熟时以家为单位举行。

节日由来民间是这样传说的：相传在远古的时候，天神厄露将他身上的垢腻搓下，交给助手阿朵、阿戛，吩咐他们去创造天地、日月、星辰和人类等万物。后来，大地上的人类培育成稻谷，天神命令人们将最早成熟的粮食奉献给他。人类出了个叫札努札别的巨人，身似山丘，力大无比，对厄露这种不劳而食的行为十分愤慨，号召人们拒绝给天神献粮，并当众指责厄露说："粮食是我们依靠锄头和犁耙辛辛苦苦种出来的，你没有出力，为什么要把早熟的粮食献给你呢？"天神听了恼羞成怒地说："天地万物都是我创造的，我要最早成熟的粮食理所当然。"双方你说我对，互不相让。厄露见无法说服札努札别，便说："咱俩比赛跳高、跳远，如果你能赢我，我就免掉人类的这份贡品。"札努札别为了人民的利益，竭尽全力和天神比赛，结果，因天神施用魔法比胜了。接着他们又协议比赛捉迷藏，仍因天神施展法术而取胜。从此，厄露专横跋扈，不但要人类按时奉献贡品，还扬言要杀死带头抗贡的札努札别。札努札别不畏强暴，他发动群众在厄露来往的路上，到处布设窝弓、弩箭，阻止厄露下界征收贡品。天神察觉后大发雷霆，下令在天空挂起九个太阳，晒死人类。结果，大地上的许多人都因暴晒而死。札努札别用九口大铁锅顶在头上，才免遭一死。厄露见未能全部害死人类，又使了新的花招，将太阳、月亮和星辰全部收下，结果，大地一片漆黑，人们无法耕种。札努札别毫不示弱，他将火把绑在牛角上，利用火光照样耕种。厄露连施多计未能完全达到目的，又将天河水引入大地，使整个天下变成汪洋大海，人类大多被淹死了。札努札别抓住一根木棒浮在水上，才幸存下来。后来，大水退了，却没有粮食种子。没被淹死的一些人，发现当时泅水跟着札努札别的那只狗尾巴上还粘着七粒谷子，便将它收集起来播种，经过多年的培育、耕种，才保证了人们的饮食。后来，人们为了永世纪念札努札别的恩德，便兴起了拉祜人新谷成熟时举行的新米节。

节日这天，拉祜人从田里采来新谷穗挂在自家的正门上，以示这家过新米节了。同时要杀猪宰鸡，做新米饭宴请亲友。亲友及村里客人前往贺节赴宴时，一般还要携带鸡、酒、米等礼品。聚餐时，主人手捧装满新米饭的碗先敬父母，再敬其余老人，然后大家才喝酒吃饭。这天，要用新米饭、肉喂狗，还要用新米饭捏成小团粘在锄头、犁耙上。

澜沧拉祜族自治县糯福乡坝卡乃南段山一带拉祜人的新米节特别隆重。有的人家过节时，要将自己珍藏的银盆、银缸、银碗、银刀、银首饰等传家宝，摆在崭新红毯子上。然后在银器旁设置佳肴美酒。节日宴席上，宾主欢聚一堂，你敬我劝，互相祝贺。席间，老人常带头高唱祝酒歌，祝愿五谷丰登、六畜兴旺、全家安康。从这天中午起，全村男女老幼会集于过节的主人家的院坝里，为节日助兴。男青年吹着悠扬的芦笙模仿耕种、收割、舂米的姿势纵情欢舞；姑娘们则携手围成圆圈，踏着芦笙的节拍，甩手曼舞。有的敲着象脚鼓，打起铓锣，男女一起排成长龙，尽情欢舞。一些适龄的男女青年，他们利用节日的聚会欢乐，寻找对象。一旦双方情投意合，便悄悄离开院坝，到林间树旁，吹口弦，唱情歌，互表衷情。晚上，老人们在主人家的竹楼上，喝酒抽烟，共叙家常。铓锣、象脚鼓的乐声通宵不断，欢乐的气氛充满整个村寨。

贵州苗族赶秋坡

赶秋坡是贵州长顺、安顺、紫云、惠水等县及贵阳市郊青岩等地苗族的节日，每年农历立秋日举行。

节日这天，苗族群众和部分布依族、汉族等兄弟民族群众，身穿节日的盛装，成群结队，从四面八方涌向长顺县摆塘乡的扎营坡，开展一年一度的踩秋活动。男女青年相聚在宽阔的草坪上，唱山歌，吹唢呐，弹月琴，颂扬美好的生活和纯洁的爱情，表达丰收后的喜悦。老人们则论古颂今，谈天说地。

关于赶秋坡的来由，各地说法不一。惠水等地流传着一些动人的故事。

（1）传说很久以前，惠水摆金这个地方有一座大山，人们称它叫秋坡。

山脚下有一个苗族居住的秋坡寨。苗寨首领有个叫婉尼嘎的女儿，她长得眉清目秀，千娇百媚，还能歌善舞，远近的四方八寨没有不夸她的。附近有个叫后山寨的苗寨，住着一个叫若松的小伙子。小伙子长得英俊潇洒，身强力壮，是一个勇敢的猎手，这一带的人都很佩服他。

有一天若松去深山打猎时，忽然一阵狂风送来一声虎啸，一时草木皆惊，飞沙走石。他朝着虎啸声举头一看，在不远的地方，一只老虎圆睁双眼，竖着尾巴，正向他扑来。就在这紧急关头，若松取过弓箭，"嗖"的一声，一支弩箭直穿老虎的左眼。老虎痛得狂叫一声跑了。若松跟在后面猛追，一直追到秋坡这个地方，听到一个姑娘在大声呼救。他转身一看，原来是那只受伤老虎正要伤害这姑娘。若松大吼一声，一个箭步冲过去揪住虎尾，毫不放松。老虎不能向前跑了，那位姑娘死里逃生。已经到了嘴边的肉没能进口，老虎气得七窍生烟，转过身来扑向若松。若松见无法躲开，决定和老虎决一死战。他咬着牙齿，猛地扑到老虎背上，双手死抓虎头狠狠地朝地上碰撞；过了一会，他又变换斗虎的方式，用左手卡住老虎的颈子，抡起右拳朝虎的脑门猛打，直到将老虎打死。经过和老虎的这场紧张搏斗，若松已经耗尽全身力气，他眼睛一花，昏倒在地上。过了一阵，那位被老虎惊吓昏倒的姑娘苏醒过来，看见一个人正躺在老虎身边，她发出一声惊叫。若松听到叫声，鼓了好一阵劲才翻起身子坐起来。他睁眼一看，原来那个要被老虎伤害的人竟是一个如花似玉的姑娘，她就是婉尼嘎。婉尼嘎发现自己的救命恩人原来是一个英俊的小伙子，顿时羞得她满脸通红。婉尼嘎看见自己的救命恩人右臂上有被老虎抓伤的伤口，血淋淋的，便不顾少女特有的羞怯，立即用自己的花手帕去包扎，同时说了许多感激若松救命之恩的话。然后，他们互相介绍自己的情况，经过一阵交流，两人都对对方产生了好感。后来，若松知道了婉尼嘎是富裕人家的千金，便扛着死虎匆匆地走了。

两人分手后，秋坡上的那场险情天天浮现在婉尼嘎的脑海里。她庆幸自己福大命大，在那万分危急的时刻，若不是得到机智勇敢的若松搭救，她早就命归西天了。她心想，这一定是缘分啊！经过几天的反复考虑，婉尼嘎做出决定，一定要勇敢地去爱他。为了实现这个目标，她一次又一次地去寻求和若松见面的机会。若松和婉尼嘎在秋坡巧遇后，也暗暗地产生了对婉尼嘎的爱慕之情。但当他一想到自己是一个穷猎人，不敢高攀婉尼嘎时，就再也没有勇气去迈开这个步子，只好压住内心的爱恋之情，悄悄地躲着婉尼嘎。

有一天，若松打猎回来，看见婉尼嘎仍在痴情地等着他，他实在不忍心再躲开，便勇敢地唱了一首山歌，表达自己很爱婉尼嘎，但因为家穷担心不般配的复杂心情。婉尼嘎听了，喜笑颜开，马上回歌表达衷情，劝心上人打消顾虑。又经过一阵对歌之后，双方都觉得情投意合，于是正式定下终身。此后，若松和婉尼嘎经常到秋坡幽会，对唱山歌，谈情说爱。

没有多久，他们偷偷相爱的事被婉尼嘎的父亲知道了，他大发雷霆，责令女儿割断私情，嫁给一个财主的儿子。婉尼嘎听了，放声大哭起来，坚决不肯答应。父亲见女儿故意违反家规，损伤了自己的父道尊严，一气之下把她关进牢房。一天，若松打猎回来，照例在秋坡去等自己心爱的人。可是等了好久，都没有看到心上人出现。后来，听说婉尼嘎已被关进牢房，不由心急如焚。他左思右想，决定救出婉尼嘎。一天夜深人静时，若松潜入大院，从牢房里救出心上人。经过商量，他们决定私奔，到远方去寻找自由。真是天有不测风云，当他们刚刚逃出寨门，就被寨丁看见了，双双被抓了回去。婉尼嘎的父亲见了，命令寨丁把若松往死里打，当场，若松就被毒打得昏死过去。这时，父亲对女儿软硬兼施，百般劝说婉尼嘎回心转意。一连劝了三天三夜，父亲见女儿已无药可救，勃然大怒，将婉尼嘎押到秋坡，活活砍死。这天，正逢立秋日。婉尼嘎死了，乡亲们围着她的遗体恸哭，哭声震天动地，从秋坡上传到四面八方。马蜂听到悲惨的哭声深受感动，纷纷云集秋坡，抬着婉尼嘎的遗体向天空飞去，将她安葬在月亮上。从此，人们看见月亮上出现一个小黑点，都说那是婉尼嘎的坟墓。

再说若松昏死之后，第四天又苏醒过来。当他知道自己的情人已经惨死时，顿时心如刀割，泪如泉涌。后来，他含悲忍泪，回到家里养伤。过了几天，若松的伤已好了很多，他觉得报仇雪恨的日子已到，便带着弓箭，爬上婉尼嘎家院外的树上，向婉尼嘎的父亲一箭射去，利箭正好穿进他的右眼。若松以为目的已经达到，便逃进了深山老林。过了几天，老头眼睛的伤势加重，一命呜呼上了黄泉路。人们欢天喜地，笑逐颜开。第二年的立秋日，若松来到婉尼嘎遇害的秋坡，吹起忧伤的芦笙曲子，怀念死去的情人。人们听了都赶来秋坡。男女青年围着若松，唱歌跳舞，共同怀念对爱情忠贞不渝的婉尼嘎。从此以后，每逢立秋日这天，人们都来秋坡，吹响芦笙、箫笛，唱歌跳舞，纪念婉尼嘎。后来代代相传，成了苗家的节日。

（2）相传古时苗族在迁徙中，罗、何、杨、吴等几个姓氏组成一支队伍，由一只神犬带路，从江西出发，一路风餐露宿，最后经定番（今惠水）进入长顺地区。他们从七里冲顺着水波龙到达白水牛村时，看见这里箐深林密，山高路险，人们便停下来。这时神犬一反常态，离开大伙，跑到摆塘山溪中滚了一身黑泥。人们看见遍身黑泥的神犬归来，断定它是在提醒大家要到土地肥沃的地方去。于是人们分成几路，分别来到今天的杨雀寨、羊吊崖、沙坑、猛秋等地定居。分手时约定一年后的立秋日，各家一定要在扎营坡上团聚。一年一度的踩秋活动由此形成。开始只限于苗族群众参加，随着各民族之间的友好交往，周围布依族、汉族群众也纷纷加入节日活动，人数多时达六七千，少时也有四五千。

贵州长顺布依族秋坡节

秋坡节是贵州长顺县一带布依族的节日。每年立秋日在长顺县摆所镇团坡村附近的秋坡举行。

节日习俗已有三百年的历史。当地传说古时候，布依姑娘秋妹和小伙子阿坡相爱。当地土司以伤风败俗为由，千方百计阻挠这门婚事。但他俩情深义重，决心以死抗争，誓死不变。当他们即将完婚之际，土司派兵将秋妹的母亲打死，并抓走秋妹，将其关押起来。阿坡听到这个消息，偷偷潜入土司家，放火烧了土司的库房，救出秋妹一同逃走。当他们跑到一山坡时，事先埋伏在一大树后的土司突然冲出来将阿坡打死。秋妹见了泪如泉涌，哭着撞死在大树上。附近的乡亲们听了十分伤心，将秋妹和阿坡的遗体合葬在山顶上，并将这座山命名为秋坡。当地群众特别是青年人，非常同情这对恋人的不幸遭遇，故每年立秋日来秋坡聚会、唱歌，适龄的男女青年还利用聚会之机谈情说爱，他们把这种活动称为赶秋坡。天长日久，便形成固定的节日。开始，节日活动在秋坡上举行，后来因参加的人数日益增多，活动的范围从原来的秋坡山上扩展到山下及附近的团坡、麦平、山莽寨一带。

节日前夕，秋坡邻近的布依村寨要派人整修场地；小伙子要专程去外乡外寨接来自己的恋人；姑娘们要忙着在家里杀鸡宰鸭，筹办佳肴美酒，迎接情人的到来。节日这天，除秋坡附近的布依村寨的男女老幼都来参加节日活动外，长顺、安顺、紫云、望谟、罗甸、惠水等县的布依族青年也都赶来参加，人数常达万余。节日活动除对歌、游玩之外，还有戏剧演出、棋赛、球赛及物资交流等。晚上，附近村寨家家宾客盈门，欢声笑语，通宵达旦。

甘肃天祝藏族赛马会

天祝赛马会是甘肃天祝藏族自治县藏族人民的传统节日。每年农历八月一日举行，节期二至三天。

传说古时候的一年八月，华锐部落首领率部外出时，敌人趁机入侵，他们杀人抢牲畜。守部人员虽然顽强抵抗，但敌强我弱，最后幸存的十三位兄弟也被敌人围困在毛毛山上。为了部落的生存，他们必须突破敌人的包围，给远在外地的首领通风报信，才能得到增援。可是，山谷中能出去的两个山口，早已被敌人围得水泄不通，想要突围困难很大。十三位兄弟对眼前的形势看在眼里急在心上，这时年仅十八岁的洛桑自告奋勇，决定只身突围。他从怀里摸出最后的三个糌粑团喂到身边的雪青马嘴里，然后纵身跳上马背，手握大刀，从敌人的薄弱之处，像闪电一般杀出了重围。洛桑跑到全强河边时，敌人追来了。他勒紧缰绳，俯身马上，那雪青马像通人性似的四蹄腾空，直向河的对岸冲去。追兵乱箭齐发，洛桑中了两箭。他忍着剧痛，继续前进，终于把不幸的消息送给部落首领。洛桑和雪青马因伤势过重去世了。围困在毛毛山下的另外十二位兄弟也为保卫家园最后壮烈牺牲。华锐部落首领听到不幸的消息，疾首蹙额，拍案而起，率领两万精骑，杀回家乡，赶走了敌人，为十三位英雄报了仇。

为了纪念在抗击外部族侵略的战斗中光荣牺牲的十三位英雄，天祝地区的藏族民众每年举行盛大的祭祀仪式，要鸣炮十三响，表示对十三位英雄的祭奠。赛马活动中每个比赛项目都取十三名获胜者给予奖品，并献一条洁白的哈达和赐圣酒三杯，以示对胜利者的鼓励。对获得第一名的赛马要挂彩。同时还要为顽强勇敢的十三名骑手披红戴花，以示嘉奖和祝贺。

如今，天祝赛马会的节日活动更加丰富多彩，在传统的赛马基础上，又增加了歌舞团、杂剧团的演出。此外，还要举办大型的物资交流会。参加盛会的除藏族外，周边的土、回、汉等各族群众也骑马赶车，携带各种土特产品，成群结队涌向赛马场。届时，赛马场上，人欢马叫，四周帐篷林立，到处充满着各民族人民团结友好和欢乐祥和的气氛。

中 秋 节

中秋节是与元宵节、端午节并称的中国传统佳节之一，农历七、八、九三个月是一年四季中的秋季，八月是秋季中间的一个月，八月十五日又是八月中间的一天，天秋恰半，秋季正中，所以将八月十五称为中秋节。一年四季春夏秋冬，每季又用孟、仲、季表示一季中三个月的次序。秋季中的第二个月叫仲秋，故中秋节又有仲秋节之称。

中秋节起源于古代拜月习俗。《国语 周语上》："古者先王既有天下，又崇立上，帝明神而敬之，于是乎有朝日、夕月，以教民事君。"《汉书 贾谊传》："三代之礼，春朝朝日，秋暮夕月。""夕"是祭的意思，"夕月"就是祭月，"秋夕月"就是秋天祭月。可见古代有春天祭日，秋天祭月礼仪。很明显这种祭礼活动先是由皇帝开始的，上行下效，达官贵人跟着学，以后老百姓也照着做，久而久之便成了一个普遍的活动。

人们以月为神进行拜祭，自然对月也就十分崇敬和重视。在长期的岁月中，民间以月为中心，创造了许多动听的神话和传说，使月成为众人向往的神境。《淮南子 览冥训》记载有《嫦娥奔月》的故事，说的是尧做皇帝的时代，有一个叫羿的射官。一年，天上同时出来十个太阳，晒干了天下的泉流河水，晒死了庄稼树林，各地因天热流行瘟疫还死了很多人。羿原来就是奉天帝之命到凡间为民除害的天神，他痛恨可恶的太阳，用神箭射落了其中的九个，保护了人民的生命。原来，十个太阳都是天帝的儿子。天帝知道他的九个儿子被羿射死，痛恨万分，便把羿和他的妻子嫦娥一起罚贬到人间。他两口子来到人间，日子过得非常幸福。一天，羿有事外出，嫦娥偷食了羿在昆仑山西王母那里求得的不死灵药，成为神仙，飞向万里碧空，奔向月亮，一直住在寒冷的广寒宫里。另外，家喻户晓的《吴刚伐桂》的神话故事，也别有一番情趣：传说西河仙人吴刚因跟随仙人学道犯了过失，被玉皇大帝贬谪至月宫，砍伐一颗有五百丈高的桂花树。由于该树有极强的自合功能，当砍进树里的斧头取出后刀缝便立即合拢，桂树始终不断，使吴刚在月宫伐树几千年，这个苦差也总是熬不到头。今天农村中的一些老人看见月中的阴影，还常常津津乐道"吴刚伐桂"的故事。众多的神话传说，给明月笼罩上浓郁的神秘色彩。当然，这些都是我们祖先在缺乏科学知识的情况下，对月球所做的不切合实际的想象。事实上，月球上根本没有什么宫殿、嫦娥、吴刚。经过现代科学证明：月球上有着广阔的平原和崎岖的山地，人眼看到的深暗的地方，是一块大平原，月球表面的阴影，是由那些大小不一的环形山所形成的。

一年十二个圆月之夜，只有八月十五最圆最明。这是因为农历八月正值夏秋交替的时间，这时南方的暖湿气流减弱，大气比较稳定，白天吸热增湿快，夜间辐射散热大，多是晴朗的天气。在这种天气状态下，空气中的水汽和杂质减少，大气透明度高，月亮反射到地球上的光线比较集中和明亮，因此从地球上看到的月亮也格外清晰明澈，谚语说："月到中秋分外明。"中秋之夜，正值秋高气爽，云稀雾少，明月高悬，是最圆最亮之时，柔和的月光洒满大地。人们在长期对自然的观察中，认识到这个时候是农忙之余观赏夜空、松弛筋骨、恢复体力的最佳时刻。于是人们就在祭月、拜月的基础上增加了赏月的内容，从而逐步形成固定的中秋节日。唐朝时，宫廷非常崇尚中秋的节日活动，据说唐明皇每逢中秋都要亲自祭月、赏月，还下令修筑"赏月台"专供他同杨贵妃赏月之用。后来传说唐明皇"夜游月宫"，把月中仙子悠扬悦耳的乐曲默记回来，载入乐章，传往民间。人们听说是月中乐曲，争相在晚上赏月时吹奏。神话流传开来，人们更加重视节日活动。许多文人雅士以月为内容写下了大量的诗文。此外，浙江还出现了中秋望月观潮及泛舟夜游的习俗。宋朝，民间出现了以月为形的月饼。南宋时，在赏月的同时又增加了赏桂花树的内容。元朝时上层集团受汉族文化生活的熏陶，大过中秋节，宫廷在祭月、赏月中非常讲究形式和排场。这个时期，产生了以月饼兴起反元的民间传说。元朝末年，统治者为了对人民推行残酷的腐朽统治，不准民间私藏铁器，规定十家合用一把菜刀，并派兵住于汉族家庭，以监视老百姓。泰州人张士诚为了号召人民奋起反抗，在卖的月饼里夹着写有"杀鞑子、灭元朝，八月十五日家家齐动手"的纸条，暗中串联起义时间。中秋之夜，家家掰开月饼，按时夺取菜刀，杀死元兵，掀起了民族起义的高潮。小小的月饼，反映了当时受压迫的广大人民对上层统治者的仇恨和斗争精神。明朝，朝廷专门修建了祭月的月坛，即现在北京的月坛公园。城乡为纪念反元起义，月饼有了较大的发展，节日风俗更盛。明清以来，节日活动内容基本沿袭唐代，各地大同小异。

中秋节晚上，皓月当空，银光遍地，人们在露天院坝，设立案桌，摆上月饼（中间有一特大的）、水果、花生、毛豆等供品，燃烛烧香，拜祭月神。传说因女子属阴，故一般有女子先拜男子后拜或女拜男不拜的规矩，也有合家大小一同跪拜的。祭月毕，全家分吃大月饼，赏月趣谈，尽情欢乐。圆满的明月和圆圆的月饼，表达了人们全家团圆的美好愿望。因此，人们又称月饼为团圆饼。经过多少年来的发展，月饼由祭拜月神的供品演变成中秋节的应市食品，也是亲友互相馈送的节日礼品。因用料的不同，今天我国已形成的京、广、苏、津、潮五大宗，计有花色品种上百，各具风味，主要有甜、咸之分和荤、素之别。月饼上的图案和包装十分精致，深受各族人民喜爱。

旧时，有的地区民间有中秋偷瓜与送瓜的习俗。这一夜，无子之家悄悄潜入别人菜地，偷摘瓜菜，竭力不让主人发现，否则效果不好。被偷瓜之家认为这是发家的好兆头，因此从不把偷瓜人视为盗贼。也有亲友送瓜至无子之家，以瓜子象征得子的。

贵州土家族偷瓜节

偷瓜节是贵州沿河县等地土家族人民的节日。每年农历八月十五日举行。过节这天，人们乘着皎洁的月光去菜地里偷冬瓜，将它作为最珍贵的礼物赠送给亲朋好友。如果给没有男孩的家庭送瓜时，还要敲锣打鼓，燃放鞭炮。到家时，主人家也要敲锣打鼓迎接。接瓜之家还将摆瓜果或酒席招待客人。

偷瓜节送瓜的习俗比较古老，民间流传着这样的故事。

古时候，土家寨有一对老夫妻，年过半百了，膝下没有儿女。一年又一年地过着孤单的生活，老两口觉得很不是滋味，尤其担心他们百年之后断了祖上的香火，更是卧不安席，食不甘味，因此，迫切盼望能有一个儿子。天上的玉皇大帝得知这个消息，对老两口的苦恼非常同情，便派金童下凡，投胎去给这对老夫妻做儿子。可是，夫妻俩快满六十岁了，已经没有生育儿女的能力。怎么能变成现实呢？后来，玉皇大帝想了个办法，要金童躲在老人和邻居合种的菜地的冬瓜里，让这个冬瓜长得又长又大，粗看起来像一个娃娃。八月十五日这天，邻居到菜地摘瓜，看见那个像娃娃的冬瓜，暗暗欣喜，因为他们早就怜悯这夫妻俩老年无子的苦恼，想用这个瓜给老人一点安慰。于是便去给老两口说："菜地里有个大冬瓜像个娃娃似的，你们把它摘回去当个冬瓜儿吧！"老两口推辞不要，要邻居摘回去，邻居也不肯去摘。两家人你推我、我推你，说了好久都没有结果。到了晚上，邻居想了个办法，到菜地里把冬瓜摘下来，用红布包将它包好，然后送到老两口家里。到家时，邻居对老两口说："我们在路上捡到一个小孩子，现在送来，你俩快把床铺收拾一下。"老两口笑逐颜开，马上收拾好床被。邻居将红布包着的冬瓜往床上一放，转身就要走。老两口却说："莫忙走，等我们看看娃娃后，煮碗鸡蛋给你们吃了再走。"说着，便将红布解开一看，却是一个冬瓜。正当老两口感到失望之际，突然，冬瓜自动分开两半，从中爬出一个又白又胖的男娃娃。老两口见了，如获至宝，兴高采烈地抱着孩子给邻居报喜。邻居见了惊喜若狂，拍手祝贺。没有多久，这个冬瓜的奇闻一传十、十传百，很快传遍了土家村寨。很多人也效仿邻居的办法，在八月十五的晚上，去别人的菜地里偷摘冬瓜，给没有儿女的家庭送去。日久天长，便形成偷瓜节的习俗。后来，有些地方干脆公开送瓜，敲锣打鼓，燃放鞭炮，热热闹闹，喜气洋洋，送瓜的范围也不仅限于无子之家。但是，冬瓜送到无子之家时，还是兴半夜偷瓜，用红布包成娃娃的样子，放到接瓜之家的床上后，要装成娃娃的声音哭几声，并向主人说些如"长命富贵""吉祥如意"之类的话，表示祝福。如果接瓜之家后来真的生小孩了，就要办酒席招待偷瓜送子的邻居和亲朋好友。

广西三江侗族南瓜节

南瓜节是广西壮族自治区三江程阳一带侗族的节日。每年农历八月十五日举行。

南瓜节的主要活动是由儿童们打南瓜仗。节日前夕，以村寨为单位，由男女儿童自由参加组成南瓜队和油茶队。南瓜队第一个任务就是偷南瓜，为打南瓜仗做准备。偷瓜活动在晚上进行，他们来到菜地里，看到南瓜，见双摘一，见四摘二。摘下一个瓜，要在那里插一朵花，以示通知主人瓜已被偷。主人发现南瓜被盗，也毫不在意。人们都认为南瓜节偷瓜不算偷。南瓜队备足了南瓜，又忙着准备彩旗纸花，然后去找煮茶对象。负责煮茶的称为油茶队，由女孩子组成。她们的任务是准备煮茶用的作料，负责给参加节日活动的南瓜队煮茶。八月十四日，南瓜队挑选四个最大、最圆、顶最平的南瓜，按由大到小的顺序串在一根竹竿上，瓜上插着许多彩色的小旗和小花，竹竿面上要插一朵大红花。节日这天，南瓜队抬着串好的南瓜来到煮茶对象的寨子。村寨其余老小都赶来观赏，争相去摸南瓜，以摸到南瓜为最吉利。南瓜队到了目的地，将瓜上插的花取下送给煮茶的妹子。晚上明月当空时，人们吃煮南瓜，喝妹子们煮的油茶，儿童们开始投入打南瓜仗的战斗。男女兵分两阵，互相追赶，嬉笑打闹，通宵达旦。

云南洱源白族鱼潭会

从农历八月十五日起，云南洱源、邓川一带的白族群众穿着节日的盛装，纷纷来到罗苴江流入洱海的沙坪鱼潭坡赶集。在欢乐的人群中，有的聚集大坝观看文娱表演，有的三五成群，对唱山歌；一些正在热恋中的青年男女，则亲热地在潭边漫步，倾吐肺腑。人们把这种活动称为赶鱼潭会。姑娘们还喜欢利用赶会的机会，在集市上争先购买专门为她们准备的嫁妆，因此，鱼潭会又有嫁妆会之称。

传说很久以前，和洱海连在一起的沙坪鱼潭洞住着一条修道多年的鱼精。它经常躲在路边的洞口，吞食经过这里的过路人。后来，人们为了免遭鱼精之害，将道路改在远离潭口的地方，断掉了它的饮食。不久，鱼精想了个报复群众的办法，故意在鱼潭里兴风作浪，引水上岸，造成大片土地遭水淹之害，害得许多白族群众家破人亡。鱼精看见逃难的群众，得意地提出以每年送它一个漂亮的姑娘作为停止兴风作浪的条件。人们眼看年年都有大批老小死于洪灾，被迫答应了鱼精的要求。从此，白族人民每年都要按时送一姑娘去喂鱼精，天长日久，白白断送了许多姑娘的生命。

有一年，轮到正在和一打渔郎相爱的阿凤姑娘喂鱼精。打渔郎坚决不同意自己的情人去送死，决定杀掉鱼精，搭救阿凤。他找乡亲们商量后，带着几个身强力壮的小伙子，手持鱼叉，潜入鱼潭，将鱼精团团围住。打渔郎乘机将鱼叉插入鱼精肚里来回搅动，鱼精痛得昏死过去。当鱼精清醒过来时，它便老老实实地承认了错误。接着，打渔郎专门制作一根铁链，把鱼精拴在铁柱上，给它规定：只有每年八月十五日才能翻身，其余时间一律不准乱动。

打渔郎制服了鱼精，为群众报了仇。接着，乡亲们隆重地给他和阿凤办了婚事。从此，这一带的人们开始过上太平的日子。后来，人们担心鱼精利用翻身的机会再兴风作浪，便规定八月十五日在鱼潭坡赶集，唱戏对歌，让欢乐的声音响彻整个鱼潭，借此吓唬鱼精，让其循规守道。远近的恋人也赶来潭畔玩耍。

另一说元世祖忽必烈南征大理国时，命令当地群众于此日给驻军买食品，形成此俗。

中华人民共和国成立后，在传统活动的基础上，鱼潭会已发展成综合的贸易集会。届时，渔船云集，骠马满坡，土产品满市，到处呈现出一派繁荣和欢乐的景象。

收　获　节

农业生产要经过耕作、播种、施肥、田间管理等几个环节的辛勤劳动，最终的目的是要获得成果。收获则是检验和得到劳动效益的手段。眼看粮食丰收在望，这时农民自然是非常高兴的。为了表达丰收的喜悦，许多民族便兴起在收割粮食的前后过收获节的习俗。

云南怒江及维西等地傈僳族居住区于每年10月玉米收获后半月内择日举行收获节。过节时，家家宰杀牲畜，互相馈赠宴饮，畅谈丰收的喜悦。当夜幕降临之际，人们在村寨的宽阔场地上，燃点篝火，在明亮的火光下举怀畅饮，欢声笑语，庆祝丰收。酒后，举行文娱活动，青年们围着篝火喜唱丰收调，跳着丰收舞。有的未婚青年男女，往往通过丰收喜庆的机会交朋结友，撒播爱情种子。

居住于贵州高寒山区的苗族群众将庆祝秋季丰收的节日称为"诺格刹"。"诺格刹"是苗语音译，意为庆丰收的节日，于每年农历十月底或十一月初的卯日举行。这天，村寨各家各户都应全部收完自己的稻谷。当收割完最后一块稻田时，要专门捆一束比一般的要大二至三倍的大稻把，约七千克左右，称为"母禾"。运稻禾回家时，挑母禾的人应走在最后。这些地区苗家将稻禾收割后须挂在家中的空屋横梁（称为"禾廊"）上晾干。按祖宗传下的规矩，母禾应专门挂在禾廊的第三或第五根横梁上。为欢度节日，庆祝丰收，各家宰杀鸡鸭，捕捉鲜鱼，举办丰盛的餐宴。在餐桌上，过去专门留存起来的酸鱼腌雀之类的食品，别有风味，将使人们大享口福。

广西那坡彝族每年农历十月初十举行"庆丰节"。届时，人们穿着节日的盛装，愉快地唱歌、跳舞、并将原先封存的铜鼓等文娱用具起封，敲打起来，用以表达丰收的喜悦。

青海民和县一带的土族，在农历七月中旬到九月中旬之间举行

"庆丰收会"。届时，各村推举德高望重的人组成一二百人的队伍和化妆演员逐村串游，人们跟着锣鼓的节奏，尽情欢舞，庆祝丰收。

鄂温克族每年农历五月二十二日，举行庆祝丰年的节日，鄂温克语称"米阔勒节"。节日这天，人们穿着节日盛装，互相串门贺节。远近亲友都要聚会一起，共度佳节。节日期间，最有趣的活动是套马比赛。在广阔的牧场上，年轻的勇士骑着矫健的骏马，手持套马杆，追套正在奔驰中的骏马，一旦有人套住，人们便蜂拥而来，以闪电般的速度将马摔在地上，然后剪掉马鬃、马尾，并在马的臀部打上烙印，以标记马龄。晚上各家团聚会餐，夜幕降临后，草原上燃起火堆，开始举行篝火晚会，人们在明亮的火光下载歌载舞，欢庆丰收。一些未婚的男女青年，常抓住这个难得的机会，物色对象，寻偶定情。

西藏藏族在农历八月开始过"丰收节"，江孜、日喀则在农历七月中旬举行，藏语称"望果节"。一些地区民间传说，望果节起源于古代的农业部落。传说很古的时候，有一个叫饿死羊的草滩上，一年遭遇大旱，太阳把草滩晒成一片焦土。人们为了生存，只好离乡背井，到外地逃荒。有个牧羊老人，他不肯离开故土，留了下来。老牧人从早到晚面对神山跪拜，祈求神灵保佑正在受苦受难的乡亲能时来运转。天上的地藏神知道了老牧人的虔诚举动，用神镜朝地上一照，发现地上妖魔正在作怪，人们贫病交加，饿莩遍野，鸿雁哀鸣，惨不忍睹。地藏神十分同情人间困境，派三位弟子来到人间，普救众生。三位弟子看到正在祈祷的老牧人，向他询问了情况，知道他孤身一人，无依无靠，表示愿送他到天上享福。老牧人惦记乡亲们的疾苦，执意不肯。三位弟子对老牧人的行动十分感动，对苦难的凡人非常怜悯，毅然决定用自己的身体解求人间苦难。大弟子变成五谷种子，二弟子变成耕牛，三弟子变成水。老人也紧跟着变成一棵大果树。这样，人间就会风调雨顺，五谷丰登。人们也能过上丰衣足食的好日子了。逃难的人们知道这个消息，纷纷赶了回来，用牛耕地，然后撒下五谷种子，又用水去浇灌。秋天，地上的粮食金光灿灿，树上的果子累累，乡亲们个个眉开眼笑，其乐无穷。人们为了怀念老人和三位大师，在地上烧起熊熊的火堆，他们举经幡，点香火，唱赞歌，围着庄稼地和果子树转，并把摘下的第一个果子，第一穗青稞放在火中，以示感谢地藏神、老牧人和三位大师。从此，每年秋收的时候，人们都要举行盛大的庆丰年活动，代代相传，形成传统节日。节日早上，人们穿着节日盛装，打着彩旗，带着油炸饼、青稞酒和酥油茶等食品来到旷野，架起帐篷，摆起携带的食物，大家围坐在一起，边吃边谈，预祝丰收。接着，人们将二十六匹披红挂绿的骏马赶到即将收割的田边，那马背上的骑手个个系红绸，腰捆彩带，足蹬马靴，手持挂着红绸的青稞穗、蚕豆等象征丰收的农作物，显得格外威武，骑手们以喜悦的神情，和乡亲们一起围着丰收在望的田园举行"望果仪式"，然后，人们抬着用青稞、麦穗搭成的"丰收塔"，举着标语彩旗，敲锣打鼓，有的还背着经书和法器，围绕田间巡游，载歌载舞，尽情欢乐。晚上，举行旷野篝火晚会，青年们围着火堆，跳起活泼热情的踢踏舞，欢乐的声音响彻大地。节日期间，有的地方还要举行赛马、赛牛、射箭、摔跤等体育活动。

台湾高山族的布农人的"收获节"又称"丰收节"，每年农历十月举行。节日前一天，各家各户去自种的小米地割两根粟穗，送至村社的司祭家，由其统一保存在公共的粮仓中，等第二年播种时取回播种。节日当天，司祭家杀猪招待各家家长。当天晚上，各户杀猪煮新米饭吃，出嫁的女儿或姐妹一般也要回娘家过节。吃了新米饭后即开镰收割。

西藏自治区珞巴族在每年粮食收割时择日举行"昂德林节"。"昂德林"为珞巴语音译，意为"丰收节"。节日前夕，男子上山打猎，妇女收取少量新粮。节日这天，用新谷做饭，先请村中老人尝新，并用新米饭喂狗，然后全村一起欢宴。晚上饮酒对歌，通宵达旦。歌词内容主要是珞巴族农业起源的传说和男女的贡献。珞巴人认为，土地是男子开辟的，粮种是妇女发现的；有了地妇女才利用自己发现的种子，学会了生产粮食；有了粮食才能酿酒，保证民族的繁衍。节日既有欢庆丰收的内容，又带有祀鬼神、祭祖先的迷信色彩。

俄罗斯族在每年公历10月第二个星期日举行"丰收节"。节日这天，人们在收割完的麦地里留一束未收割的小麦，并除掉四周的杂草，然后，在它的面前摆上面包、盐和奶酪等食品，以祭祀大地，感谢它的恩赐，祈求来年获得更大的丰收。

壮族在秋收结束后的农历十月十日举行"收镰节"。过节这天，家家户户打糍粑、杀鸡、宰鸭，拜祭土地庙，报答土地神的恩惠，以庆丰收并告示全年谷物已经收完。然后将割禾镰刀等农具洗净收藏，来年备用。

水 族 端 节

端节又叫借端、过端，是水族人民最隆重的传统节日。按水族历法，以农历九月为岁首。从八月下旬至十月上旬，共有五个亥日。贵州多数水族村寨，都在此间择定一个亥日轮流过节。也有少数水族村寨择午、未、申日过节。广西北部的水族则在九月戌日、亥日过节。

水族端节为什么会这么特殊呢？这里有一个古老的传说。

古时候，水族居住的地方连续几年遭受灾害，人们无法生存下去。先民为了生活，挑着农具，背着铜鼓，被迫背井离乡去逃荒。人们跋山涉水，风餐露宿，历经千辛万苦，到了贵州三都县三洞一带。当时有位德高望重的老祖公叫拱登，觉得这块方圆几百里的地方山清水秀，土地肥沃，是水家人可以生存的好地方，便把逃荒的水族乡亲分成几支分散定居下来。分手时，大家约定三年后的水历年底，各分支水族都回三洞来聚会。各分支族人定居之后，开荒垦地，辛勤劳动，又加上风调雨顺，农作物一年比一年收成好。到第三年时，各地都获得了大丰收，人们开始过上丰衣足食的生活。这年的年底，各分支族人的代表带着粮食和瓜豆赶来三洞，看望拱登老祖公，感谢他三年前的英明决定。亲人们分别三年后重逢，大家感到格外亲切，主人家便煮肉做花糯米饭，设酒席招待。人们还敲铜鼓和皮鼓助兴。

当人们正在开怀畅饮时，突然一队官兵杀气腾腾地赶来，他们手持梭镖、弓箭和砍刀耀武扬威，说这一带地方本属官家所有，地下还埋有金银财宝，命令水族乡亲立即搬家。人们见了凶神恶煞的官兵，个个目瞪口呆，唯有见多识广的拱登老祖公泰然自若，十分镇静，他指着官兵说："地下埋有金银财宝，就请挖出来看看。"官家听了，便派兵在地里装模作样地乱挖。士兵们忙得汗流浃背，终于挖出一锭银子来。人们看了，一时惊慌起来。拱登老祖公却若无其事，把银子要过来一瞧，发现银子上只粘了一小点泥土，又看了一下穿长袖大襟衣的那个挖银子的人，断定这里面一定有假。拱登扬着银锭揭露官家的阴谋，说："银锭并没有埋在土里，上面只粘了很少一点泥土，又还闪闪发亮，它一定是你们带来的。"官家见自己的计策被识破，只好默默不语。

官家一计不成又施二计，派兵去附近的小山上拿来几根绾头发用的银钗，故意在人们面前晃了几下，表示又找到了银器。拱登胸有成竹，继续说："这银钗这么光滑明亮，如果是几年前埋下的，表面上一定变色了。"官家的诡计虽然都被拱登老祖公戳穿，但却不肯承认自己的失败，决定用武力赶走水族群众。水族群众在拱登老祖公的领导下齐力合心，奋起抵抗官家的武力镇压。经过几个回合的拼斗，虽然死伤了许多水族同胞，但由于水家人多势众，斗志昂扬，终于把官兵赶走了。人们埋葬了牺牲的同胞，煮糯米饭、炖鱼祭祀他们的英灵。

当夜，拱登在甜睡中，梦见一个白发苍苍的老者来告诉他，明天早饭后，官家要来施放瘟疫，只要在官家到来之前，把乡亲们转移到空气流通的山顶上躲避一天，大家就不会遭到瘟疫的毒害了。老祖公一觉醒来，天还没有亮，便将昨晚白发老人托梦的内容告知了乡亲们，要求大家做好防范的准备。吃了早饭，大家便牵着马匹，带上食品，扶老携幼，纷纷赶到指定的山坡上去避难。人们在山坡上待久了，个个觉得枯燥无味，小孩们不耐烦地吵吵嚷嚷，拴在树上的马儿也踢腿嘶叫，把整个山坡闹得很不安宁。拱登老祖公看到这个情景，便对小伙子说："你们在山坡上举行一个赛马活动吧，让大家看看热闹时间就好过了！"青年们听了异口同声地表示响应。于是一场激烈壮观的赛马活动开始了。人们站在马道两旁拍手呐喊，人欢马叫，十分壮观。此后赛马习俗成了水族过端节的一个重要内容。水家人躲过了统治者的迫害，人们继续过着安居乐业的日子，繁衍子孙。

从此，每逢水历年底，各分支家族的同胞仍然带着粮食和瓜果赶来三洞访亲会友。人们煮鱼、磨豆腐，并用瓜果和酒饭祭祀保卫家乡而牺牲的同胞，然后围桌聚餐。年复一年，便形成了一年一度过端节的习俗。时间久了，各分支族人都赶来三洞聚会比较麻烦，决定将过端节的活动分散举行。

水族过端节时，各家都要打扫卫生，迎接去世的祖宗回家过节。节日这天，铜鼓阵阵，芦笙齐鸣，家家用水产动物如鱼之类摆上供台祭祀祖先，其他陆上动物的肉品绝对禁止上供。节日宴饮之后，水寨举行文体活动。穿着节日盛装的男女老少，从四面八方云集端坡，观看跑马比赛。当旗手扬鞭策马登上坡顶时，随着悠扬节奏的芦笙、铜鼓声，跑马比赛就正式开始了。这时，挤在端坡上看热闹的群众时时鼓掌，呐喊助威，构成欢乐而又热烈的场面。青年们则三五成群地漫步歌唱，用优美的情调抒发自己的喜悦，倾吐肺腑之言，并趁机寻找称心如意的情人。

由于水族端节正值秋收大忙季节，按照传统轮流过节的办法，将会影响农业生产。居住在贵州都柳江和龙江上游的水族经过协商，决定将端节改在农历十一月的第一个亥日举行，把传统节日和喜庆丰收的活动相结合。其他各地的水族端节时间尚不统一。

浙江景宁畲族抢猪节

抢猪节是浙江景宁县大漈乡畲族的节日。节日无固定日期，一般都在丹桂飘香的秋收后举行，节期七天。

对于节日的由来当地民间有一个有趣的传说。相传古时候，大漈这地方的猪总是喂不大，多数人家都死心不养猪了。明朝时，有个文成南田的猪贩子，一天赶着四十九头小猪来大漈贩卖。他用整整一天的时间，走遍了这里的九村十三寨，却一头猪也没有卖出。夕阳西下时，只好从彭村赶着小猪去西坑底村。路过马氏仙宫时，一头小猪突然跑进一块大田里，贩猪客东找西寻就是找不着。他想起自己跑了一天，不仅没有赚到一文钱，反而跑失一头猪，顿时气得在田边号啕大哭起来。在地里劳动的庄稼人见了，都觉得这贩猪客实在可怜，纷纷出钱买他的猪，没有多久，剩下的四十八头小猪被一抢而光。不到一年的光景，全大漈七堡人家养的这些猪，头头长得膘肥体壮，出现了从未有过的奇迹。因为当时那头小猪是在马氏仙宫旁边丢失的，人们便认为这是马氏娘娘在显灵，大漈人为感激马氏娘娘的恩德，决定每年秋收时择吉日过抢猪节，给马氏娘娘庆功。

　　节日期间，人们请来戏班唱戏娱神。大漈七堡的畲族群众，由迎神头带领打着旗子，敲锣打鼓，成群结队去时恩寺接神像（传说为马氏娘娘之妹）来做客、看戏。到第七天演出结束后的卯时，迎神头在马氏仙宫主持宰杀专门喂养的供猪，给马氏娘娘庆功。各村群众则在散戏后立即回家，有条件的家要杀一头猪绑在可供两人抬走的木架上。待卯时听到庙中杀猪的叫声，人们迅速抬着猪争先恐后地向马氏仙宫奔跑。第一个赶到仙宫的猪，被称为首猪，停放在宫的正门口。其余依到达次序排放，当各村的猪全部到齐后，由推举的代表确认首猪，并逐一评出抢猪节最大和最小的猪。接着，锣鼓喧天，鞭炮齐鸣，为三猪挂彩。然后在炮乐声中送神回寺，同时人们将各自的猪抬回宰杀。

　　卯时过后，杀猪之家的亲友陆续来家做客。客人登门时要向主人送一装有钱币的红包。主人将备丰盛的午宴招待亲友，谓之请吃杀猪福。客人临走时，主人将根据其红包钱币的多少，按市价给客人送一块肉带回。

广西瑶族捕鼠节

　　居住在广西的瑶族，每年的八月十五日到年底的腊月期间，一般要举行一次到几次的捕鼠节活动。过节没有统一的时间，由瑶寨人协商决定。

　　节日这天，瑶族群众带着自制的各种灭鼠器，成群结队来到田间、山坡，动用各种灭鼠器具，各显其能，捕鼠除害，以减少老鼠对庄稼的损害，确保粮食丰收。

　　灭鼠节活动既是一次统一进行灭鼠的具体行动，也起到了教育和提醒人们增强灭鼠意识，时时注意消灭鼠患，保护庄稼，珍爱粮食。

重　阳　节

　　农历九月九日是我国古老的传统节日重阳节。据《易经》云："以阳爻为九"，将九定为阳。九九相重，故称重九，将此日称为重九节。据三国时的魏文帝曹丕《九日与钟繇书》说："岁往今来，忽复九月九日，九为阳数，而日月并应，俗嘉其名。"日月并阳，两阳相逢，故将九月九日称为重阳。

　　重阳节从何时开始，说法不一。屈原《远游》"集重阳入帝宫兮"，是迄今发现的最早对重阳的记载。可见，"重阳"一词至少在我国战国时代就出现了。但以重阳为节是汉代才开始的。在有着悠久历史的中国，中华民族给这个节日注入了丰富的内容。

　　登高是重阳节的重要活动项目，始于汉代。九月九日，时值金秋，云淡风轻，天高气爽，气候宜人，是结伙出游的良好时节。这天人们登上高山，极目远眺，欣赏大自然的秋色，可以陶冶性情，促进健康，是一种很美的享受。不少文人墨客对重阳登高之举做过许多生动的描述。李白诗曰："九月天气晴，登高观秋云，造化辟山岳，了然楚汉分。"

　　佩茱萸，饮菊酒，此习俗也开始于汉朝。据南朝吴均著《续齐谐》记载：东汉年间，汝南（今河南上蔡西南），有一个叫桓景的人，跟随方士费长房学道术多年。一年秋天，费长房告诉桓景说："九月九日这天，你家将有大灾来临。你可速回家去，让全家老小都佩戴一只装有茱萸的红色布袋，登上高山饮菊花酒，便可使全家消灾免祸。"桓景听了，遵照师傅的嘱咐，于九月九日清早率全家老少登上高山。第二天返家时，桓景家中的鸡、狗、猪、牛、羊均已死光。他将家中发生的情况禀告了师傅。费长房说："这是你家牲畜替你全家受了灾。"这个消息迅速传至四面八方。从此，人们便在重阳这天，扶老携幼，佩茱萸，登山饮菊花酒，相沿成俗，并从中原逐步流传至全国各地。桓景登高消灾避祸的故事虽带有浓厚的迷信色彩，但病毒易于滋生的秋天，佩茱萸、饮菊花酒对人体却起到了一个保健作用。茱萸是一种药材，春开紫色花，秋结紫黑色果，性味酸、涩，能温补肝肾、固精止汗。菊花，性味甘苦，具有祛风、除热、解毒、养肝明目之功效，日常泡饮，可以清暑明目，除烦解毒。菊花味香，用以酿酒，清新可口。到了唐宋时期，有的地区妇女将茱萸插在头上，谓之戴茱萸。唐朝诗人王维在《九月九日寄山东兄弟》道："独在异乡为异客，每逢佳节倍思亲。遥知兄弟登高处，遍插茱萸少一人。"

聚会宴饮。据《晋书》记载：东晋大将军桓温曾于重九日率他器重的参军孟嘉和群僚登高聚宴。当时孟嘉的帽子被风吹掉竟没察觉，桓温暗地命孙盛作文嘲笑。孟嘉见后，立即写了一篇文章作答，因文辞优美，博得众人赞赏。从此，"秋风落帽"便成为一个典故。

放风筝。《闽大记》云："九月九登高，天晴爽。仿古遗事，放纸鸢最相宜。"放风筝的好处很多，《燕京岁时记》云："放之（风筝）空中，最能清目"，"可以泄内热"。人们昂首远眺，舒臂牵线，全神贯注，杂念俱消，投身大自然的怀抱中，享受着生命在于运动的乐趣，这对身心健康无疑是大有益处的。

吃糕。"糕"，取其"高"的谐音，以讨步步升高之彩。此俗于平原地区较多，可能与无山可登有关。此日吃糕称为重阳糕。其制作方法有的地区十分讲究，用精米粉蒸熟制成，再用木模印以彩色花纹。有的地方娘家要给出嫁女儿送重阳糕。

中华民族在长期的历史长河中形成了尊老敬老的光荣传统。中华人民共和国成立后，党和政府一直很重视老年工作。二十世纪末，国家明确提出了"老有所养、老有所医、老有所学、老有所乐"的奋斗目标。近年来，老龄问题成为全社会普遍关注的问题。1988年我国政府确定农历九月九日为"敬老节"，又称"老人节"。2012年

12 月 28 日，全国人大常委会修订通过的《中华人民共和国老年人权益保障法》，用法律的形式规定每年农历九月九日为"老人节"。每年这天，全国各地都要开展尊老、敬老、爱老、助老的活动。届时，有老人的家庭常要扶着年老的长辈到郊外秋游赏景或登山健体，或临水玩乐，并要准备丰盛酒宴，祝愿老人安度晚年。机关团体常举行敬老座谈会或其他适宜老人参加的活动，庆祝老人的节日。

农历九月，正是农村五谷和许多瓜果成熟的金秋季节，对广大农民来说，重阳节则又是庆丰收的节日。

采 参 节

采参节是东北地区汉族采参人的传统节日，每年农历九月三十日举行。传说清朝光绪年间，有一个叫宿武的猎手，带领伙伴到现在的吉林辉南县蛟河口一带围荒狩猎。正当大家干得十分起劲的时候，突然头顶飞过一片乌云，狂风大起，灰尘蔽日，使得猎人辨不清方向。过了一阵，宿武听到头顶的风声中夹杂着习习哗哗的怪声，好久都不能停止。他感到十分诧异，便从腰间摸出弓箭，猛地向空中发出怪音的位置射去。不一会儿，一个长得像人的怪物便随着凄厉的叫声落在宿武的跟前。大家担心可能由此惹出祸来，便匆匆地赶回家去。第二天，村子里有人传出捡到一个怪物。宿武闻讯赶来，见那东西头像鸟，身像人，两只胳膊像两只翅膀，断定就是自己昨天射下来的那个东西。后来，经过一些经常上山的老人观察，认定这是一条人参精。因为参精是九月三十日中箭的，故人们把这一天称作采参日，又称"采参节"。以后，采参日的叫法除辉南外，还得到靖宇、抚松、长白山等地的公认。

这天，人们认为是采参的黄道吉日。凡采参的人都要在神龛前摆上祭品，燃香烧纸，祈求人参精保佑进山满载而归，然后才上山采参。

贵州水族卯节

卯节，水语叫借卯，是贵州三都、荔波县毗邻地区水族群众的节日。卯节的日期根据水族历法和《水书》来推选确定。具体日期在水历九、十月内的卯日分四批过节。

《水书》称水历十月为"绿色生命最旺盛的时节"，称辛卯日为"最顺利的日子"，此月过卯节能五谷丰登、太平康乐，是过节最好的吉日。丁卯日被认为是"凶日"，认为这天过卯节会引起天灾人祸，故为过节的忌日。

这一带的水族群众分批轮流过卯节是古时候流传下来的习惯。头三批过节的在荔波县境内：首批是水利乡水利村七个水寨过，第二批是水利乡洞坨村的六个水寨过，第三批是时来乡水利浦村的四个水寨和尧排村水扒寨过；第四批过卯节的有三都县九阡乡、水各乡和周覃水备村等七十多个水寨，以及荔波县岜鲜乡、水维乡、永康乡等七十多个水寨。故第四批卯节范围最广，活动规模最大。

卯节节期为三到四天。节前要打扫庭院卫生，将收集的灰渣撒到田里。卯节前一天的寅日要杀猪、磨豆腐、煮鲜鱼，设美酒佳肴祭祀祖宗，祈祷风调雨顺、五谷丰登、吉祥如意、太平康乐。卯日是节日活动的高潮。这天，男女青年穿着节日盛装，打着花伞，成群结队地沿着月亮山和九阡大坝，会集在水各乡恕腊坡（人们习惯称为卯坡）。届时，成千上万的活动参加者散落在如茵的草地上和翠绿的灌木丛中，开展别有情趣的对歌活动。对歌由男女对唱，主唱者每唱一段，均有伴唱者配合帮腔。对歌内容一般是先唱见面歌，其次是古歌，最后唱情歌。经过对歌接触，如果男女青年彼此情投意合，或者互赠定情信物，或者相约成婚，双方父母大多能理解支持。晚上，家家宾客满堂，人们围着宴席，你敬我劝，笑声朗朗。村寨的歌堂里，男女歌手纵情对歌，通宵达旦，有的甚至连唱两三昼夜。第二天的对歌场移到恕腊坡对面山丘的耀向井边，继续进行对歌，以纪念龙女显灵给人们带来的幸福。这天对歌大多是恕腊坡对歌胜负难分的对手再次交锋，也有快成眷属的男女对唱，更富有特别的风味。

关于水族卯节的由来，民间流传种种说法。古时候，水族的远祖拱恒公率领子孙，从远方迁来贵州三都县九阡一带，开辟荒山野岭，创建家业。拱恒公是一个种庄稼的能手，当时的庄稼长得好，年年丰收，人们过着丰衣足食的日子。但是有一年，恶神作怪，放出铺天盖地的蝗虫，把庄稼吃得一干二净，气得人们七窍生烟。人们问拱恒公怎么办，他老人家也一筹莫展。十月由寅到卯的这天子夜，当人们都睡着了的时候，拱恒公因惦念着被蝗虫糟蹋的庄稼夜不能寐。这时，他面前突然闪出一道亮光，一缕青烟徐徐飘来，拱恒公仔细一看，是六鸭道人出现在他的眼前。六鸭道人告诉他："庄稼遇害是恶神降的灾，恶神还要降瘟疫给人类哩！你应该赶快发动子孙打扫房屋卫生，将扫下的灰尘撒在田里，既能杀死蝗虫当肥料，又可驱病免疫，渡过难关。"第二天，拱恒公按六鸭道人的指点一一照办，果真火灰扬尘所到之处，那些蝗虫都陆续死去，庄稼又重新生长起来，这一年还获得了大丰收。粮食充足了，人人笑逐颜开。为了感谢六鸭道人帮助水族人民摆脱了困境，第二年的十月辛卯日，拱恒公筹办宴席，祭天祭祖，并特意叫自己的第九个姑娘水仙花唱歌祝贺。此后，每年水历十月辛卯这天，九阡地区的水族人民都要打扫卫生，祭天祭祖，姑娘们还要学着水仙姑娘唱歌，后来逐渐演变成节日习俗，一直沿袭至今。

又说水族祖先迁徙到贵州后，在九阡、荔波一带开荒垦地，创业有成，过着安居乐业的日子。一年，天大旱，只有水各乡恕腊坡对面山丘的耀向井水清澈长流。人们赶来井边祈祷祭祀，龙神见了深受感动，长出一座女人形石头。人们认为这是神在显灵，个个兴高采烈，将石头当作宝贝移到恕腊坡的岩洞中放置，从此年年风调雨顺、五谷丰登。于是水族群众年年聚会纪念，时间久了，即形成卯节习俗。

三说龙王的姑娘耀向私自离开龙宫，在路过九阡时和水族小伙子阿腊巧遇，两人一见钟情，定下终身。龙王知道这个消息后火冒三丈，强迫姑娘退掉这桩婚事。耀向执意不从，与阿腊双双殉情。人们为了纪念这对忠贞的情侣，兴起对歌咏叹之俗。天长日久，成为固定的节日。

过卯节的水族群众都不过端节。这一带地区有以春节为年节的水族，春节对他们影响较大，尤其是荔波县境的头三批过卯节的地区，最早是兼过春节为年节的水族，后来过卯节的习俗日益淡漠。现在有些村寨只在自己的传统卯节时割肉打酒，摆供祭祀祖宗和内亲内戚之间互相宴请，共话节日的欢乐外，已不再举行大规模的集体活动。但第四批过卯节的地区仍然保留了节日的主要习俗。近年来，他们也开始附带过春节。

云南景颇族采草节

采草节是云南景颇族的节日，每年农历九、十月间择日举行。

传说很久以前，景颇寨有个叫戛安图空的姑娘种了一片旱稻。秋天粮食成熟时，豪猪经常跑来偷吃。姑娘察觉旱稻丢失的秘密，设巧计将豪猪抓获，要它赔偿损失。豪猪说吃了的东西没法拿出来，便叫姑娘采集酸、甜、苦、辣四种草泡成药酒，用以作为补偿。从此，景颇人学会了酿酒。后世为纪念这位姑娘，每年秋季采草制酒药前，都要举行采草仪式。日久天长即形成固定的节日。

节日这天，由村寨老人指定的两个青年，背着米酒、鸡蛋、糯米饭，由老人及巫师引路，来到山上的一块空地，青年同老人面对面席地而坐，由巫师念唱采草节的来由。然后，人们开始采集草药。

高山族观月祭

观月祭是台湾高山族阿美人的传统节日，每年农历九月中旬择日举行。

节日起源于当地民间传说。古时候，阿美人居住的美仑山住有三个心地善良的仙人，他们与阿美人友好相处，并保佑这一带年年风调雨顺，农业丰收，使阿美人过着幸福的日子。后来，三个仙人弃善从恶，经常到阿美人的各个部落惹是生非，搞得人们不得安宁。阿美人出于无奈，才由几个部落首领商定一起发动群众，将捣乱仙人赶入海中。消息传到仙人耳里，仙人主动找阿美人提出三个和平解决的条件：一是阿美人每年六月十五日举行捕鱼祭，二是八月初三举行狩猎祭，三是九月中旬举行观月祭。一旦这些条件实现，他们就立即停止对阿美人的危害，并保佑这一带人畜平安，粮食丰收。阿美人许诺一一照办，仙人便从此移居大海，从而使这一带阿美人得以安居乐业。观月祭的习俗也随之形成。节日前夕，十八至五十岁的男子要捐钱购一头水牛，将其宰杀后置于选定的树林中。节日之夜，男人们先会集事前置牛的树林，围绕牛边尽情唱歌跳舞，纵情欢乐之后，将牛肉割成许多小块，按年龄顺序分给大家食用。这时，妇女们陆续赶来参加男子们的食肉赏月活动。此间，过节的人们在竹笛、鼻箫、弓琴的伴奏下歌舞欢乐，直至深夜。

云南洱源白族打鸟节

打鸟节是云南洱源县部分白族人民一年一度的民族节日。节日活动在秋天的晴朗晚上举行，具体日子由当地群众相约商定。

节日这天，人们带着食品和捕鸟工具，纷纷赶往洱源县城西南二十千米的罗坪山。这里苍松翠柏，幽林深壑，群山连绵，共有十六座山峰。农历八、九月间，各种鸟类成群结队，盘旋于凤翔、灵鹫诸峰，多至数万只。当夜幕降临之际，人们烧起上百个火堆，顿时火光四射、烟花飘扬。已经夜宿的鸟儿看到明亮的火光，便徐徐飞向火堆上面低空盘旋，不断发出悦耳的叫声；有时，它们还破雾冲下，直接扑向熊熊的火堆。这时，参加打鸟节活动的人们则充分利用这个良机，或者张开鸟网，捕捉活鸟；或者顺手拾起扑火烧死的小鸟美餐。这天晚上，青年男女还将抓紧这个难得的深秋之夜，邀朋呼友，举行篝火晚会。他们时而唱着悠扬的《耍山调》，时而跳起传统的民族舞，欢乐的声音响彻山野。

关于打鸟节的由来，白族群众有个有趣的传说。很久以前，有个身上长着五颜六色羽毛的凤凰，从远方飞到罗坪。它看见这个地方风景秀丽，最适合鸟类繁衍，便在这里定居下来。几年以后的一个秋天，凤凰老死在罗坪山上。凤凰是百鸟之王，鸟雀们听到这个消息纷纷从各地飞赶到罗坪山上盘旋，向凤凰的遗体悲伤地啼鸣致哀。第二年这个时候，鸟雀们又飞来寻找凤凰的尸体祭奠。这时凤凰的尸体已经腐烂，它们在空中飞转半天也未达到目的。当夜幕到来之时，有个猎户正在山上烧烤猎物，鸟雀看见火堆，错误地以为是凤凰的羽毛发的光，便径直扑往火堆向凤凰致敬。后来，猎人将他看到的情况，告诉了白族的乡亲们。以后，人们便在每年秋天，选择一个晴朗的夜晚，至罗坪山上烧篝火，招捕鸟雀。年复一年，便形成了打鸟节的习俗。

祭 祖 节

祭祖节又称寒衣节，是汉族等民族民间的祭祀性节日，每年农历十月初一举行。

传说东汉桂阳（今湖南省郴州市）人蔡伦利用树皮、麻头、破布、废渔网等原料造出世界上最早的纸。元兴元年（公元105年），蔡伦将这一重大发明报告朝廷。汉和帝很赞赏他的才能，马上通令天下采用，并封蔡伦为龙亭侯。人们把他发明的纸称为"蔡侯纸"，争相购买。蔡伦的哥哥蔡莫见造纸有利可图，就到弟弟那里学了三个月的造纸技术，回家开起纸厂。因蔡莫造的纸太粗糙，卖不出去，堆满了屋，终日和妻子慧娘发愁。后来，机灵的慧娘想出一个办法，和丈夫商量后，自己装着死了。待亲友来吊唁时，蔡莫在慧娘的棺材前哭得悲哀不止，死去活来，使乡亲们也都掉了泪。他哭了一阵，抱来一捆草纸，在棺材前点火烧起来，边烧边哭诉着："都怪自己没有用心学技术，造的纸没人要，是这草纸气死了你。我要把它烧成灰，解我心头恨。"他边哭边烧，烧完了又去抱，抱来又烧。过了一阵，听见慧娘的声音在棺材里喊。忽然，又听见棺材一声巨响，慧娘在棺材里站起来，向人们诉说："刚才我是鬼，现在已是人，亲人们不要怕。我在阴间，阎王让我受苦，多亏丈夫烧的纸在阴间成了钱。三曹官知道我有钱就向我要，我用钱买通了他们，给我暗暗开了地府后门，把我放了回来。"在场的人听她说得活灵活现，都深信烧纸有这么大的好处，个个都忙着掏钱向蔡莫买纸。慧娘不肯收钱，慷慨地给亲友们各送一捆草纸，嘱咐他们到已故亲人的坟前焚烧，还说："这些纸钱到了死去的亲人手里，可用它买通狩猎官，在阴间能减轻苦刑，也许有钱能通神，让亲人逃回人间。"这烧纸的奇妙作用传至四面八方，人们担心死去的亲人手中无钱，在阴间遭罪，都急着来蔡家买纸，不到几天，堆积满屋的草纸就被抢购一空。因慧娘"还阳"的那天是十月初一，因此，后来人们都在这天上坟烧纸，以示对故去的先辈的怀念，并将这天称为祭祖节。如今，民间仍有此日去坟地默哀怀念先人的遗风。

关于寒衣节的由来，民间还有这样一个传说。秦朝时期江南有位孟员外，在屋前种了棵葫芦，藤蔓长到隔壁姜家，结了个大葫芦，两家割开一看，见内有一个白胖女娃，取名为合姓孟姜女。她十八岁那年，邻村一姓范的人家，有一个叫喜良的小伙子，秦始皇修长城时，将其抓去做苦役，喜良不堪其苦，服役三个月后逃了出来。正要回到家门，遇上官兵追来，他趁深夜潜进姜家花园，在一棵树杈中躲藏，第二天中午准备回家时，喜良因天热难受咳出声来。这时正在荷花池中洗浴的孟姜女，听到男子的咳声，叫侍女们用长篙朝树上猛打。喜良跳下树来，面红耳赤，向孟姜女将逃役之事相告。孟姜女听了十分同情。在得到父母的同意后，与范喜良结成姻缘。正待拜堂时，范被官府又抓去筑长城，几年杳无音信。孟美女惦念丈夫寒冷，便千里迢迢去给范喜良送寒衣。她翻山越岭，历尽艰难终于跑到筑长城处。一位修城人告诉她：范喜良已在一年前累死了，尸骨埋在城下。孟姜女闻噩耗便拍着长城哭喊丈夫，控诉暴君。忽然天空巨雷轰吼，大海怒涛翻滚，长城倒了八百里，露出一片白骨。哪个是自己的丈夫呢？那人又说把寒衣烧掉，灰飞到哪个尸骨上，哪个便是你丈夫。孟姜女照此办了，果真衣灰飘然而去，最后落到一具尸骨上。孟姜女找到丈夫尸骨这天，正是十月初一。后来，有人编了一首歌："十月里十月一，家家户户缝寒衣，人家丈夫把寒衣换，孟姜女万里寻夫送寒衣。"从此，逐渐形成定俗，将十月初一孟姜女寻夫送寒衣的日子称为寒衣节。这天，人们除上坟添土外，还为亡人糊纸箱柜，做纸衣焚烧，以示为亡人御寒。

贵州黔东南苗族祭牛节

祭牛节又称敬牛节，是贵州黔东南地区苗族人民的传统节日，每年农历十月初一举行。

节日这天，农家让耕牛休息一天，选用最好的饲料喂牛，以示感谢耕牛对农业发展的贡献。然后将事前制作好的两个糯米糍粑分别挂在牛角上，并将其牵一水塘边，一边给牛喂水，一边让牛观看自己在水中的影子。传说这样做牛会高兴，农家使役时它会更卖劲。最后，将糍粑取下喂牛后，将牛牵往附近牧场自由放牧。

云南昆明白族鸟松博和鸟松咬会

鸟松博和鸟松咬会是云南昆明市西山区沙浪一带白族群众的传统节日，每年农历十月初二举行。

白族民间传说，鸟松博和鸟松咬是主宰天地人三界十方万灵的保护神，从每年插秧开始，他们就居住在田地里，保佑谷物生长，直至农业丰收才走。十月金谷丰收在望时，鸟松博和鸟松咬完成保护庄稼的重任，即返回家中居住。人们为感激二位神灵的恩德，故全村人在本村祭台前举行祭祀仪式迎接他们回家。届时，人们在祭台树上拴一串用红、黄、绿等彩色纸做的神位，上书"天地人三界十万灵主者圣会"。祭祀时要在祭台上杀鸡宰猪，贴上鸡毛，然后全村人员列队，吹着喇叭、敲锣打鼓游行至田间，一路呼请鸟松博、鸟松咬回家居住。最后，各家在自家的田地里摆设肉、饭、酒等供品，焚香呼叫他们的神灵回家，领回两位神灵供在祖先的灵堂拜祭。

广西壮族收镰节

收镰节是广西壮族人民欢庆粮食丰收和感谢土地神的节日，农历十月十五日举行。

镰就是收割粮食的镰刀。每年秋收结束后，为了报答土地神的恩惠，壮族农家于十月十五日这天，家家户户杀鸡宰鸭，割肉打酒，并蒸糯米饭舂糍粑。然后将鸡、鸭、肉、酒等供品送往土地庙前，祭拜土地神灵，一则向土地神报告全年的粮食已收割完毕，并获得了丰收；另则也表示对土地神的衷心感谢。礼毕，回家举行节日饮宴，共赏丰收的喜悦。最后，各家将割禾的镰刀等农具清洗干净，集中收藏，以备来年再用。

瑶 族 盘 王 节

盘王节又称还盘王愿、祖娘节，是瑶族人民最隆重最盛大的传统节日，因瑶族支系的不同，过节的时间以前一直不统一，但节日活动则大同小异。节期长短不一，有的一天，有的二至三天。

节日活动围绕祭祀祖先盘王的内容，以村寨或家庭为单位进行。诸如杀猪备酒菜，焚香祭拜，唱盘王歌，颂扬盘王的大恩大德和功绩，玩龙舞狮，唱歌跳舞欢庆。

在盘王节的节日活动中，最有趣、最引人注目的是长鼓舞。小伙子们身穿齐领对襟衫，头缠红巾，插上羽毛，腰挂长鼓，边打边跳，随着鼓声一步一转身，时而弯腰行进，时而击鼓跳跃，个个热情奔放。关于盘王节的起源，各地流传着许多传说故事。

一说古时候，有一个叫评王的国君统治着中国。当时中国这个地方年年风调雨顺，五谷丰登，举国上下都过得平平安安。可是好景不长，当时有个叫高王的外国统治者，对中国人民过着富裕的生活十分眼红，经常派兵来侵略中国。侵略者所到之处，大肆制造事端，杀人放火，掠夺人民的财产，搞得到处鸡犬不宁。随着时间的流逝，高王的侵略行为已严重地影响到整个国家的安全，从而激起了评王对高王的愤怒。评王为了巩固自己的统治地位和国家的安全，决定派兵反击高王的侵略。评王下定决心，一定要惩办高王。为了达到这个目的，评王贴出皇榜，广招天下英雄豪杰，向全国许诺：凡能带兵去打败侵略中国的强盗和杀死高王者，将他的三公主赐予其为妻，并给予重赏。皇榜贴出许多天，由于当时的文武群臣都深知高王性情凶残，他的军事力量比较强大，因此，谁都不敢出来揭榜。

瑶族的先祖盘瓠听到这个消息心急如焚，马上跑去求见评王，胸有成竹地向评王呈述说："高王统治下的国家经常侵犯我国，给中国人民造成了很大痛苦，犯下了滔天大罪。保卫国家的安全和人民的生命财产，人人有责，我愿意率军去征讨高王，打败侵略者，杀死高王。"评王见盘瓠身材魁梧，气宇不凡，说话有条有理，惩战高王的态度又很坚决，一时心里惊喜若狂，觉得这真是一个难得的人才，马上封盘瓠为征讨大将军，并选派精兵强将交由他统一指挥。待一切准备就绪，盘瓠率军出征时，评王亲自为征讨军将士送行祝福。

盘瓠大将军领兵出征后，日夜兼程，风餐露宿，几天后，就抵达高王的兵营。他身先士卒，指挥征讨军将士直冲敌阵打杀。高王见中国的征讨军来势凶猛，作战有力，急忙调兵遣将迎战。由于盘瓠在战斗中指挥得当，将士们英勇杀敌，连续战斗了几个回合，沉重地打击了敌军的锐气，迫使敌军节节败退。盘瓠率征讨军乘胜追击，一路又歼灭了许多敌人，很快打到了高王的京城。盘瓠率军穷追猛打，攻进京城后又和敌人进行了几轮紧张的街头巷战，大举消灭了高王布置在京城的守卫军之后，盘瓠又率军包围了高王的王宫。高王组织王宫卫队出击迎战，这时守城溃败的残兵败将也趁机凑合起来反扑，妄图进行内外夹攻，做垂死挣扎。盘瓠冷静沉着，合理安排兵力，将一部分队伍调去和反扑过来的敌人作战，另外部署大部分精兵勇将攻打王宫。经过几番艰苦拼搏之后，外围的敌人几乎全部歼灭。此后，盘瓠组织将士全力以赴，猛力冲杀，一举攻进了王宫，杀死了高王，取下首级。残余的队伍见高王被杀，参战的军队都已一败涂地，只好投降。盘瓠大将军带着高王的首级，高奏凯歌回国。

评王听到盘瓠打败了侵略的敌军，杀死了与他作对多年的高王，非常高兴。当征讨军回国后，评王亲自接见了盘瓠，在为征讨军举行的庆功会上，评王夸盘瓠为国家争了气，为老百姓除了大害，并当众册封他为盘王，将他招为驸马，即日与三公主成亲。从此，中国又天下太平，人民安居乐业。举国上下都称赞盘王是劳苦功高的英雄。不久，评王继续兑现招贤皇榜的许诺，盘瓠被封于"南京会稽十三殿"当王，定居会稽山下的钱塘江畔。后来，三公主生下六男六女，传下瑶家十二姓。

盘王在会稽当王后，虽然身居高位，过着十分富裕的生活，但他仍时时关心人民的疾苦，经常带领儿子和兵丁出海巡察，遇到海上发生险情或有人遇难，便立即指挥抢险救人，传说被他搭救的渔民和商人就有成百上千。盘王抢险救人的功德，受到天国的嘉奖，死后被封为镇海大将军。

盘王死前喜欢打猎。有一次，他带着妻子和家人上山打猎时，山上的野牛听到了响声被惊动发狂，乱蹦乱跳，横冲直闯，将盘王的妻子撞死。盘王勃然大怒，七窍生烟，带领随员围追野牛，终将野牛击毙。为了给亲人报仇，盘王命将野牛剥皮，把牛肉分给大家吃，又吩咐砍下桐树，将其挖空，锯成短节，将野牛皮蒙上制成长鼓敲打，并叫人们跟着鼓声的节拍翩翩起舞，以示雪恨。若干年后，一次盘王上山打猎时，不幸被野牛触下山崖身亡。他的儿子们闻讯赶来，对野牛切齿痛恨，同心协力追逐野牛，终于将野牛抓获，将其杀死剥皮，并效仿盘王生前的做法制成长鼓，边敲边跳，举行纪念活动。以后每逢盘王遇难的日子，瑶族人民身穿盛装，携带酒肉赶到预定的地点聚餐，并举行跳长鼓舞、点冲天炮、吹芦笙、对唱山歌和表演武术等活动。天长日久，即形成盘王节的定俗。

二说瑶族祖先盘王生前为子孙造福，死后也保佑民族平安。有一年天遭大旱，粮食颗粒无收。瑶族先民为了生存，被迫背井离乡逃难，从南方向遥远的北方迁徙，在海上航行七天七夜之后，人们登上一个小岛休息，突然小岛下沉，人们迫于无奈，只好放弃休息，纷纷上船。不久，海上又刮起大风，掀起凶涛恶浪，一时海浪滔天，十二只船组成的船队被打翻六只。在危难之际，船队中有一位老人想起祖先盘王生前有灵性，便向大家建议说："盘王老祖公生前为人民救苦救难，死后被天王封为镇海大将军，他的子孙现在海上遇到即将死亡的劫难，他不会见死不救，我们还是向盘王老祖公求救吧！"船上的乡亲们听了，觉得老人说得有理，便跪在船板上，祈祷盘王保佑子孙平安靠岸，并向盘王许下大愿，只要保佑子孙安全脱难，年年酬谢盘王。说也奇怪，许完愿，就立即风平浪静，瑶族先民的船队终于平安靠岸。当日是农历十月十六日，恰好这天也是盘王的生日。

瑶族先民定居下来后，第一件事就是杀猪、打糍粑、买酒祭祀拯救他们摆脱危难的祖先盘王。随后，男女老少载歌载舞，庆祝乡亲们平安无事。以后，为了纪念盘王，世代不忘向盘王许下的愿，年年于盘王的生日设酒祭祀。代代沿传，成为节日。

瑶族是一个有着悠久历史和灿烂文化的民族，尽管这个节日比较集中地反映了瑶族的历史传统，流传面很广，但由于瑶族支系甚多，再加上其他一些原因，历史上一直未形成统一的盘王节。为了继承和发扬民族文化的传统，1984 年 8 月，在广西南宁召开的全国瑶族干部座谈会上，将盘王节定为瑶族的统一节日，时间为农历十月十六日。

湖南江华瑶族倒稿节

倒稿节是湖南江华瑶族自治县一带瑶族人民的传统节日，每年农历十月十六日举行。

当地传统习俗，倒稿节之后，田地上的粮食作物便不分主属，任何人均可自由收割，即使种家看见别人收割亦不得制止。为避免辛勤劳动的成果落入他人之手，节日之前，家家户户都要抓紧时机，将已熟的稻、粟、玉米、甘薯抢收完毕。

节日这天，时逢秋收结束。村寨的青年特别活跃，他们欢聚一堂，高唱《倒稿歌》（丰收歌）；一些身强力壮的小伙子则手持棍棒，将水牛赶往宽阔草坪去搏斗，供人们观赏娱乐。此日，人们将举行丰富的餐宴，称为吃倒稿饭。

贵州剑河苗族稻草节

为了庆祝稻谷丰收，贵州剑河县南哨镇一带的苗族同胞，每年在农历十月稻谷收割入仓后，要择日举行一年一度的稻草节。

节日这天，家家户户要杀猪宰羊，蒸糯米饭、打糍粑、做糯米酒，并邀请亲朋好友来家做客。受邀的亲友则穿着节日盛装，带着丰盛的礼品到主家贺节。主家则要筹办酒宴盛情招待来宾。席间，宾主互相劝酒，畅谈丰收的喜悦和对美好生活的向往。

节日期间，村寨还将举行芦笙舞和传统的斗牛等文体活动，尽情欢乐。过节之后，人们陆续将干枯的稻草收集堆存，备作冬天牛羊的饲料和垫铺畜圈之用。

贵州丹寨苗族祭尤节

祭尤节是贵州丹寨县长青乡扬颂、腊尧等地苗族人民祭祀祖先的盛大节日，每年农历十月第二个牛场天（丑日）举行。

尤就是蚩尤。在我国氏族社会后期，中华民族的祖先逐渐形成了以黄帝为首领的黄帝族、以炎帝为首领的炎帝族和以蚩尤为首领的九黎族三大部落。黄帝族和炎帝族最早住在西北今陕西省一带。后来，黄帝族定居今河北省涿鹿附近。炎帝最后来到今山东省地区。九黎族的活动范围主要在今山东、河南和安徽等省一带。九黎族和炎帝族为了争夺黄河流域的肥沃土地，曾发生多次战争。传说蚩尤曾是天上司兵之星，在统治九黎族部落时，他最早掌握炼铜技术，在与敌部落的战争中，巧妙运用气候的特点，曾多次打败对方。炎帝战败后，与黄帝部落联合起来，在中原地区和九黎族部落又发生过几次战争，最后，在最激烈的涿鹿决战中，九黎族部落战败，蚩尤被擒杀。传说蚩尤遇害这天是农历十月的丑日。九黎族部落战败后，一部分归附黄帝部落，一部分南迁。如今生活在我国南方的苗族以蚩尤为神，称自己是他的后裔。

祭尤节的祭祀分为私祭和公祭两种。私祭在庄稼歉收之年，以家为单位在供奉有蚩尤像的堂屋举行；公祭在庄稼丰收之年以同宗族人为单位，在蚩尤祠堂举行。公祭活动按统一的祭祀仪式由祭尤师主持进行。祭祀开始时，由祭尤师请蚩尤与他的八位兄弟入座，然后打火镰取圣火、鸣铁炮、鸣火炮。接着将九碗酒、九张枸叶、九张青菜叶、九条鲤鱼摆放在蚩尤的神像前的祭台上，由祭尤师念读祭词，赞颂祖先的恩德，祈求祖先保佑苗家子孙兴旺发达，吉祥平安，来年风调雨顺，庄稼丰收。念完颂词，就鸣大号，宰杀祭牛。最后再念颂词，送祖先。祭毕，人们共同分享祭品。节日期间，亲友间要互相走访贺节。出嫁女儿也有回娘家过节的习俗。近年来，节日内容在传统的祭祀基础上，增加了跳芦笙、对歌、赛唢呐、斗鸟等文体活动，使古老节日的内容更加丰富多彩。

蚩尤是苗族和部分其他民族认同的祖先，蚩尤文化也是中华文化的重要组成部分之一。丹寨既是苗族世代的居住地，又是蚩尤嫡系后裔的重要聚居地。扬颂和腊尧是蚩尤原始文化保留较好的地方，当地的蚩尤节已被列入贵州非物质文化遗产名录。2012年11月6日中国贵州丹寨祭尤文化节和蚩尤公祭大典在丹寨隆重举行，参加人数达万余之多。

仫佬族衣饭节

衣饭节是仫佬族人民的节日，逢农历闰年的立冬日举行。"衣饭"，仫佬语，是祭祖的意思。

传说盘古王开天辟地的时候，把九万九千九百九十座大山安放在天地的西南角上。后来，仫佬族的祖先在九万大山东南面的山谷地带开创家业，繁衍子孙。那时，这里杂草丛生，刺蓬遍地，老祖宗夙兴夜寐，开荒垦地，种下甘薯、玉米、稻子、棉花，可是没到收获的时候，甘薯就被山猪吃了，玉米被猴子掰了，稻子被鸟雀啄了，棉花被蚜虫咬了，搞得人们颗粒不收，连种子都收不回来。有时，金环蛇还爬到床上咬人，老虎跑到寨里抓猪，吓得大人不敢下地，小孩不敢出门，公鸡不敢啼叫，母鸡不敢下蛋，家家唉声叹气，日子难熬。九头山上有个叫罗义的壮汉，目睹乡亲们的疾苦，走访仫佬山乡九冬十二寨，和父老兄弟商量除害保庄稼的办法。乡亲们知道罗义力大过人，能射一手好箭，就推选他为大家治理野兽。

九冬十二寨分布在十二个地方，相隔几座山，罗义日夜狩猎，四处捕兽，顾了这个地方又顾不了那个地方。一天，他看见到处都有飞禽走兽在损害庄稼，急得一脚踩塌了半个山头，惊动了九冬十二寨的乡亲们。一个叫格佬的老人听到这个消息，赶来告诉罗义说："狮子是百兽之王，只要治服了狮子，鸟兽就老实了。十月十七立冬这天是狮子的生日，它们要在十六日晚上下山找吃的，你可以利用这个机会收拾它们。"这天，罗义带着事先准备的弓箭，早早地躲在狮子下山必经道路旁的密林里。当三只高大的狮子追着野兔下山时，罗义立即拉弓搭箭，迅速射向三只狮子，三只狮子先后受了重伤。三只狮子抬头看见罗义还在张弓扶箭，慌忙跪下哀求饶命。罗义面对三只狮子大声命令："山中狮子王，莫要再猖狂，令你管百兽，守卫我田庄!"从此，三只狮子乖乖地守在田野，不准百兽偷吃庄稼，伤害群众。从此，九冬十二寨年年太平，岁岁丰收。仫佬山寨虽然安宁了，但种地全靠人用钉锄挖，生产效率很低，群众的生活仍然很苦。后来，罗义发现野牛力气很大，就在山上捕了一头母野牛，想把它驯来翻地，可是，还没有来得及动手罗义就生病去世了。罗义的女儿罗英继承父志，勇敢地挑起了驯牛的重任，她克服重重困难，终于使野牛学会了耕田犁地。第二年的立冬这天，野牛生下十二只小牛仔，等它们长大以后，罗英就把它们分给十二寨的乡亲们耕作。从那以后，仫佬人开始用牛翻地，田地越开越多，庄稼越种越好，家家户户丰衣足食。

为了纪念罗义和罗英父女，仫佬人将闰年的十月立冬日定为衣饭节，村村寨寨聚会唱歌庆祝。节日这天，仫佬人杀猪、宰鸡、鸭，包粽粑，筹办节日食品，并且邀请唱师，敲锣打鼓，轮流到各家唱歌跳舞。节日活动在家中堂屋进行。届时，挑选最丰满最长的糯谷穗，用彩带挂在墙壁上。堂屋中间摆一大桌，桌上放着大大小小的水牛、黄牛模型。人们在一个个芋头或甘薯上，竖插四个香梗作为牛腿，一头插上两颗弯弯的猪獠牙作为牛角，另一头安上几条棕麻丝作为牛尾巴，用芋头制作的是水牛，用甘薯制作的是黄牛。桌上还摆有一盘五色糯米饭团，饭盘周围又摆着甜酒、芝麻、花生、黄豆、胡椒、生姜、八角等十二种香料食品，表示六畜兴旺、五谷丰登。唱师演唱时，一会儿拿一根金竹鞭向牛群挥舞，一会儿托着五色糯米饭围桌而跳。屋内同族兄弟姐妹和亲朋好友坐在周围观看，有的敲锣打鼓，有的唱歌跳舞，用以欢庆当年的农业丰收，祈祷来年风调雨顺。整个活动从头天清晨开始，直到第二天黎明才结束。事后，将谷穗和耕牛模型分给各户。

云南彝族颂牛节

颂牛节是云南省西北山区彝族支系黑话人的传统节日，每年立冬日举行。

传说此日是天牛下凡为人类效劳的纪念日。节日这天，各家将自己的牛赶到牛神崖前的草坪过节。草坪上插着十二根松杆，上挂用红绸缀着的荞子、燕麦、玉米，中心放着装有用马铃薯制成的黄牛和用萝卜制成的水牛模型的簸箕。簸箕的四周放着荞饼、燕麦炒面、玉米糕和切断的燕麦秸，以示牛的饲料。节日活动在一老歌手主持下开始，人们牵着挂红绸的牛，绕着簸箕载歌载舞。歌词多为歌颂牛的功劳和牧牛人的辛苦。接着，老歌手根据农事成绩的大小，将模型牛和饲料奖给牛的主人。饲料当场喂给受奖的耕牛，牛模型则装在五彩缤纷的牛轿中。最后，人们赶着耕牛载歌载舞游村串寨，牛模型由受奖之家接回供在堂前，作为代代相传的宝贝。

贵州布依族更健节

"更健"又称"过帝",是布依语的音译。更健节是贵州荔波县和三都县部分布依族的传统年节。过节时间分为两类,第一批在农历十一月(冬月)初一至十五日,包括荔波县甲良区的地峨、觉巩、水利等乡的布依人;第二批在农历十二月(腊月)初一至十五日,包括三都县周覃、九阡、恒丰和荔波县的甲良、方村、阳凤、播尧、甲站一带的布依人。

关于节日的由来,各地说法不一。第一批过节地区的传说是:从前,地峨乡的太阳寨有个叫吴山贵的青年,从小在外闯荡,学得一身武艺,回到家乡后,听乡亲们说当地官吏作恶多端,十分气愤,决定带领大伙去砸烂官府。这时,离过年还差两个月时间,父老们都劝他等过了年再动手。吴山贵却说:"每当逢年过节,贪官污吏们总要来搜刮老百姓的钱财,我们从未过过一次好年,这次一定要在过年前砸烂官府,让乡亲们痛痛快快地过年。"经过父老乡亲们的反复商议,为了让吴山贵同乡亲们一起过了年再出征,决定提前两个月过年。可是,过年后吴山贵率众攻打官府时,因力量悬殊,寡不敌众,战败就义了。噩耗传回,乡亲们个个放声大哭。远近的布依人,为了纪念吴山贵和他的伙伴,决定陪太阳寨提前两个月过年。从此,这一带的布依人家,形成了冬月初一至十五过年节的习俗。

第二批过节地区的传说是:很久以前,周覃一带是一片大森林,有一户周姓、有一户覃姓的布依人迁来这里定居,开荒垦地,创建家业,过着饱食暖衣的日子。后来官府见这里人少地广,颇有发展前途,也寻踪而来。周覃两姓的子孙代代都有人被官府抽去当兵。有一个叫帝的青年,是这一带远近闻名的孝子,也被抓走。老人不肯让他走,乡亲们也舍不得他去。大家为了让他同大伙一起过了年再走,纷纷到官府要求延缓出发时间,可是乡亲们磨破了嘴皮也毫无结果。人们无可奈何,只好提前一个月过年。帝参军以后,英勇善战,接连打了几个胜仗,不久当上了统兵的将军,并为家乡的亲人们做了许多好事。人们为了纪念帝的功绩,一直坚持提前一个月过年,并把它叫做过帝。

更健节的活动内容,同农历正月过年的布依族基本相似。节日的具体活动,由于地区和族系的区别,存在一些差异,其主要活动是:农历十月或冬月的最后一天叫年三十。这天晚上要吃年饭,饭前要祭祖祭神,方村乡一带莫姓布依人,还要在神龛上供三个粑粑、一块红糖、一个红蛋,并在门口悬挂写有"昭穆堂"或"余庆堂"等字样的红灯笼。这一夜各家通夜守岁。鸡鸣三遍时,新一年活动正式开始。小伙子燃放鞭炮。姑娘和新媳妇们穿着新衣,辫子上扎一根红头绳,然后挑起水桶,潮水般地涌向井边舀"金银水"。"金银水"的由来是这样的:传说从前的一个更健节期间,有七个姑娘去挑水,回来时与一跛脚老太相遇。老太向姑娘们讨水喝,前面的六个都不肯,最后的那个姑娘放下水桶用瓢舀水给她喝。老太喝了半瓢,将剩下的又倒回水桶。姑娘毫不介意,一口气把这挑水挑回,倒在家里的水缸里。次日清晨,姑娘去舀水煮饭,发现水缸里全是亮晶晶的银子。好消息传至四面八方,人们便兴起了初一凌晨争挑"金银水"的习俗。最早赶到井边的人,要在井边点燃三炷香祝祷。挑水的人不能回头观望,也不能将水打泼,否则预示他家新年不吉利。人们小心谨慎,要在黎明前连挑数挑,备足三天用水。初一早上,各家用"金银水"煮糯米汤粑。第一碗汤粑,要用于敬献祖先。以后每餐饭前也都要燃香供餐,直至当月十五日晚餐为止。初一这天,老人不出家门,小伙子爬山娱乐,年轻女孩子聚集寨子平地踢毽,儿童们在院子里打陀螺。初一禁忌颇多,不请客送礼,不扫地,不泼水出门，不割草劈柴，不洗晒衣被，不动针线，不纺纱织布等，否则新年就不吉利。方村莫家初一忌吃带叶青菜，否则容易引起麦田菜地杂草丛生。初二至初五是更健节"玩年"的高潮。家族、亲友间互相走访、贺节，主人以美酒佳肴热情招待；中青年以上的男女聚集村寨歌台，对歌取乐；青壮年男子邀伙结伴，上山狩猎；众多的男女青年则利用这个机会谈情说爱，互诉衷情。至十五日，各家再次设宴祭祀祖先，一切禁忌解除。至此，为期半月的更健节结束。

过更健节的地区一般都不讲究过农历正月的春节。

云南新平哈尼族老人节

老人节是居住云南省新平县卡多山区哈尼族人民的传统节日，每年农历十一月十五日举行，节期一天。

节日这天早晨，哈尼寨的男青年们赶到附近的山坡挖青松树，并将它们搬运到圣自（传统的老人节活动场地），整齐地栽在那里；妇女们则忙着做节日的丰盛菜肴和献给老人的食品。当太阳偏西时，人们都纷纷涌向圣自。老人们则兴高采烈地会集在青松树下，准备参加为他们专门举行的节日仪式。当司仪一声令下时，场上的面面铓锣一齐敲响，村寨的男女青年手捧米酒、茶水，中年男女端着糯米饭、鸡蛋等食物，纷纷敬献给在青松树下的老人。祝他们寿如青松，长生不老。在老人接过食品后，场上的男青年立即弹起小三弦；姑娘们忙着唱起敬老歌，祝愿老人们健康长寿，幸福快乐。接着，老人们在悠扬的乐曲和歌声中，欢乐地跳起老人圆舞（哈尼语称"阳猛套"）。歌舞结束后，由老人逐一介绍一年来子女对他们的赡养情况以及生活情况。随后进行评议，表扬尊敬老人的好人好事，并对有虐待老人行为的子女和不良现象进行批评教育。

尊老爱老是哈尼人民优良的传统美德，随着社会主义精神文明建设的深入和发展，这个古老的习俗注入了社会主义时代的新内容，成为社会主义精神文明的一个组成部分。

冬 至 节

　　冬至是我国民间的重要节日。时间大致在农历十一月中旬，公历 12 月 22 日左右。这天是一年中白昼最短，夜晚最长的一天，故称短冬至，民间又称长夜节。过了冬至，白昼时间渐长，夜晚开始变短。冬至，标志着寒冬的到来，此日又有交九、数九之称，从冬至算起，每九天为一"九"一直到九个"九"天气才开始变暖。冬至是我国二十四节气中最早确定的一个，后又演变成民俗节日。冬至作为节日，先在宫廷里兴起，然后上层社会的达官贵人跟着效仿，后来传到民间，时间久了，便兴起许多独具特色的节日习俗。我国古代以冬至为冬节，民间普遍都比较重视过冬至，人们把它当作过年，活动内容较多。俗语有"冬至大如年""肥冬瘦年"之说，意思是说冬至像过年一样。届时，商店、手工作坊等均放假一天。冬至前一天称为冬除夕，有的地方有冬至祭祖，全家吃冬至饭的习俗。有的地方此日互相走访祝贺和向老师叩头请安，称为拜冬。互相馈赠食品，称为送冬至盘。北方民间有冬至祭煤窑神，南方沿海则有冬至祭海神的习俗。

　　冬至吃饺子是北方民间比较普遍的传统习俗。传说此俗来源于纪念神医扁鹊。扁鹊，原名秦越人，战国初年渤海郡郑（今河北任丘县）人。他一生游医四方。一年冬天，他在农村治病时，发现许多人的耳朵都被冻坏了，便于山中采集草药熬成汤汁让人们服用，以御寒生热，并以面片包食药渣。此方果然很灵验，他很快医好了人们冻坏的耳朵。此后，人们为了纪念扁鹊，便于严冬到来之际的冬至，用面粉制成耳朵形的食品吃，后来给它取了个"饺子"的名称。民间谚语说："吃了饺子汤，胜似开药方。"至今，很多人吃完饺子后，还习惯再喝一碗汤。

　　冬至吃饺子之俗又说源于东汉。传说东汉名医张仲景的医术很高，人们称他是妙手回春的医生。张仲景晚年在长沙做官，一年冬天告老还乡，路过白河岸边，看见老百姓面黄肌瘦，衣不遮体，好多人的耳朵也冻烂了。张仲景回到家后，仍惦记着那些冻坏耳朵的穷人。他叫弟子在南阳关的一块空地上搭个棚子，架起大锅熬药，在冬至那天开张，给穷人舍药治冻伤。舍的药叫祛寒娇耳汤，用羊肉、辣椒和一些祛寒药材放到一起在锅里煮熬，待羊肉、药物煮好后捞起来切碎，用面皮包成耳朵形的娇耳下锅，然后分给冻伤的乡亲们吃，每人两只娇耳，一大碗汤。人吃了娇耳，喝了祛寒汤，只觉得浑身发暖，两耳发热，冻伤都痊愈了。一年冬至这天，张仲景去世了。遵照他的遗嘱，南阳人和长沙人抬着棺材去长沙安葬。当送葬队伍走到当年舍祛寒娇耳汤的地方，突然灵绳断了。众百姓便将张仲景就地安葬。人们为了纪念张仲景，冬至这天家家吃娇耳。

一些农村有冬至吃长线面的习俗。民间谚语说："吃了冬至面，一天长一线。"用以象征从冬至日起，夜晚渐短，白昼渐长。

各地由于民间风俗习惯存在一定的差异，过冬至节的内容也不尽相同。

江苏苏州一带在临近冬至时，家家忙着磨糯米粉做团子，俗称"冬至丸"。冬至夜，饭前设酒菜祭祖，而后全家吃冬至夜饭。菜肴极为丰富，一如过年。凡已出嫁的女子，不能留在娘家，否则将不利于亲人。冬至当日有吃糯米团子和南瓜子的习惯。

台湾民间此日也有用糯米粉做成团子祭祖先，将门扉和器物都贴一团子，俗称饷耗。祭祀结束，阖家宴食，称为添岁。

福建在冬至前几天，家家户户将糯米放在屋外阳光下曝晒，到冬至前一晚，家家备蜡烛一盒、橘十个（每一橘插一纸花）、筷子一双、大蒜两个，将它们整齐地放在盘中，再将盘子摆在桌上。然后用开水调和糯米粉，搓成圆子、银锭、元宝、秤、斗、臼等形状，冬至日早晨将它们煮熟后祭神祭祖，然后全家分吃。此节日习俗当地还有一个传说：古时候有一打柴人，于冬至日在山上打柴时不慎失足坠入深涧，因深山路绝，人烟稀少，打柴人呼喊很久，也没有人来救他，此后打柴人在深涧中以黄精姜为食才幸免饿死。打柴人在此待了十多年，全身生出长毛，用尽全身力气飞出深涧才得以脱险。待家人将他找回家时，他什么也不知道了。家人便用糯米粉和水做丸子，让其食用。打柴人以为这是在深涧中常吃的黄精姜，就高兴地吃了，人性得以恢复。从此吃糯米丸子成为冬至节日习俗。

浙江一带有民间冬至日用糯米粉做丸，取其团圆的意思，俗称小团圆。浙江乌程一带民间，冬至日用金银花、野菊花、茄根、干姜等熬水沐浴，俗称扫疥。当地人认为，此日用草药汤沐浴，可预防皮肤病。

朝鲜族冬至这天要喝小豆粥。将煮熟的小红豆去皮，然后放入少许淘好的大米一起煮，待水开后放入小糯米团，煮熟便吃。小豆呈红色，传说鬼特别畏惧赤红。因此，人们这天将小豆粥泼到门扇上，以示驱逐鬼邪。朝鲜族人冬至这天一般不外出，留在家里喝碗热乎乎的小豆粥，聊聊天，听老人讲故事。这天，人们用冬至粥祭祀祖先、招待客人，邻里之间还要互相赠送。

广西有的壮族冬至日做糯米粑祭神、祭祖，有的地方此日有吃绿豆糍粑的习俗。

云南大理的白族冬至要杀猪宰羊，邀请亲朋好友到家做客。因此时为粮盈农闲时，青年男女多逢此日商定婚事。

福建畲族冬至这天，家家做糯米汤圆，煮熟后粘贴在农具柄上和牛身上，以示对农具和牲畜的谢意。当年未曾结果的果树上，也要粘上几个汤圆，以祈求来年果实丰硕。

青海互助县土族冬至日以肉饼和旗子为主食。旗子是将油饼切成菱形花纹炼制而成，人们称菱花为一旗。中、晚两餐一般都吃烩菜和熬饭。此日，男女青年举行骑马和蹬棍比赛，获胜者被誉为英雄。

贵州仡佬族小年节

贵州六枝等地仡佬族有过小年节的习俗，每年农历冬月第一个猴场天开始，狗场天结束，为期三天。

相传仡佬族的祖先原在天上生活，住的是玉宇琼阁，吃的是仙桃供果，过着幸福美满的日子。后来，天上的仙人日益增加，食物不够吃了，玉皇大帝决定派遣一些仙人到凡间谋生，仡佬人的祖先也是其中之一。仡佬先人到人间定居后，生了九个儿子，成为仡佬九个支系。老祖先披星戴月，辛勤耕耘，人们过着丰衣足食的日子。一年冬月，外族要来侵占这片土地，老祖宗们奋起保卫家园。人们出征前夕，为了不忘手足之情，决定提前团聚过年。后人为永世不忘先人创业保家之功，一直沿袭下来，称为小年节。传说始祖下凡后艰苦创业时，常以山药、野果为食，穿树皮御寒遮体，故过小年节时要尽量体现先人艰苦生活的风貌。

　　猴场天，各家各户上山挖山药，用水洗净后将它和两块猪肉挂在灶上的房梁上，备作狗场天之用。鸡场天，家家忙着蒸糯米打粑粑。狗场天，人们从灶房的屋梁上取下山药和肉煮熟，筹办年饭。晚上，各家将九个粑粑平放在一个簸箕内。人们传说，九个粑粑分别代表仡佬人的九个支系。每个粑粑的周围摆放三个肉丸，再在粑粑上插三片茅草。待头人到家时，即举行祭祀仪式。祭祀时先将屋内的灯火熄灭，再由头人用斗笠将炉火亮光遮盖。相传灭灯遮亮是因祖先当年生活艰苦，没有衣服穿，不好意思让后代看。接着由头人口念咒语，请祖先吃年饭。最后，由头人拿开遮盖炉火光的斗笠，点燃油灯，将九个供奉祖先的粑粑分给孩子吃，吃时要仿照祖先当时的样子，用手抓着吃。祭毕，全家围坐同吃年饭。

贵州镇远苗族灭鼠节

灭鼠节是贵州省镇远县涌溪龙姓苗族的节日，每年腊月初一举行。

传说这一带的龙姓苗族古时候原住在外乡，后迁来涌溪定居。有一年庄稼遭受大旱，粮食歉收。快到年底时，祖公家里仅剩五升糯米。眼看年节即将来临，便将糯米存放米桶待过年再用，可是却被老鼠发现偷吃一空。人们见了气得摩拳擦掌，便铲挖鼠洞，用火熏、水灌的方法捕捉老鼠，又将散失在鼠洞的米集中起来做成糯米饭，并将捕得的老鼠剥皮煮熟会餐，借以惩处贪食的老鼠。后人为怀念祖先的这一事迹，决定将腊月初一定为灭鼠节，集中进行农闲的灭鼠活动。

此后，每当腊月初一即将来临之时，家家户户都要在屋里屋外和田边地头寻找鼠洞，并用多种方法捕捉老鼠。一旦抓住老鼠，便将它剥皮洗净烘干，备作过节的食品。若哪家没有捕得大鼠，便在过节时用捏成老鼠模样的粑粑代替，故灭鼠节又称老鼠粑粑节。过节这天，家中的外出成员和出嫁姑娘都要赶回。各家先用鼠肉做供品祭祖，然后全家围坐举行鼠肉宴，开怀畅饮，庆祝灭鼠成功，并预祝来年庄稼丰收。

腊 八 节

农历十二月初八，是"腊八节"。

农历十二月叫腊月，"腊"的本义是合或接。古代称腊，就是祭的意思，神农时称为腊祭。《礼记》云："腊者，岁终大祭，纵使民宴饮。"唐人张守《史记正义》中对"腊"的释义是："腊禽兽以岁终祭先祖。"一年的农事已经完毕，应祭祀万物之神及天地祖先，表示农家的心意，祈求保佑来年取得好收成。腊是祭祀神灵祖先的一种仪式，因其在岁终，即十二月，所以把这个月称为腊月。这个风俗源于商代冬祀，后称为腊祭。秦汉以来，各地农民多于腊月（冬至后三个戌日）敲腊鼓，装扮成各种神灵、金刚、力士，做出各种舞蹈姿态以驱逐疾病疫疠。后来人们为了记忆方便，不用"三戌日"而以腊月三个"八日"（初八、十八、二十八）为腊八做祭日。其后第一个腊八，由于佛教所用而相沿不绝。

关于腊八节的来历，有两种说法。一说腊八祭的神有八位：先啬神、猫虎神、昆虫神、农神、司啬神、邮表畷神、场神、水庸神，所以称为腊八。另一说是吃腊八粥来自佛教仪式。相传古印度北部（今尼泊尔）的迦毗罗国的净饭王，有个叫乔达摩悉达多的太子，幼年曾受传统的婆罗门教育，长大成人后，常为人间的生老病死等问题感到苦恼，又对婆罗门教的神权十分反感。二十九岁（又说十九岁）那年，太子便舍去王族的优裕生活，出家修道。此后的一段时间里，他周游名山大川，走访贤明，并学练瑜伽，禁欲苦修。后来，他身体日益衰弱，觉得难以求得解脱，于是便放弃苦行，来到尼连禅河附近林中单独修行。一天，他去尼连禅河洗浴，因身体虚弱无力回到岸上，幸得天神相助，攀沿河边树枝得以上岸。因天气炎热，累饿交加，晕倒在地。这时，神又示意林中的牧羊女子，用泉水加杂粮，熬成粥饭喂他。他食后立即苏醒，体力恢复，后又来到菩提迦耶一棵大菩提树下的一块巨石上静坐沉思"四谛十二缘"之理。三十五岁（又说三十岁）时终于在十二月初八这天，得道成佛，创立佛教。因他是释迦族人，后来佛教信徒尊称他为释迦牟尼（即释家族的圣人）。此后每逢这天，寺庙熬黍粥，念经敬佛，以示纪念。汉代时，蔡愔去印度求佛返国后，此风俗便广泛在我国流传开来，佛教徒于此日诵经，并依照佛祖成道前牧女献乳糜的故事，取香谷及其他果实熬粥供佛。南宋吴自牧《梦粱录》卷六《十二月》中指出："此月八日，寺院谓之'腊八'。大刹等寺俱设五味粥，名曰'腊八粥'。"

腊八粥所用材料，随各地物产及家庭贫富有区别。清人富察敦崇《燕京岁时记 腊八粥》载："腊八粥者，用黄米、白米、江米、小米、菱角米、粟子、红豇豆、去皮枣泥等，合水煮熟，外用染红桃仁、杏仁、瓜子、花生、榛穰、松子及白糖、红糖、琐琐葡萄，以作点染。"另据《梦粱录》卷六《十二月》载：腊八粥又名"七宝粥"。原先，寺庙的和尚尼姑除以之供佛外，还作为交际手段，分给有来往的施主。后来，此俗逐渐普及民间，家家户户也照样煮起来。在农村，则逐步演变成了象征五谷丰登的民间节日。

腊八日吃腊八粥不一定都是信佛。在我国民间，有许多关于吃腊八粥的传说故事。一说很久以前，有个儿子媳妇跟着父母一起过日子的家庭。老人对儿子媳妇关心备至，大小事情都全包下来，小两口成天好吃懒做。后来老两口去世了，小两口吃完了老人留下的粮食，把房子也卖钱吃了，只好挤在一间破草棚里挨饿。寒冬到来，小两口又冻又饿，在腊月初八这天，他们再也忍不住了，翻箱倒柜，把老鼠藏起来的一点玉米、萝卜收起来，凑合熬成稀粥以备充饥。正要喝的时候，一阵狂风袭来，把他们压死在被风刮倒的墙底下。后来这个故事被传向四面八方。人们为了教育年轻人吸取这个教训，学会勤俭过日子，便在腊八这天，早早熬一锅粥，边吃边讲腊八粥的故事。

还有一传说明朝皇帝朱元璋小时候给财主放牛时，有一次牵牛过桥，牛的腿被摔坏了。财主一气之下把朱元璋关起来，还给他三天不准吃饭的处罚。朱元璋挨饿到第三天，实在忍不住了，想抓个老鼠吃。他在屋里东走走、西看看，终于找到了一个鼠洞。他赶紧伸手往鼠洞一抓，虽然没有抓到老鼠，却发现里面有许多老鼠搬来的大米、玉米、豆子、枣子等许多粮食。朱元璋高兴极了，偷偷用它们煮了一锅粥，吃起来时还觉得美味可口。后来，朱元璋当了皇帝，每天都吃着山珍海味，时间久了，觉得有些腻人，便叫御膳房用五谷杂粮煮粥吃，他一边吃一边称赞。这天正是腊月初八。朱元璋高兴之中赐了个"腊八粥"的名字。官员知道这个消息，也跟着吃腊八粥。时间久了，老百姓也跟着学吃，一直传到现在。

旧时，腊八节除吃腊八粥外，有的地方还另有地方性的习俗。青海民间，在腊八黎明前，年轻人扛上镢头，挎上背斗，到河边抢打"腊八冰"。他们把块块厚冰运到家里，分别献在佛前及附近田里。冰，象征着雨水旺。通过这个仪式，祈求新年风调雨顺、五谷丰登。有的还要在水泉中汲来清水，舀上第一碗放在中屋里。待结冰后观察冰块晶体中什么形状的胞粒多，以占验新的一年里什么作物收成好：如碎物状的颗粒多，认为来年菜子好；如圆形颗粒多，认为豆类收成好。许多农民企望通过这一占验进行综合分析，调整各种农作物的种植比例，以赢得丰收。

如今，腊八节的习俗仍在一些城乡盛行。这时正值一年中最寒冷的时候，一家老小围坐，吃上味道鲜而热气腾的腊八粥，身体特别舒服。许多农家常用自种的小米、黄米、白米和各种豆类及花生、瓜子、杏仁等物熬粥，人们一边吃一边分享丰收的喜悦，故腊八节又有丰收日之称。

祭 灶 神

农历腊月二十三日是灶神节，又称祭灶神或扫尘节，民间称为小年节、过小年，是传统年节的一部分。即日起，人们便忙于操办年货，投入过大年的准备活动。

民间传说灶神原是一个善良的人，因贫困而死。玉皇大帝哀怜他，派他到人间做督善之神。民间又说灶神原为姓张的穷秀才，一年冬天在赴京赶考的途中，因饥寒交迫晕倒在一富豪的门前，被这家好心的烧火丫环发现，暗自从主人家偷出饭食和衣服，使秀才苏醒过来。这两个患难之交的男女，也从此萌发了爱慕之情，悄悄相会，并结成百年之好。后被主人察觉，强行将秀才赶走，此后，丫环遭到主人家残酷的凌辱和多次毒打，因丫环难耐主人家的百般虐待，于腊月二十三日投入灶坑自杀身亡。次年，秀才考试及第，返乡途中，于腊月来寻找救命情人，当他知道恩人的悲惨遭遇后，怀着十分悲痛的心情，也投进熊熊的灶坑，以身殉情。这件事情深深感动了玉皇大帝，遂将他们定为灶神，派他们到人间负责督视人间的善恶行为。每年十二月二十三日晚，灶神上天汇报，除夕日返回人间。民间于二十三日晚祭灶为灶神夫妇送行。旧时，祭灶一俗在我国十分普遍。北京俗曲《门神灶》云："年年有个家家忙，二十三日祭灶王。当中摆上一桌供，两边配上两碟糖。黑豆干草一碗水，炉内焚上一股香。当家的过来忙祝贺，祝赞那灶王老爷降吉祥。"这首俗曲已将民间祭灶的情况做了简要的概述。

过去，民间对此俗比较讲究。有的地区从腊月初一开始至祭灶之前，每天有三五个乞儿为一队，装扮成灶公灶母，各持竹枝，走村串寨，挨家挨户于门前叫喊乞钱，称为跳灶王。有的农民摘松柏、冬青、石楠等小枝扎成小把，沿街叫卖，供人家祭灶和插年饭之用，称为送灶柴。

到了祭灶神这天，人们以旧灯糊上红纸挂在灶龛两旁，并贴上"上天言好事，下界保平安"的红纸对联。入夜，供桌上摆着一造型特别的圆形麦芽糖，叫灶糖。用糖祭灶，民间传说有两个用意：一是糖是甜的，灶王吃了，上天汇报时可以甜言蜜语地"上天言好事"；另一意思是糖贴嘴，灶王吃了，把嘴粘住，在玉帝面前开不了口，坏话说不成。灶神上天要骑马坐轿，故送灶人家要替他置备轿马，其方法是穿扎一双竹筷子做杠代轿子（有的做一纸马纸轿），将稻草或芦柴剪成一寸长的几段，并摆一撮豆子作为喂马的饲料一齐摆于供桌上。过去民间祭灶神时，兴唱这样的歌诀："灶王爷本姓张，今年腊月二十三。骑着马跨着筐，秣秸被停当。送你老人家上西天，人间好事要多说，明年下界降吉祥。"一些无子之家，则这样唱道："腊月二十三，灶王上西天，多说好来少说歹，马尾巴上带个胖小子。"当然，这些都是迷信，在生产力和科学不发达的古代，把灶王作为自然崇拜的对象是可以理解的。祭灶习俗只限于男子，故民间有女不祭灶、男不拜月之说。

灶神升天之后，从腊月二十四日起，民间便开始掸灰尘扫房子。箱笼、橱柜，一概翻身，墙角床下及屋柱房梁，全要把积年尘垢一举荡涤，称为扫尘或掸尘，又叫打洋尘。扫去尘埃，清洁庭户，用焕然一新的面貌迎接新年。

民间传说，灶神在大年三十晚上，要回人间过年，故民间于此日晚，要举行接灶神仪式，并在灶房换上新的灶神像。

如今，扫尘节已演变成城乡居民的卫生大扫除，是人们辞旧迎新欢度传统节日的一项重要活动。

贵州平塘毛南族火把节

毛南族火把节是居住在贵州省平塘县卡蒲、河中一带毛南族人民的传统节日，每年农历除夕之夜举行。

平塘这部分毛南族人的除夕之夜，过得别有一番情趣。他们晚上吃过团年饭后，男女老少全部出动，人们手举火把，敲锣打鼓吹牛角，走村串户，祝愿乡亲们新年快乐、幸福吉祥。所到之处，主人家要燃放鞭炮迎接。客人走时，要送粑粑、酒肉等食品，用以作为游山结束时宵夜之用。逐家逐户地贺年之后，全寨人便会集起来。人们排成长队，高举火把，锣鼓喧天，鞭炮齐鸣，牛角劲吹，向山上奔走。一时间山鸣谷应，十分热闹。在黝黑的夜空下，条条长长的火龙，浮游在大野山间，时隐时现，迂回曲折，十分壮观。

平塘毛南族人的火把节究竟是怎样来的呢？传说古时候，现在平塘卡蒲、河中一带山清水秀，土地肥沃。当时居住在这里的毛南族人祖先，夙兴夜寐，披荆斩棘，辛勤劳动，家家户户都安居乐业，过着舒舒服服的日子。这时，外地有一些人眼红毛南族人的生活环境，妄图占为己有。有一年，突然从外地窜来一大批人，他们人高体壮，个个都习有专门惹事捣乱的武艺。这帮人一到毛南族人的居住地，就气势汹汹，耀武扬威，扬言要把毛南族人赶走，由他们来接管这块土地。外地人经过一番调查，虽然觉得自己的力量占绝对优势，但考虑到毛南族人有人多地熟的长处，为了减少自己的伤亡，决定把对毛南族人动手的时间定在毛南族人过大年三十不提防的时候，用突然袭击的方法达到自己的目的。毛南族人探知外地人的企图后，考虑到自己一没有像样的武器，二没有打仗的经验，用硬打的办法难以阻止敌人的侵略，决定以智防守，保家卫族。毛南族人在外地人来此地必经的山坡上，插着许多火把，并用绳子把它们串起来，准备在外地人前来侵犯时使用。除夕之夜，外地人果然用武力对毛南族人进行突然袭击。他们倾巢出动，一路杀气腾腾。有着充分准备的毛南族人，男女老幼齐动员，有的敲锣打鼓、吹牛角，有的点燃火把拉绳索、高声大骂。一时，毛南族人住的村村寨寨，火光满山遍地，锣鼓声、牛角声、人的吼骂声响彻天空。外地人看到这满山遍野的火光，听到这震天动地的声音，以为毛南族人人多势众，团结一心，早有迎战的充分准备，难以把他们制服，达不到占领这块土地的目的，只好鸣锣收兵，逃之夭夭了，再也没敢卷土重来。毛南族人胜利了，个个扬眉吐气，喜气洋洋，热热闹闹地除旧迎新，度过了一个具有重要意义的节日。从此，毛南族人一直在这里安居乐业，繁衍子孙。以后，为了纪念这个保家卫族的重要日子，让后人记住祖先不畏强暴、敢于斗争的精神，毛南族人约定每年除夕之夜，组织群众打着火把游村串寨，敲锣打鼓，高声吼骂，年深岁久，形成了毛南族的火把节。

大 年 三 十

　　农历的最后一天叫除夕，农村俗称大年三十。岁末之日，除旧迎新，自古以来，我国人民总是要尽最大努力把这天筹办得热烈隆重。

　　这天，家庭中离乡在外的成员一般都要赶回家中与亲人团聚，俗称团年。中午或晚上各家举办丰盛宴席，老少必到，俗称吃年饭。旧时于饭前要先祭祀神灵、祖先，然后以长幼尊卑为序入席，全家围桌而坐，振作愉悦，共享天伦之乐。民国时期筱廷写的《吃年饭竹枝词》："一餐年饭送残年，腊味鲜肴杂儿筵。欢喜连天堂屋内，一家大小合团圆"，对年饭的盛况做了具体的描述。

　　为了除旧布新，增添节日的喜庆气氛，民间均要在门窗框、屋柱上张贴红纸写的春联，有的人家还要在门板上和墙壁上张贴门神、年画。内容多为辞旧迎新，祈求来年五谷丰登和吉祥幸福之类。春联有对联、门角（斗方）和横额之分：对联贴门框、窗框、屋柱；横额贴于门框顶；门角贴于门中。春联门神历史悠久，是由迷信兴起的。据《山海经》云：东海度逆山有一颗盘曲三千里的大桃树，树枝东北有一个众鬼出入的鬼门，由神荼、郁垒两个神把守。他们看见恶鬼出入，即用苇索捆绑喂虎。由于鬼门处于桃树旁，民间便传说鬼怕桃木。为了避鬼入门，相传在春秋时期，我国中原便有"户悬桃梗"的做法，有的地区人们用桃木削制成"桃符"。上刻祈求灭祸降福的咒语，在岁末日悬于门上，一年一换。后来，又改用两块桃木板分别象征神荼、郁垒，挂在门旁，以压邪祛鬼。随着木刻艺术的发展，人们便在桃木板上镌刻神荼、郁垒神像和神名，称为门神。到了五代时，后蜀国皇帝孟昶于广政二十七年（公元964年）除夕日，亲自在桃符上写了联语："新年纳余庆，嘉节号长春"。此后，桃符逐渐被对联所代替。宋朝时，人们开始把对联贴在门上。明太祖朱元璋建都南京后，于洪武元年（公元1368年）命令全国：公卿士庶之家都要在除夕张贴春联。从此，春联之俗普遍盛行。清朝人富察敦崇在《燕京岁时记》中云："春联者，即桃符也。自入腊以后，即有文人墨客，在市肆檐下，书写春联，以图润笔，祭灶之后则逐次贴挂，千门万户，焕然一新。"贴门神的习俗，尚有起源于唐朝之说。传说唐太宗李世民因噩梦生病，夜间常听鬼叫。有位大臣向太宗建议，在皇室门前派大臣守卫，可驱邪逐鬼。太宗立即命令开国大将秦叔宝、尉迟敬德全副披挂，站立住室门前两侧彻夜守卫，晚上果然平安无事，病也很快痊愈了。之后，太宗命画工绘制秦叔宝、尉迟敬德像，贴于门上，以镇邪魔。这个消息传至民间，老百姓也纷纷仿效太宗的做法，并把画像称为门神。随着刻板印刷的发展，到了宋朝，人们除了在前门张贴门神迎客外，又把钟馗的像贴在后门赶鬼，还在屋内门上贴以"麒麟送子""五谷丰登""除旧迎新""吉庆有余"之类的门画。明、清以来，门神、门画有了较大的发展。中华人民共和国成立后，门神、门画已被体现新时代内容和形式的年画所代替，给千家万户增添了节日的欢乐和喜悦气氛。

贴"福"字，也是我国民间过春节时十分普遍的习俗。家家户户的门窗上、墙壁上、粮仓上、猪牛栏门楣、水缸等处都贴上大大小小的"福"字，有祈愿新年多福吉祥之意。民间还有把"福"字倒贴的习俗。"福"字倒贴取"到""倒"的谐音"福到了"之意，亲友间在春节期间走访拜年时，到主人家看到倒贴的"福"字，也喜欢说句"福到了"，以祝愿主人家幸福美满。关于贴"福"字的来由，民间还有种种传说。一说姜太公在封神时，他妻子也跟着凑热闹，逼着丈夫给她封个神。姜太公认为妻子是个败家命，到一家败一家，到一家穷一家，就给封了个"穷神"。妻子听了十分不满，大发雷霆地说："给我封个穷神，我在哪里去蹲嘛！"姜太公告诉妻子："你既是穷神，就不能去有福的地方。"姜太公的这话被老百姓知道了，一传十、十传百，各家各户都在大门上贴个"福"字，穷神看到"福"字都不敢进家，从而避免了受贫穷的困苦。二说明朝开朝皇帝朱元璋有一年正月十五日到民间去暗察民情，他途经淮西的一个小镇时，看见许多老百姓围观画着一个赤脚女人抱着大西瓜的讽刺画。人们边看边议论：说这幅画是在嘲笑淮西的女人脚大，不讨男人喜欢。朱元璋边看边想：我马皇后是淮西人，这群乡民一定是在以取笑马皇后为名嘲弄我。他回到京城后，下令调查参加这次事件的乡民，然后将他们捉拿惩处。为了便于事后抓人，他规定经调查没有参加这次事件的人就在他家的大门上贴一个"福"字。过了几天，兵丁们挨家抓人时，凡是看见没有贴"福"字的人家，就要进屋抓人。后来，老百姓过年时，就在自己的门上贴一"福"字，借以表示这是一个安分守己之家。时间久了，便演变成过年贴"福"字，祈愿新年多福吉祥之意。

过年放鞭炮是民间必不可少的。"爆竹一声除旧，桃符万户更新。"远古时没有鞭炮，就使用爆竹。据说这在我国有两千多年的历史，起源于古代驱逐魔鬼的迷信活动。相传古代楚国人因看到一个名叫山臊的魔怪而经常患病。后来，人们摸索到山臊害怕闹声，便在过年期间燃烧竹筒，使竹筒发出响声以吓跑山臊。晋朝人宗懔在《荆楚岁时记》曰："正月一日，是三元之日也，鸡鸣而起，先于庭前爆竹，以劈山臊恶鬼。"他对古代爆竹之举做了简略的记述。

唐朝人发明火药后，人们将火药装于纸筒引燃炸响代替爆竹。后来几经改进，逐步制成能发出大小、长短不同响声的鞭炮，成为喜庆活动的重要用品。

爆竹的来源又说是起源于古代驱逐猛兽活动。传说古代，有一种叫年的猛兽，叫声如雷，行动迅速，力大无比，十分凶狠。年以禽兽为食，每逢寒冬腊月，森林中禽兽稀少时，就下山寻找食物，牲畜成了它的主要食物，给人类带来了极大的威胁。人类为了生存，同年进行了各种斗争。经过长时间的摸索，人们发现年特别惧怕闹声、火光，而且总是在岁末到来。因此，大家便把十二月最后的日子称为年关。为了防止年来吃人伤畜，人们便于它快下山之前，晚间在家门烧起熊熊的火堆，经常燃放爆竹，敲锣打鼓。十二月三十日晚，年果真又来村庄，它看到各家各户门前都火光通红，爆竹响声不断，被吓得转身逃回深山。从此，年再没敢出来，后来饿死在深山里，人类取得了同年作斗争的彻底胜利。

大年三十的晚上叫除夕，也叫年三十夜。除夕有"旧岁至此而除，来年另换新岁"的意思，有着重要的纪念意义。除夕的主要活动是守岁或压岁。守岁就是守住除夕之夜的时间，不愿意让它过去，既是对逝去年岁的眷恋，也包含对新岁的期冀。"一夜连双岁，五更分二年。"一家人围炉而坐，欢聚一堂，闲话旧岁，展望未来，共享幸福的乐趣。明末清初，宛平诗人王崇简还专门写了《守岁》诗："夜久怜春逼，开樽不欲眠。今宵尚今发，明日即明年。万古推迁夕，千门宴乐天。爆声听不断，远近风城边。"此外，过去人们还习惯在除夕之夜用彩色线把铜钱穿起来放在床边，此即谓较早期的压岁钱。后来，为长辈者，在年三十晚上，送些钱给晚辈或弟妹，亦称压岁钱。到了半夜子时，家家门前燃放鞭炮，人们吃了半夜餐才上床睡觉。随着电视的普及，我国城乡人民除夕守岁的主要活动是收看中央电视台的春节联欢晚会，举家欢聚电视机前欣赏各路明星的精彩表演，使古老的传统节日更加丰富多彩。

图书在版编目（CIP）数据

农村节日趣谈 / 陈丙合编著 . —北京：中国农业
出版社，2019.12（2021.1重印）
（农家书屋助乡村振兴丛书）
ISBN 978-7-109-26417-5

Ⅰ．①农… Ⅱ．①陈… Ⅲ．①农村－节日－风俗习惯
－中国 Ⅳ．①K892.1

中国版本图书馆 CIP 数据核字（2019）第 280704 号

中国农业出版社出版

地址：北京市朝阳区麦子店街 18 号楼
邮编：100125
责任编辑：赵　刚
版式设计：王　晨　　责任校对：吴丽婷
印刷：北京通州皇家印刷厂
版次：2019 年 12 月第 1 版
印次：2021 年 1 月北京第 4 次印刷
发行：新华书店北京发行所
开本：880mm×1230mm　1/32
印张：6.5
字数：180 千字
定价：25.00 元